新公司法
条文解读与典型案例

INTERPRETATION OF ARTICLES AND TYPICAL CASES
OF THE NEW COMPANY LAW

段威　于宏伟　王湘淳　王琦　黄海燕　编著

法律出版社
LAW PRESS·CHINA
北京

图书在版编目(CIP)数据

新公司法条文解读与典型案例 / 段威等编著. -- 北京：法律出版社，2024
ISBN 978-7-5197-8930-5

Ⅰ. ①新… Ⅱ. ①段… Ⅲ. ①公司法－法律解释－中国 Ⅳ. ①D922.291.915

中国国家版本馆 CIP 数据核字(2024)第054297号

新公司法条文解读与典型案例
XINGONGSIFA TIAOWEN JIEDU YU DIANXING ANLI

段威 于宏伟 王湘淳 王琦 黄海燕 编著

策划编辑 张岩
责任编辑 程鹏瑶
装帧设计 汪奇峰

出版发行 法律出版社
编辑统筹 重大项目办公室
责任校对 李慧艳
责任印制 吕亚莉
经 销 新华书店

开本 A5
印张 15.875 字数 250千
版本 2024年3月第1版
印次 2024年3月第1次印刷
印刷 北京中科印刷有限公司

地址：北京市丰台区莲花池西里7号(100073)
网址：www.lawpress.com.cn
投稿邮箱：info@lawpress.com.cn
举报盗版邮箱：jbwq@lawpress.com.cn
销售电话：010-83938349
客服电话：010-83938350
咨询电话：010-63939796

书号：ISBN 978-7-5197-8930-5 定价：68.00元
凡购买本社图书，如有印装错误，我社负责退换。电话：010-83938349

缩略语表

本书中所使用的缩略语,其全称如下:

简称	全称
《宪法》	《中华人民共和国宪法》(2018年修正)
《民法典》	《中华人民共和国民法典》
《公司法》	《中华人民共和国公司法》(2023年修订)
《民事诉讼法》	《中华人民共和国民事诉讼法》(2023年修正)
《劳动法》	《中华人民共和国劳动法》(2018年修正)
《劳动合同法》	《中华人民共和国劳动合同法》(2012年修正)
《合伙企业法》	《中华人民共和国合伙企业法》(2006年修订)
《企业破产法》	《中华人民共和国企业破产法》
《证券法》	《中华人民共和国证券法》(2019年修订)
《企业国有资产法》	《中华人民共和国企业国有资产法》
《会计法》	《中华人民共和国会计法》(2017年修正)
《市场主体登记管理条例》	《中华人民共和国市场主体登记管理条例》(中华人民共和国国务院令第746号)
《企业名称登记管理规定》	《企业名称登记管理规定》(2020年修订)
《企业名称登记管理规定实施办法》	《企业名称登记管理规定实施办法》(国家市场监督管理总局令第82号)
《企业信息公示暂行条例》	《企业信息公示暂行条例》(中华人民共和国国务院令第654号)

续表

简称	全称
《上市公司章程指引》	《上市公司章程指引》(2023 年修正)
《上市公司股东大会规则》	《上市公司股东大会规则》(2022 年修订)(中国证券监督管理委员会公告〔2022〕13 号)
《上市公司收购管理办法》	《上市公司收购管理办法》(2020 年修正)(中国证券监督管理委员会令第 166 号)
《上市公司重大资产重组管理办法》	《上市公司重大资产重组管理办法》(2023 年修订)(中国证券监督管理委员会令第 214 号)
《上市公司独立董事管理办法》	《上市公司独立董事管理办法》(中国证券监督管理委员会令第 220 号)
《上市公司信息披露管理办法》	《上市公司信息披露管理办法》(2021 年修订)(中国证券监督管理委员会令第 182 号)
《上市公司治理准则》	《上市公司治理准则》(2018 年修订)(中国证券监督管理委员会公告〔2018〕29 号)
《北京证券交易所上市公司证券发行注册管理办法》	《北京证券交易所上市公司证券发行注册管理办法》(2023 年修订)(中国证券监督管理委员会令第 211 号)
《首次公开发行股票注册管理办法》	《首次公开发行股票注册管理办法》(中国证券监督管理委员会令第 205 号)
《可转换公司债券管理办法》	《可转换公司债券管理办法》(中国证券监督管理委员会令第 178 号)
《公司债券发行与交易管理办法》	《公司债券发行与交易管理办法》(中国证券监督管理委员会令第 222 号)
《北京证券交易所股票上市规则(试行)》	《北京证券交易所股票上市规则(试行)》(北证公告〔2021〕13 号)
《深圳证券交易所股票上市规则》	《深圳证券交易所股票上市规则(2023 年修订)》(深证上〔2023〕701 号)

续表

简称	全称
《上海证券交易所科创板股票上市规则》	《上海证券交易所科创板股票上市规则》(2023年修订)(上证发〔2023〕128号)
《关于推进国有资本投资、运营公司改革试点的实施意见》	国务院《关于推进国有资本投资、运营公司改革试点的实施意见》(国发〔2018〕23号)
《关于开展优先股试点的指导意见》	国务院《关于开展优先股试点的指导意见》(国发〔2013〕46号)
《关于进一步加强资本市场中小投资者合法权益保护工作的意见》	国务院办公厅《关于进一步加强资本市场中小投资者合法权益保护工作的意见》(国办发〔2013〕110号)
《关于进一步完善国有企业法人治理结构的指导意见》	国务院办公厅《关于进一步完善国有企业法人治理结构的指导意见》(国办发〔2017〕36号)
《关于上市公司独立董事制度改革的意见》	国务院办公厅《关于上市公司独立董事制度改革的意见》(国办发〔2023〕9号)
《市场主体登记管理条例实施细则》	《中华人民共和国市场主体登记管理条例实施细则》(国家市场监督管理总局令第52号)
《股票发行与交易管理暂行条例》	《股票发行与交易管理暂行条例》(中华人民共和国国务院令第112号)
《公司法解释(二)》	最高人民法院《关于适用〈中华人民共和国公司法〉若干问题的规定(二)》(2020年修正)
《公司法解释(三)》	最高人民法院《关于适用〈中华人民共和国公司法〉若干问题的规定(三)》(2020年修正)
《公司法解释(四)》	最高人民法院《关于适用〈中华人民共和国公司法〉若干问题的规定(四)》(2020年修正)
《公司法解释(五)》	最高人民法院《关于适用〈中华人民共和国公司法〉若干问题的规定(五)》(2020年修正)
《九民纪要》	《全国法院民商事审判工作会议纪要》

目　　录

第一章　总　　则

第二章 公司登记

第三章 有限责任公司的设立和组织机构

第一节 设 立

第二节　组 织 机 构

第四章　有限责任公司的股权转让

第五章　股份有限公司的设立和组织机构

第一节　设　　立

第二节 股 东 会

第三节 董事会、经理

第六章 股份有限公司的股份发行和转让

第一节 股份发行

第二节　股份转让

第七章 国家出资公司组织机构的特别规定

第八章　公司董事、监事、高级管理人员的资格和义务

第九章　公司债券

第十章　公司财务、会计

第十一章 公司合并、分立、增资、减资

第十二章　公司解散和清算

第十三章 外国公司的分支机构

第十四章　法律责任

第十五章 附 则

CHAPTER 01

第一章

总　则

第一条

【立法目的】为了规范公司的组织和行为，保护公司、股东、职工和债权人的合法权益，完善中国特色现代企业制度，弘扬企业家精神，维护社会经济秩序，促进社会主义市场经济的发展，根据宪法，制定本法。

条文解读

本条是关于公司法立法宗旨的规定，本次修订的变化主要有三：一是增加保护“职工”的合法权益，职工与公司之间并非简单的、纯粹的对立关系，而是相辅相成的、协力共荣的合作关系。从某种意义上讲，职工是公司发展的价值基础和利润来源，保护职工合法权益有利于公司的长期发展和根本利益。二是增加“完善中国特色现代企业制度，弘扬企业家精神”的立法宗旨，更加契合党和国家政策精神，满足公司实践需求。近年来，党和国家的一系列政策文件对于“完善中国特色现代企业制度”经历了一个区别对待民营企业和国有企业到统一要求二者的过程，对于“弘扬企业家精神”也经历了一个认识不断深入、态度日趋明朗的过程。2022年10月,党的二十大报告明确提出,“完善中国特色现代企业制度,弘扬企业家精神,加快建设世界一流企业”。完善中国特色现代企业制度,需要进行不断的实践探索、理论归纳和立法总结,本次公司法修订在公司内部机构设置及职权配置等方面的灵活性安排,即其显例。论者指出,“企业家”(entrepreneur)一词来自拉丁文动词 in prehendo-endi-ensum,意为“去探索、去看、去感知、去认识和去实现”①。弘扬企业家精神,简言之,主要在于:(1)对企业、企业家合法身份、平等地位的法律上的明确认可与充分保障;(2)对企业家积极探索、勇于创新的个性特点与行为模式的肯定、包容与鼓励;(3)对企业目的、企业家追求营利目标与践行社会责任的“义利兼顾”角色的法律重构。三是增加“根据宪法”的立法依据,《宪法》中关于社会主义法治国家、基本经济制度、公民合法私有财产不受侵犯、劳动者权利等规定,为《公司法》制定与实施提供有力的制度依据和效力保障。

典型案例 物权保护纠纷

崔某超与公路中心物权保护纠纷案

案例来源 河南省高级人民法院(2021)豫民再659号民事判决书

关 键 词 民营企业;挂靠;企业家

---

① [美]罗伯特·F.埃贝尔、[美]阿尔伯特·N.林克:《企业家精神理论史》,熊越译,广西师范大学出版社2023年版,“译者序”,第2页。

裁判要点

民营企业采取挂靠国有企事业单位等方式进行经营,往往因投资主体多样、产权界定复杂等原因被错误认定为公有性质,人民法院应准确认定企业的民营性质,依法保护非公经济产权和民营企业家合法权益,增强企业家投资创业的安全感。

基本案情

1990年,崔某超以捐赠百万元施工机械为代价挂靠到鹤壁市公路事业发展中心(以下简称公路中心)。1992年,公路中心成立公路总公司,聘任崔某超为经理。1993年,公路中心与公路总公司签订协议约定:协议年限为1994年4月1日至2005年12月31日;公路中心对公路总公司不作任何经济投入,由公路总公司自筹资金、自我发展、自负盈亏,所有经济责任由公路总公司负责人承担。1994年3月29日,公路中心与崔某超签订补充协议,约定:1993年协议中的乙方为公路总公司负责人崔某超;合同期满后,公路中心提供的仓库用地产权仍归公路中心,其余经营收入和固定资产归崔某超所有。1999年,崔某超涉嫌犯工程重大安全事故罪、挪用公款罪被逮捕,后被判处有期徒刑。根据崔某超的申诉,河南省高级人民法院于2003年通过再审改判其无罪。崔某超被判刑后,公路中心对公路总公司的领导班子进行了重新组建。2003年,崔某超要求公路中心返还公路总公司的财产。双方签订了清产核资业务约定书,但未实际履行。2015年,崔某超将公路中心诉至法院,要求公路中心返还公路总公司被侵占的各类财物共计1236万元,并给付财产被侵占期间的租赁费1800万元。

裁判结果

一审法院以崔某超提交的证据不能证明公路中心占有了公

路总公司的资产为由，驳回其诉请。崔某超上诉后，二审法院判决驳回上诉，维持原判。崔某超不服，向最高人民法院申请再审。最高人民法院指令河南省高级人民法院再审本案。河南省高级人民法院再审改判公路中心支付崔某超机械设备损失。

裁判理由

河南省高级人民法院经再审认为，公路总公司名为集体企业，实为个体私营企业，公司前期的机械设备均由崔某超个人投资购买，公路总公司的经营收入和固定资产（仓库用地除外）亦归崔某超所有，公路总公司应将崔某超投资的机械设备返还。经依法合理评估财物价值后，该院于2022年4月11日作出再审判决，改判公路中心支付崔某超机械设备损失346.42万元。

相关规定

《宪法》

第十五条 国家实行社会主义市场经济。

国家加强经济立法，完善宏观调控。

国家依法禁止任何组织或者个人扰乱社会经济秩序。

第二条

【调整范围】本法所称公司，是指依照本法在中华人民共和国境内设立的有限责任公司和股份有限公司。

条文解读

本条是关于公司法调整范围的规定，本次修订以“中华人民共和国”替换“中国”一词,表述更为正式、严谨,其他无变化。商主体法定原则是商法基本原则之一,商主体类型法定系商主体法定原则的重要内容。各国家、地区因法学理论、立法传统等因素影响,公司类型不尽相同。有无限公司、有限责任公司、两合公司、股份两合公司、股份有限公司;有人合公司、资合公司及人合兼资合公司;有公开公司与封闭公司;有本国公司、外国公司;等等。有限责任公司与股份有限公司是实践中最基本、最常见的公司分类。有限责任公司是指由一定人数的股东出资设立的、股东以其认缴的出资额为限对公司承担责任、公司以其全部资产对公司债务承担责任的公司。从有限责任公司历史及实践看,有限责任公司往往具有较强的人合性,各国家地区立法对股东人数也有相应的限制。股份有限公司是指公司全部资本分为等额股份、股东以其认购的股份为限对公司承担责任、公司以其全部资产对公司债务承担责任的公司。

需要说明的,一是各国家、地区立法中公司类型可能呈现出较大的差异,但实际上往往通过不同的法律制度形成较为完整的商主体类型,如我国《合伙企业法》《个人独资企业法》等满足了实践中的不同需要。二是各国家、地区法学理论及商主体(包括公司)立法也处于不断探索、完善中,如近些年我国理论界对有限责任公司与股份有限公司的立法分类的科学性与合理性进行了反思,并相应地提出了颇有见地的建议,对于完善包括《公司法》在内的商主体法律制度具有重要价值。

第三条

【公司法律地位及权益保护】公司是企业法人,有独立的法人财产,享有法人财产权。公司以其全部财产对公司的债务承担责任。

公司的合法权益受法律保护,不受侵犯。

条文解读

本条是关于公司法律地位的规定,本次修订将 2018 年《公司法》第三条第一款和第五条第二款合并为一条,内容无修改,表述更为集中,体系更为合理。本条第一款明确公司是企业法人。企业,一般是指以营利为目的的经济组织。按照《民法典》,法人是指具有民事权利能力和民事行为能力,依法独立享有民事权利和承担民事义务的组织。简言之,法人具有人格独立、财产独立、责任独立和内部机构相对完善等特征。公司是企业法人,是以营利为目的、具有法人资格的经济组织。当然,现实中也存在例外,如中国证券登记结算有限责任公司为依法经中国证监会批准设立的不以营利为目的的企业法人,中国期货市场监控中心有限责任公司为依法经国务院同意,中国证监会决定设立的非营利性公司制法人。本条第二款强调,公司的合法权益受法律保护,禁止任何人以任何方式侵害公司合法权益;侵害公司合法权益的,须依法承担相应的法律责任。

需注意的是,我国《民法典》将法人分为营利法人、非营利法人和特别法人,与传统的企业法人、机关法人、事业单位法人的分类存在一定的差异,特别是营利法人与企业法人的理论阐释、术语使用、立法衔接等,均需要进一步研究。

典型案例 损害公司利益责任纠纷

周长春与庄士中国投资有限公司、李世慰、彭振傑及第三人湖南汉业房地产开发有限公司损害公司利益责任纠纷案

案例来源 《最高人民法院公报》2020 年第 6 期

关 键 词 公司合法权益;股东代表诉讼;前置程序

裁判要点

在能够证明依法有权代表公司提起诉讼的公司机关基本不存在诉讼的可能性,由原告履行前置程序已无意义的情况下,不宜以股东未履行《公司法》第一百五十一条规定的前置程序为由驳回起诉。

基本案情

2002 年湖南汉业房地产开发有限公司(以下简称湖南汉业公司)注册成立,注册资本 1000 万元,股东为周长春、范小汉(两人系夫妻关系)。2004 年经湖南省人民政府批准,湖南汉业公司变更为有限责任公司(台港澳与境内合资),注册资本增至 2500 万元。其中周长春出资 250 万元,持股比例 10%;新时代投资有限公司出资 2250 万元,持股比例 90%。湖南汉业公司企业章程第十五条规定:董事会由 5 名董事组成,其中 1 名由周长春出任,新时代投资有限公司委派 4 人,董事长由新时代投资有限公司指定。湖南汉业公司董事会由李世慰(董事长)、彭振傑、庄学农、李美心、周长春组成。另查明,庄士中国投资有限公司(以下简称庄

士中国公司)2004 年至 2017 年财政年度业绩报告载明,李美心、彭振傑、李世慰系庄士中国公司董事,庄学农系庄士中国公司高层管理人员。2017 年,周长春以损害公司利益为由,起诉要求庄士中国公司、李世慰、彭振傑承担赔偿责任。

裁判结果

一审法院以周长春未履行法律规定的提起股东代表诉讼的前置程序且不具备"情况紧急、损失难以弥补"的法定情形为由,裁定驳回其诉请。周长春不服一审法院裁定,提起上诉。二审法院裁定撤销湖南省高级人民法院(2017)湘民初 18 号民事裁定书,指令湖南省高级人民法院审理。

裁判理由

最高人民法院审理认为,股东提起代表诉讼的前置程序针对的是公司治理的一般情况,即在股东向公司有关机构提出书面申请之时,存在公司有关机构提起诉讼的可能性。如果不存在这种可能性,则不应当以原告未履行前置程序为由驳回起诉。本案中湖南汉业公司董事会由李世慰(董事长)、彭振傑、庄学农、李美心、周长春组成。除周长春外,其他 4 名董事会成员均为庄士中国公司董事或高层管理人员,与庄士中国公司存在利害关系,基本不存在湖南汉业公司董事会对庄士中国公司提起诉讼的可能性,再要求周长春完成对庄士中国公司提起代表诉讼的前置程序已无必要。故认为,周长春主张可以不经股东代表诉讼前置程序直接提起本案诉讼的理由成立。

相关规定

《宪法》

第十一条 在法律规定范围内的个体经济、私营经济等非公有制经济，是社会主义市场经济的重要组成部分。

国家保护个体经济、私营经济等非公有制经济的合法的权利和利益。国家鼓励、支持和引导非公有制经济的发展，并对非公有制经济依法实行监督和管理。

《民法典》

第三条 民事主体的人身权利、财产权利以及其他合法权益受法律保护，任何组织或者个人不得侵犯。

第五十七条 法人是具有民事权利能力和民事行为能力，依法独立享有民事权利和承担民事义务的组织。

第六十条 法人以其全部财产独立承担民事责任。

第七十六条 以取得利润并分配给股东等出资人为目的成立的法人，为营利法人。

营利法人包括有限责任公司、股份有限公司和其他企业法人等。

第四条

【股东责任形式和股东权利】有限责任公司的股东以其认缴的出资额为限对公司承担责任；股份有限公司的股东以其认购的股份为限对公司承担责任。

公司股东对公司依法享有资产收益、参与重大决策和选择管理者等权利。

条文解读

本条是关于股东法律地位的规定，本次修订将2018年《公司法》第三条第二款和第四条合并为一条，体系更为合理，内容修改表现在强调公司股东“对公司”依法享有相关权利，表述更为准确。本条第一款明确股东以“出资”（有限责任公司为股东“认缴的出资额”，股份有限公司为股东“认购的股份”）为限对公司承担责任，即所谓的“股东有限责任”。须注意两点：一是股东须依法如实履行出资义务，否则不仅无法享受“股东有限责任”制度优势，且可能承担其他法律责任；二是“股东有限责任”制度向来有争议，其对于鼓励投资、汇聚资本确实发挥巨大作用，因此其适用领域不断拓展，但也受到公司法人人格否认等制度的约束。本条第二款规定公司股东“对公司”依法享有相关权利，公司股东权利可做不同的分类，从内容上可简单分为：一是参与管理权，包括表决权、股东会会议召集请求权、股东会会议自行召集权、提案权等；二是监督权，包括知情权、质询权、直接诉讼权、代表诉讼权等；三是经济受益权，包括分红权、股权变现权、剩余财产分配请求权等。

典型案例　公司盈余分配纠纷

甘肃居立门业有限责任公司与庆阳市太一热力有限公司、李昕军公司盈余分配纠纷案

案例来源　《最高人民法院公报》2018年第8期

关 键 词 公司盈余分配;滥用股东权利;强制盈余分配

裁判要点

在公司盈余分配纠纷中,虽请求分配利润的股东未提交载明具体分配方案的股东会或股东大会决议,但当有证据证明公司有盈余且存在部分股东变相分配利润、隐瞒或转移公司利润等滥用股东权利情形的,诉讼中可强制盈余分配,且不以股权回购、代位诉讼等其他救济措施为前提。

基本案情

2006 年 6 月,庆阳市太一热力有限公司(以下简称太一热力公司)成立,注册资本 1000 万元,股东李昕军持股 65%,股东张海龙持股 35%。2007 年 4 月,张海龙将 35% 股权转让给甘肃居立门业有限责任公司(以下简称居立门业公司)。2007 年 5 月,李昕军将 60% 股权转让给甘肃太一工贸有限公司(以下简称太一工贸公司),5% 股权转让给居立门业公司。随后,太一热力公司修改公司章程,将公司股东变更为:太一工贸公司持股 60%,居立门业公司持股 40%。2009 年 9 月 29 日,庆阳市人民政府召开市长办公会决定对太一热力公司进行整体收购,并形成第 23 期会议纪要。2009 年 10 月 6 日,根据第 23 期会议纪要,庆阳市西峰区人民政府与太一热力公司签订《庆阳市西峰区新区集中供热站工程回购合同》,回购太一热力公司资产,并支付部分款项。2010 年 7 月 10 日,庆阳市经济发展投资有限公司向太一热力公司支付资产转让余款。2013 年 1 月,居立门业公司起诉要求分配公司盈余。一审法院于 2013 年 5 月委托甘肃茂源会计师事务有限公司对太一热力公司的盈余状况进行审计,2015 年 2 月 9 日,甘肃茂源会计师事务有限公司出具甘茂会审字〔2015〕第52号《审计报告》,结论为:截至2014年10月31日,太一热力公司清算净收益75,973,413.08元。

裁判结果

一审法院根据《公司法》规定及太一热力公司章程规定,判决太一热力公司向居立门业公司分配公司盈余。太一热力公司不服一审法院判决,提起上诉。二审法院判决支持居立门业公司分配公司盈余主张,对分配金额予以改判。

裁判理由

最高人民法院审理认为,一般而言,是否进行公司盈余分配及分配多少,应当有股东会作出公司盈余分配的具体方案。但是,当部分股东变相分配利润、隐瞒或转移公司利润时,则会损害其他股东的实体利益,已非公司自治所能解决,此时若司法不加以适度干预则不能制止权利滥用,亦有违司法正义。本案中太一热力公司全部资产被整体收购后没有其他经营活动,存有巨额的可分配利润,具备公司进行盈余分配的前提条件;李昕军同为太一热力公司及其控股股东太一工贸公司法定代表人,没有合理事由将巨额公司资产转让款转入其他公司账户,转移公司利润,给居立门业公司造成损失,属于太一工贸公司滥用股东权利;具备进行强制盈余分配的实质要件;股东盈余分配的救济权利依法并不需以采取股权回购、公司解散、代位诉讼等其他救济措施为前置程序,居立门业公司有自由选择救济路径的权利。太一热力公司关于没有股东会决议不应进行公司盈余分配的主张不能成立,判决太一热力公司应当进行盈余分配具有事实和法律依据。

相关规定

《民法典》

第一百二十五条　民事主体依法享有股权和其他投资性权利。

第五条

【公司章程】设立公司应当依法制定公司章程。公司章程对公司、股东、董事、监事、高级管理人员具有约束力。

条文解读

本条是关于公司章程的规定,本次修订以“应当”替换“必须”,表述更严谨,其他无变化。公司章程是公司必备的规定公司组织及活动的基本原则的书面文件,是以书面形式固定下来的全体股东共同一致的意思表示,是公司设立的法定条件之一。公司章程内容主要包括绝对必要记载事项、相对必要记载事项及任意记载事项。近些年,随着公司自治日益受到重视,公司章程的个性化、自主性安排得到了更多的空间。作为公司自治规则,公司章程对公司、股东、董事、监事及高级管理人员具有法律约束力,上述人员必须遵守公司章程的规定,否则将依法承担相应的法律责任。

需注意的问题是,公司章程的公开方式、程度及由此带来的对公司外人员的法律约束力。关于公司章程是否应属于公司登记事项，论者意见有分歧，有观点借鉴英美法系国家做法，区分公司章程（大纲）与公司细则而做不同处理，以防止公司章程登记公开可能带来的泄露商业秘密等问题。

典型案例 公司股东资格确认纠纷

宋文军诉西安市大华餐饮有限责任公司股东资格确认纠纷案

案例来源 最高人民法院指导案例96号（2018年）

关 键 词 股东资格确认；公司章程效力；回购

裁判要点

国有企业改制为有限责任公司，其初始章程对股权转让进行限制，明确约定公司回购条款，只要不违反《公司法》等法律强制性规定，可认定为有效。有限责任公司按照初始章程约定，支付合理对价回购股东股权，且通过转让给其他股东等方式进行合理处置的，人民法院应予支持。

基本案情

1994年4月，西安市大华餐饮有限责任公司（以下简称大华公司）成立。2004年5月，大华公司由国有企业改制为有限责任公司，宋文军系大华公司员工，出资2万元。大华公司章程第十四条规定“公司股权不向公司以外的任何团体和个人出售、转让。公司改制1年后，经董事会批准后可在公司内部赠予、转让和继承。持股人死亡或退休经董事会批准后方可继承、转让或由企业收购；持股人若辞职、调离或被辞退、解除劳动合同的，人走股留，所持股份由企业收购……”第六十六条规定“本章程由全体股东共同认可，自公司设立之日起生效”。该公司章程经大华公司全体股东签名通过。2006年6月3日，宋文军向公司提出解除劳动合同，并申请退出其所持有的公司的2万元股份。2006年8月28日，经大华公司法定代表人赵来锁同意，宋文军领到退出股金款2万元整。2007年1月8日，大华公司召开2006年度股东大会，大会应到股东107人，实到股东104人，代表股权占公司股份总数的93%，会议审议通过了宋文军、王培青、杭春国3位股东退股的申请并决议“其股金暂由公司收购保管，不得参与红利分配”。后宋文军以大华公司的回购行为违反法律规定，未履行法定程序且《公司法》规定股东不得抽逃出资等，请求依法确认其具有大华公司的股东资格。

裁判结果

西安市碑林区人民法院一审判决驳回宋文军的诉讼请求。宋文军不服，提起上诉。西安市中级人民法院二审驳回上诉，维持原判。宋文军仍不服，向陕西省高级人民法院申请再审。陕西省高级人民法院裁定驳回宋文军的再审申请。

裁判理由

法院生效裁判认为：首先，有限公司章程系公司设立时全体股东一致同意并对公司及全体股东产生约束力的规则性文件，宋文军在公司章程上签名的行为，应视为其对前述规定的认可和同意，该章程对大华公司及宋文军均产生约束力。其次，基于有限责任公司封闭性和人合性的特点，由公司章程对公司股东转让股权作出某些限制性规定，系公司自治的体现，不违反《公司法》的禁止性规定。最后，大华公司章程第十四条关于股权转让的规定，属于对股东转让股权的限制性规定而非禁止性规定，宋文军依法转让股权的权利没有被公司章程所禁止，大华公司章程不存在侵害宋文军股权转让权利的情形。综上，大华公司章程不违反《公司法》的禁止性规定，应为有效。

相关规定

《民法典》

第七十九条 设立营利法人应当依法制定法人章程。

第六条

【公司名称权】公司应当有自己的名称。公司名称应当符合国家有关规定。

公司的名称权受法律保护。

条文解读

本条是关于公司名称及名称权的规定，系本次修订新增条文。必须看到，受法学理论、立法传统等因素影响，经济组织名称的专用术语不尽相同，商事名称、商业名称、企业名称、商号、字号等均有之。公司名称是公司在经营活动中用以表彰自己身份并区别于其他主体的重要外在标志。本条第一款是关于公司名称的规定，一是公司应当有自己的名称，公司名称是公司成立的重要条件之一；二是公司名称应当符合国家有关规定，《企业名称登记管理规定》《市场主体登记管理条例》《企业名称登记管理规定实施办法》等均有较具体、细化的规定。本条第二款是关于公司名称权的规定,公司名称权是指公司有权决定、使用、变更、转让或者许可他人使用自己名称的权利。公司名称权受法律保护,既包括决定、使用、变更、转让或者许可他人使用自己名称的积极方面,也包括排斥他人干涉、盗用、假冒等非法侵害的消极方面。需注意的是,具有一定社会知名度,被他人使用足以造成公众混淆的字号、名称的简称等,也受到名称权的保护。

相关规定

《民法典》

第一千零一十三条 法人、非法人组织享有名称权,有权依法决定、使用、变更、转让或者许可他人使用自己的名称。

第一千零一十四条 任何组织或者个人不得以干涉、盗用、假冒等方式侵害他人的姓名权或者名称权。

第一千零一十七条 具有一定社会知名度,被他人使用足以造成公众混淆的笔名、艺名、网名、译名、字号、姓名和名称的简称等,参照适用姓名权和名称权保护的有关规定。

《市场主体登记管理条例》

第十条 市场主体只能登记一个名称,经登记的市场主体名称受法律保护。

市场主体名称由申请人依法自主申报。

《企业名称登记管理规定》

第四条 企业只能登记一个企业名称,企业名称受法律保护。

第五条 企业名称应当使用规范汉字。民族自治地方的企业名称可以同时使用本民族自治地方通用的民族文字。

《企业名称登记管理规定实施办法》

第七条第二款 企业需将企业名称译成外文使用的，应当依据相关外文翻译原则进行翻译使用，不得违反法律法规规定。

第七条

【公司名称的规范要求】依照本法设立的有限责任公司，应当在公司名称中标明有限责任公司或者有限公司字样。

依照本法设立的股份有限公司，应当在公司名称中标明股份有限公司或者股份公司字样。

条文解读

本条是关于公司名称中标明公司组织形式的规定，本次修订以“应当”替换“必须”，表述更严谨，其他无变化。根据《市场主体登记管理条例》《企业名称登记管理规定》《企业名称登记管理规定实施办法》等相关规定，公司只能登记一个名称，要求公司根据其设立情况在公司名称中标明有限责任公司（有限公司）或者股份有限公司（股份公司）。反言之，未依法设立为“公司”的其他经济组织则不能在其名称中标明上述“公司”字样。本条规定对于明确公司身份，保护交易相对方合理期待，保障交易安全，维护社会经济秩序，具有积极意义。

相关规定

《企业名称登记管理规定》

第十条 企业应当根据其组织结构或者责任形式,依法在企业名称中标明组织形式。

《企业名称登记管理规定实施办法》

第十二条 企业应当依法在名称中标明与组织结构或者责任形式一致的组织形式用语,不得使用可能使公众误以为是其他组织形式的字样。

(一)公司应当在名称中标明“有限责任公司”、“有限公司”或者“股份有限公司”、“股份公司”字样;

……

第八条

【公司住所】公司以其主要办事机构所在地为住所。

条文解读

本条是关于公司住所的规定,本次修订无变化。住所,即民事法律关系主体的地址。公司住所的确定,对于债务履行地、诉讼管辖地、受送达地点以及登记机关地等的确定,均具有十分重要的意义。根据《公司法》第三十二条的规定,住所是公司登记事项之一。办事机构所在地,是指执行公司业务活动、决定和处理公司事务的机构所在地。若公司仅有唯一的办事机构所在地,自然以该机构所在地为住所;若公司具有多个且位于不同地点的办事机构,则以主要办事机构所在地为其住所。至于何谓“主要办事机构所在地”,一般以公司登记为准,即以公司登记中载明的主要办事机构所在地为其住所。

相关规定

《民法典》

第六十三条 法人以其主要办事机构所在地为住所。依法需要办理法人登记的,应当将主要办事机构所在地登记为住所。

《市场主体登记管理条例》

第十一条 市场主体只能登记一个住所或者主要经营场所。

电子商务平台内的自然人经营者可以根据国家有关规定,将电子商务平台提供的网络经营场所作为经营场所。

省、自治区、直辖市人民政府可以根据有关法律、行政法规的规定和本地区实际情况,自行或者授权下级人民政府对住所或者主要经营场所作出更加便利市场主体从事经营活动的具体规定。

第九条

【公司经营范围】公司的经营范围由公司章程规定。公司可以修改公司章程,变更经营范围。

公司的经营范围中属于法律、行政法规规定须经批准的项目,应当依法经过批准。

条文解读

本条是关于公司经营范围的规定，本次修订的变化主要有二：一是将关于公司经营范围登记及变更登记的内容，移至《公司法》第二章公司登记中进行集中规定，体系更为合理；二是将2018年《公司法》“改变经营范围”替换为“变更经营范围”，表达更为严谨。公司经营范围是指公司从事经营活动的业务范围，具体表现为公司的经营种类、生产项目、服务事项等，据市场主体登记机关公布的经营项目分类标准予以确定。公司经营范围对于股东决定投资方向、公司业务专业化、经营管理者决策集中化等，均具有一定的意义。本条第一款明确公司经营范围由公司章程规定，表明公司依法享有经营自主权，有权通过公司章程自主决定经营范围。同时，公司也可以根据公司经营实际情况，通过修改公司章程，变更经营范围。公司经营范围包括一般经营项目和许可经营项目。对于前者，直接依法申请登记即可；对于后者，在申请登记时应提交有关批准文件。故，本条第二款规定，公司的经营范围中属于法律、行政法规规定须经批准的项目，应当依法经过批准。

相关规定

《市场主体登记管理条例》

第十四条 市场主体的经营范围包括一般经营项目和许可经营项目。经营范围中属于在登记前依法须经批准的许可经营项目，市场主体应当在申请登记时提交有关批准文件。

市场主体应当按照登记机关公布的经营项目分类标准办理经营范围登记。

《市场主体登记管理条例实施细则》

第十二条 申请人应当按照国家市场监督管理总局发布的经营范围规范目录,根据市场主体主要行业或者经营特征自主选择一般经营项目和许可经营项目,申请办理经营范围登记。

第十条

【公司法定代表人】公司的法定代表人按照公司章程的规定,由代表公司执行公司事务的董事或者经理担任。

担任法定代表人的董事或者经理辞任的,视为同时辞去法定代表人。

法定代表人辞任的,公司应当在法定代表人辞任之日起三十日内确定新的法定代表人。

条文解读

本条是关于公司法定代表人确定的规定,本次修订的变化主要有三:一是将公司法定代表人登记及其变更登记的内容,移至《公司法》第二章公司登记中进行规定,内容更为集中,体系更为合理;二是将2018年《公司法》中公司法定代表人由“董事长、执行董事或者经理担任”改为“由代表公司执行事务的董事或者经理担任”,范围有所扩大,适应公司实践需求;三是新增法定代表人辞任以及担任法定代表人的董事或经理辞任之后的处理规定,防止潜在的法律纠纷。公司法定代表人是对外代表公司，有权以公司名义对外开展经营活动，该活动法律后果直接由公司承担的人。公司法定代表人的合理确定，对于公司正常开展经营活动，保障交易相对方合法权益，具有重要意义。本条第一款明确，公司法定代表人按照公司章程的规定，由代表公司执行公司事务的董事或经理担任，一方面交由公司章程自主决定，另一方面突破 2018 年《公司法》“董事长、执行董事或者经理”的限制，契合公司实践需求。本条第二款新增规定，担任公司法定代表人的董事或经理辞任的，视为同时辞去公司法定代表人，防止出现无谓的争议。本条第三款新增规定，公司法定代表人辞任的，公司应当在其辞任之日起 30 日内确定新的法定代表人，避免出现长时间的公司法定代表人缺位以及由此可能发生的公司经营混乱等现象。

相关规定

《民法典》

第六十一条第一款 依照法律或者法人章程的规定，代表法人从事民事活动的负责人，为法人的法定代表人。

第八十一条第三款 执行机构为董事会或者执行董事的，董事长、执行董事或者经理按照法人章程的规定担任法定代表人；未设董事会或者执行董事的，法人章程规定的主要负责人为其执行机构和法定代表人。

第十一条

【法定代表人行为效力】法定代表人以公司名义从事的民事活动，其法律后果由公司承受。

公司章程或者股东会对法定代表人职权的限制，不得对抗善意相对人。

法定代表人因执行职务造成他人损害的，由公司承担民事责任。公司承担民事责任后，依照法律或者公司章程的规定，可以向有过错的法定代表人追偿。

条文解读

本条是关于公司法定代表人行使职权行为之法律后果的规定，系本次修订新增条文。本条第一款规定，法定代表人以公司名义从事的民事活动的法律后果由公司承受，契合法定代表人作为公司对外代表的身份，有利于法定代表人对外开展经营活动，明晰相关主体间的权利义务。需注意的是，本款需与《公司法》第一百九十一条结合考察，公司董事、高级管理人员执行职务存在故意或重大过失，造成他人损害时，公司应当承担赔偿责任，该董事、高级管理人也应当承担赔偿责任。本条第二款规定，公司章程或股东会对法定代表人职权的限制不得对抗善意相对人。于公司内部而言，可能基于多种因素而需要对法定代表人的职权进行一定程度的限制，以规范法定代表人的对外代表行为；但于外部而言，善意相对人无从得知公司对法定代表人职权的内部限制。为保障交易安全，维护善意相对人的合法权益,该内部限制对善意相对人无约束力。本条第三款规定,法定代表人因执行职务造成他人损害时,由公司承担责任,公司承担责任后,可依照法律或公司章程的规定向有过错的法定代表人追偿。本款需注意两点:一是何谓"执行职务",通说认为应从行为人的行为外观进行判断,即从外观上足以认定该行为属于执行职务的行为,则认定为"执行职务"。二是何谓"有过错",通说认为应限于"故意或者重大过失",以避免法定代表人承担责任过重,同时能追究法定代表人的严重过错行为的法律责任。

相关规定

《民法典》

第六十一条第二款、第三款　法定代表人以法人名义从事的民事活动,其法律后果由法人承受。

法人章程或者法人权力机构对法定代表人代表权的限制,不得对抗善意相对人。

第六十二条　法定代表人因执行职务造成他人损害的,由法人承担民事责任。

法人承担民事责任后,依照法律或者法人章程的规定,可以向有过错的法定代表人追偿。

第十二条

【公司形式变更及其债权债务承继】有限责任公司变更为股份有限公司,应当符合本法规定的股份有限公司的条件。股份有限公司变更为有限责任公司,应当符合本法规定的有限责任公司的条件。

有限责任公司变更为股份有限公司的，或者股份有限公司变更为有限责任公司的，公司变更前的债权、债务由变更后的公司承继。

条文解读

本条是关于公司变更组织形式及其债权债务处理的规定，本次修订无变化。一般认为，有限责任公司具有鲜明的人合色彩，股份有限公司则是典型的资合公司，两者在设立条件、设立程序、治理结构等方面存在不同的特点和要求，由此也满足了不同的实践需求。但有限责任公司与股份有限公司同为营利法人，股东以其出资（有限责任公司股东以其认缴的出资额、股份有限公司以其认购的股份）为限对公司承担有限责任，公司以其全部资产对外承担责任。因此，二者之间也存在相互转换的可能和必要。本条第一款规定，有限责任公司与股份有限公司相互变更时，须满足变更目标公司组织形式的法定条件，这也是商主体法定原则的基本要求。同时，有限责任公司与股份有限公司相互变更公司组织形式，从法律角度看，仅是变更组织形式，公司主体本身并未消灭，故本条第二款规定，公司变更前的债权、债务由变更后的公司承继，以保护相关主体的合法权益。

第十三条

【子公司、分公司】公司可以设立子公司。子公司具有法人资格，依法独立承担民事责任。

公司可以设立分公司。分公司不具有法人资格，其民事责任由公司承担。

条文解读

本条是关于公司子公司、分公司的规定，本次修订的变化主要有二：一是调整分公司与子公司的顺序，先规定子公司，后规定分公司；二是将分公司设立登记及领取营业执照的内容，移至《公司法》第二章公司登记中进行规定，体系更为合理。子公司系相对于母公司而言，子公司具有独立的法人资格，但出资关系受母公司的支配与控制。本条第一款规定，公司可以设立子公司，子公司具有独立的法人资格，依法独立承担民事责任。需注意的是，母子公司由于存在一定的支配与控制关系，可能发生权利滥用等情形，《公司法》本次修订在公司法人人格否认、股东代表诉讼等方面做了一些特殊的制度安排。分公司系相对于总公司而言，分公司是总公司的分支机构，不具有独立的法人资格。由于公司生产经营需要，公司也可以设立分公司。故本条第二款规定，公司可以设立分公司，分公司不具有法人资格，其民事责任由公司承担。

相关规定

《民法典》

第七十四条　法人可以依法设立分支机构。法律、行政法规规定分支机构应当登记的,依照其规定。

分支机构以自己的名义从事民事活动,产生的民事责任由法人承担;也可以先以该分支机构管理的财产承担,不足以承担的,由法人承担。

第十四条

【公司转投资及其限制】公司可以向其他企业投资。

法律规定公司不得成为对所投资企业的债务承担连带责任的出资人的,从其规定。

条文解读

本条是关于公司对外投资的规定,本次修订变化主要表现为:以"法律规定公司不得成为对所投资企业的债务承担连带责任的出资人的,从其规定"替换"但是,除法律另有规定外,不得成为对所投资企业的债务承担连带责任的出资人",使"以承担连带责任为法定例外"变为"不承担连带责任为法定例外",即以"承担连带责任为原则"取代"不承担连带责任为原则",文字表述背后的立法理念可理解为放松公司对外投资的限制。本条第一款规定,公司可以向其他企业投资,系原则性的授权规定。本条第二款规定,法律规定公司不得成为对所投资企业的债务承担连带责任的出资人的,从其规定,即除非法律特别规定不得成为对所投资企业的债务承担连带责任的出资人,否则即可投资并成为对所投资企业的债务承担连带责任的出资人。

相关规定

《合伙企业法》

第三条 国有独资公司、国有企业、上市公司以及公益性的事业单位、社会团体不得成为普通合伙人。

第十五条

【公司转投资及对外担保】公司向其他企业投资或者为他人提供担保，按照公司章程的规定，由董事会或者股东会决议；公司章程对投资或者担保的总额及单项投资或者担保的数额有限额规定的，不得超过规定的限额。

公司为公司股东或者实际控制人提供担保的，应当经股东会决议。

前款规定的股东或者受前款规定的实际控制人支配的股东，不得参加前款规定事项的表决。该项表决由出席会议的其他股东所持表决权的过半数通过。

条文解读

本条是关于公司对外投资或者提供担保的规定，本次修订以“按照”替换“依照”，以“股东会”替换“股东会、股东大会”，以“应当”替换“必须”，表述更为严谨、统一，其他无变化。公司作为市场主体，基于生产经营活动需要存在向其他企业投资或为他人提供担保的可能或必要。为避免出现不当乃至违法担保，维护公司及相关方的合法权益，需要对公司投资及提供担保的行为进行规范。本条第一款规定，按照公司章程的规定，由董事会或股东会对公司投资或提供担保的行为进行决议，公司章程对投资或者担保的总额及单项投资或者担保的数额有限额规定的，不得超过规定的限额，这实际上对公司章程提出了相应的要求。本条第二款规定，公司为公司股东或者实际控制人提供担保应当经股东会决议，此为法律直接、明文、特别规定，以防止少数股东或实际控制人损害公司和其他股东的利益。本条第三款进一步防止利益冲突，规定公司为公司股东或者实际控制人提供担保的，股东会决议时，该股东或受实际控制人支配的股东不得参加表决，该项表决由出席会议的其他股东所持表决权的过半数通过。

第十六条

【职工权益保护与职业教育】公司应当保护职工的合法权益，依法与职工签订劳动合同，参加社会保险，加强劳动保护，实现安全生产。

公司应当采用多种形式，加强公司职工的职业教育和岗位培训，提高职工素质。

条文解读

本条是关于公司保护职工合法权益的规定，本次修订以“应当”替换“必须”，表述更为严谨、统一，其他无变化。职工是公司中生产经营活动的直接从事者，也是公司价值和利润的重要创造者。保护职工合法权益,是《劳动法》《劳动合同法》《公司法》等法律法规的法定义务,也是公司商业道德应有之义,有利于公司的长期发展与根本利益。本条第一款首先明确公司应当保护职工的合法权益,并具体规定了依法签订劳动合同、参加社会保险、加强劳动保护、实现安全生产等内容。本条第二款要求公司应当采取多种方式加强的职业教育和岗位培训,提高职工素质。特别是在平台经济、数字经济等新型经济日益发展的情况下,职工合法权益保护问题应得到更多的关注与落实。

相关规定

《劳动法》

第十六条 劳动合同是劳动者与用人单位确立劳动关系、明确双方权利和义务的协议。

建立劳动关系应当订立劳动合同。

第五十二条 用人单位必须建立、健全劳动安全卫生制度,严格执行国家劳动安全卫生规程和标准,对劳动者进行劳动安全卫生教育,防止劳动过程中的事故,减少职业危害。

第六十八条 用人单位应当建立职业培训制度,按照国家规定提取和使用职业培训经费,根据本单位实际,有计划地对劳动者进行职业培训。

从事技术工种的劳动者,上岗前必须经过培训。

《劳动合同法》

第十条 建立劳动关系,应当订立书面劳动合同。

已建立劳动关系,未同时订立书面劳动合同的,应当自用工之日起一个月内订立书面劳动合同。

用人单位与劳动者在用工前订立劳动合同的，劳动关系自用工之日起建立。

第十七条

【公司工会与民主管理】公司职工依照《中华人民共和国工会法》组织工会，开展工会活动，维护职工合法权益。公司应当为本公司工会提供必要的活动条件。公司工会代表职工就职工的劳动报酬、工作时间、休息休假、劳动安全卫生和保险福利等事项依法与公司签订集体合同。

公司依照宪法和有关法律的规定，建立健全以职工代表大会为基本形式的民主管理制度，通过职工代表大会或者其他形式，实行民主管理。

公司研究决定改制、解散、申请破产以及经营方面的重大问题、制定重要的规章制度时，应当听取公司工会的意见，并通过职工代表大会或者其他形式听取职工的意见和建议。

条文解读

本条是关于公司职工组织工会和参与管理的规定，本次修订的变化主要有三：一是在本条第一款集体合同事项中增加“休息休假”。工会是职工自愿结合的工人阶级的群众组织，公司职工有权依照《工会法》的规定组织工会并开展活动以维护职工合法权益，公司应当为工会提供必要的活动条件。工会代表职工就劳动报酬、工作时间等事项与公司协商签订集体合同。近年来，职工休息休假问题受到社会广泛关注，本次修订增加了该内容。二是本条第二款增加“建立健全以职工代表大会为基本形式的民主管理制度”，这既对公司完善民主管理制度提出了明确的义务性要求，也指出了一定的方向，职工代表大会是中国特色的公司民主管理形式，公司也可以采用其他民主管理形式。三是本条第三款增加“解散、申请破产”作为听取工会和职工意见的事项，随着破产法律制度、市场主体登记制度等的日益完善，公司解散、申请破产等也是不可避免且影响职工切身利益的市场现象。要求公司在研究决定重大问题、制定重要规章制度时，应当听取工会的意见，并通过相应的民主管理形式听取职工的意见和建议，有助于公司作出科学、准确的决定，维护职工的合法权益。

相关规定

《宪法》

第四十二条第一款　中华人民共和国公民有劳动的权利和义务。

第四十三条第一款　中华人民共和国劳动者有休息的权利。

《劳动法》

第七条　劳动者有权依法参加和组织工会。

工会代表和维护劳动者的合法权益，依法独立自主地开展活动。

第八条　劳动者依照法律规定，通过职工大会、职工代表大会或者其他形式，参与民主管理或者就保护劳动者合法权益与用人单位进行平等协商。

《劳动合同法》

第四条第二款 用人单位在制定、修改或者决定有关劳动报酬、工作时间、休息休假、劳动安全卫生、保险福利、职工培训、劳动纪律以及劳动定额管理等直接涉及劳动者切身利益的规章制度或者重大事项时，应当经职工代表大会或者全体职工讨论，提出方案和意见，与工会或者职工代表平等协商确定。

第十八条

【公司设立党组织】在公司中，根据中国共产党章程的规定，设立中国共产党的组织，开展党的活动。公司应当为党组织的活动提供必要条件。

条文解读

本条是关于公司中设立中国共产党组织及开展党的活动的规定，本次修订无变化。我国《宪法》规定，中国共产党领导是中国特色社会主义最本质的特征。根据《中国共产党章程》规定，企业、农村、机关、学校、医院、科研院所、街道社区、社会组织、人民解放军连队和其他基层单位，凡是有正式党员三人以上的，都应当成立党的基层组织。公司作为企业的一种，应当根据《中国共产党章程》的规定，设立党的基层组织，开展党的活动。本条第二句要求，公司应当为党组织的活动提供必要条件，包括活动时间、活动场地、人员安排等。

第十九条

【公司经营活动基本原则】公司从事经营活动，应当遵守法律法规，遵守社会公德、商业道德，诚实守信，接受政府和社会公众的监督。

条文解读

本条是关于公司经营活动基本原则的规定，本次修订的变化主要有二：一是以“法律法规”替换“法律、行政法规”，表述更为简明；二是删除“承担社会责任”，将其扩充后单列成为《公司法》第二十条，突出其重要性。公司作为市场主体中最为重要的一种，其经营活动必须遵循一定的基本原则。首先，遵守法律法规。这是公司开展经营活动的基本前提，也是其最基本、最重要的法定义务。其次，遵守社会公德、商业道德，即社会全体成员开展商事活动应当自觉遵守和维护的道德规范。再次，诚实守信。这是包括商事活动在内的所有社会活动有序、高效开展的必要基础。最后，接受政府和社会公众的监督。政府和社会公众的依法监督，有助于公司规范其经营行为，保障相关主体合法权益，维护社会经济秩序。

相关规定

《民法典》

第七条　民事主体从事民事活动，应当遵循诚信原则，秉持诚实，恪守承诺。

第八条 民事主体从事民事活动,不得违反法律,不得违背公序良俗。

第八十六条 营利法人从事经营活动,应当遵守商业道德,维护交易安全,接受政府和社会的监督,承担社会责任。

第二十条

【公司社会责任】公司从事经营活动,应当充分考虑公司职工、消费者等利益相关者的利益以及生态环境保护等社会公共利益,承担社会责任。

国家鼓励公司参与社会公益活动,公布社会责任报告。

条文解读

本条是关于公司社会责任的规定,系在2018年《公司法》“承担社会责任”基础上扩充后新增条文。关于公司是否承担社会责任,以及承担社会责任的内容、方式等,各国向来有争议。我国2005年《公司法》修订时明确公司承担社会责任,但具体细节付之阙如。本条第一款明确公司从事经营活动应充分考虑两个方面内容:一是公司职工、消费者等利益相关者的利益;二是生态环境保护等社会公共利益。这一定程度上为公司承担社会责任确定了方向,进而形成公司内外相关主体休戚与共的利益共同体。本条第二款是倡议性条款,国家鼓励公司参与社会公益活动,公布社会责任报告,以促使公司义利兼顾,推动公司与社会之间建立良好的互助互信互促关系。

典型案例 公司应依法承担社会责任

中国生物多样性保护与绿色发展基金会诉雅砻江流域水电开发有限公司生态环境保护民事公益诉讼案

案例来源 最高人民法院指导案例174号(2021年)

关 键 词 生态环境保护民事公益诉讼;潜在风险;预防性措施

裁判要点

人民法院审理环境民事公益诉讼案件,应当贯彻绿色发展理念和风险预防原则,根据现有证据和科学技术认为项目建成后可能对案涉地濒危野生植物生存环境造成破坏,存在影响其生存的潜在风险,从而损害生态环境公共利益的,可以判决被告采取预防性措施,将对濒危野生植物生存的影响纳入建设项目的环境影响评价,促进环境保护和经济发展的协调。

基本案情

雅砻江上的牙根梯级水电站由雅砻江流域水电开发有限公司(以下简称雅砻江公司)负责建设和管理,现处于项目预可研阶段,水电站及其辅助工程(公路等)尚未开工建设。2006年6月,中国水电顾问集团成都勘测设计研究院(以下简称成勘院)完成《四川省雅砻江中游(两河口至卡拉河段)水电规划报告》,牙根梯级水电站列入规划。该规划报告于2006年8月通过了水电水利规划设计总院会同四川省发展改革委组织的审查。2008年12月,四川省人民政府以川府函〔2008〕368号文批复同意该规划。2010年3月,成勘院根据牙根梯级水库淹没区最新情况将原规划的牙根梯级调整为牙根一级（正常蓄水位2602m）、牙根二级（正常蓄水位2560m）两级开发，形成《四川省雅砻江两河口至牙根河段水电开发方案研究报告》，该报告于2010年8月经水电水利规划设计总院会同四川省发展改革委审查通过。2013年1月6日、4月13日国家发展改革委办公厅批复：同意牙根二级水电站、牙根一级水电站开展前期工作。由雅砻江公司负责建设和管理，按照项目核准的有关规定，组织开展水电站的各项前期工作。待有关前期工作落实、具备核准条件后，再分别将牙根梯级水电站项目申请报告上报我委。对项目建设的意见，以我委对项目申请报告的核准意见为准。未经核准不得开工建设。

2013年9月2日发布的中国生物多样性红色名录中五小叶槭被评定为“极危”。2016年2月9日，五小叶槭被列入《四川省重点保护植物名录》。2018年8月10日，世界自然保护联盟在其红色名录中将五小叶槭评估为“极度濒危”。当时我国《国家重点保护野生植物名录》中无五小叶槭。2016年9月26日，四川省质量技术监督局发布《五小叶槭播种育苗技术规程》。案涉五小叶槭种群位于四川省雅江县麻郎措乡沃洛希村，当地林业部门已在就近的通乡公路堡坎上设立保护牌。中国生物多样性保护与绿色发展基金会（以下简称绿发会）认为，牙根梯级水电站即将修建，根据五小叶槭雅江种群的分布区海拔高度和水电站水位高度对比数值，牙根梯级水电站以及配套的公路建设将直接威胁到五小叶槭的生存，对社会公共利益构成直接威胁，绿发会遂提起预防性公益诉讼。

裁判结果

四川省甘孜藏族自治州中级人民法院于2020年12月17日

作出(2015)甘民初字第45号民事判决书:被告雅砻江公司应当将五小叶槭的生存作为牙根梯级水电站项目可研阶段环境评价工作的重要内容,环境影响报告书经环境保护行政主管部门审批通过后,才能继续开展下一步的工作。

裁判理由

法院认为,我国是联合国《生物多样性公约》缔约国,有保护生物多样性的义务。根据《环境保护法》、最高人民法院《关于审理环境民事公益诉讼案件适用法律若干问题的解释》的相关规定,环境保护是我国的基本国策,并且环境保护应当坚持保护优先、预防为主的原则。鉴于五小叶槭在生物多样性红色名录中的等级及案涉牙根梯级水电站建成后可能存在对案涉地五小叶槭原生存环境造成破坏、影响五小叶槭生存的潜在风险,可能损害社会公共利益。故绿发会作为符合条件的社会组织在牙根梯级水电站建设可能存在损害环境公共利益重大风险的情况下,提出"依法判令被告立即采取适当措施,确保不因雅砻江水电梯级开发计划的实施而破坏珍贵濒危野生植物五小叶槭的生存"的诉讼请求,于法有据,人民法院予以支持。

相关规定

《民法典》

第八十六条 营利法人从事经营活动,应当遵守商业道德,维护交易安全,接受政府和社会的监督,承担社会责任。

第二十一条

【股东不得滥用权利】公司股东应当遵守法律、行政法规和公司章程，依法行使股东权利，不得滥用股东权利损害公司或者其他股东的利益。

公司股东滥用股东权利给公司或者其他股东造成损失的，应当承担赔偿责任。

条文解读

本条是关于股东不得滥用权利的规定，本次修订删除股东“不得滥用公司法人独立地位和股东有限责任损害公司债权人的利益”的正面禁止性规定，将法人人格否认制度单列条文规定，内容更为集中。股东作为公司的出资人，依法享有各项股东权利，但股东权利的行使将会给公司以及公司其他股东造成相应的影响，因此需受到法律法规、公司章程等的限制，绝不能任性、肆意妄为。本条第一款正面规定，股东应遵守法律、行政法规和公司章程，依法行使股东权利，不得滥用股东权利。本条第二款反面规定，股东滥用股东权利，无论是给公司还是给其他股东造成损失的，均应承担赔偿责任。权利滥用，一般是指行使权利违背权利设定的目的，损害了他人的合法权益。关于权利滥用的判断标准，学界存在分歧，通说主张主、客观统一标准，即一方面权利行使客观上损害了他人的合法权益，另一方面权利行使人主观上存在过错。

相关规定

《民法典》

第八十三条第一款 营利法人的出资人不得滥用出资人权利损害法人或者其他出资人的利益;滥用出资人权利造成法人或者其他出资人损失的,应当依法承担民事责任。

第一百三十二条 民事主体不得滥用民事权利损害国家利益、社会公共利益或者他人合法权益。

第二十二条

【不得利用关联关系损害公司利益】公司的控股股东、实际控制人、董事、监事、高级管理人员不得利用关联关系损害公司利益。

违反前款规定,给公司造成损失的,应当承担赔偿责任。

条文解读

本条是关于关联交易的规定,本次修订无变化。根据《公司法》第二百六十五条的规定,关联关系是指公司控股股东、实际控制人、董事、监事、高级管理人员与其直接或者间接控制的企业之间的关系,以及可能导致公司利益转移的其他关系。关联关系是客观存在的。公司控股股东、实际控制人、董事、监事、高级管理人员利用关联关系从事的交易行为,即为关联交易。关联交易既可能因其成本低、效率高而给公司发展带来正面促进作用,也可能因其利益冲突而损害公司利益，进而损害公司中小股东、公司债权人的合法权益。本条第一款明确规定公司的控股股东、实际控制人、董事、监事、高级管理人员不得利用关联关系损害公司利益。本条第二款进而规定，公司的控股股东、实际控制人、董事、监事、高级管理人员利用关联关系损害公司利益，给公司造成损失的，应当承担赔偿责任。

典型案例　公司关联交易损害责任纠纷

甘肃中集华骏车辆有限公司诉周旭、高迎迎、毛增光关联交易损害赔偿责任纠纷案

案例来源　甘肃省高级人民法院(2018)甘民终590号民事判决书

关 键 词　高级管理人员；关联交易；损害

裁判要点

判断公司相关人员是否为高级管理人员，应从该人员是否担任《公司法》规定的职务，或者公司的章程是否将担任其他职务的人员规定为公司的高级管理人员进行分析。实际行使公司高管职权并利用关联关系损害公司利益，应依法承担赔偿责任。

基本案情

甘肃中集华骏车辆有限公司(以下简称甘肃中集华骏)成立于2006年6月6日。2007年7月30日，甘肃中集华骏任命周旭为该公司营销部经理(正科级)，全面主持公司销售和采购供应工作。2009年7月31日之后，周旭担任该公司分管销售的副总经

理,2010 年 7 月,周旭调离。周旭与高迎迎于 2006 年确立恋爱关系,2008 年 5 月 7 日登记结婚。2007 年 9 月 29 日,由高迎迎与毛增光(系周旭远方舅舅的儿子)作为发起人设立登记了兰州同海达汽车销售服务有限公司(以下简称兰州同海达公司),后公司名称变更为青海同海达公司。2008 年 8 月 6 日,青海同海达公司将其法定代表人变更为高迎迎的母亲卫盈利。同年 8 月 18 日,高迎迎将其所持有的全部公司股份转让给其母亲卫盈利。2008 年 2 月 29 日至 2009 年 7 月 31 日,甘肃中集华骏与青海同海达公司签订了共计 38 份加工承揽合同。青海同海达公司拖欠甘肃中集华骏车款,因青海同海达公司无营业场所、无银行存款、无车辆登记,造成损失。另查,周旭担任甘肃中集华骏的营销部经理期间,该公司未设立副总经理,各部门经理直接向董事长负责。在其任职期间,公司的整个交易都比较规范,货款回收比较及时,唯独与青海同海达公司的交易给甘肃中集华骏造成了巨大的损失。甘肃中集华骏起诉请求判决周旭、高迎迎、毛增光共同赔偿甘肃中集华骏经济损失。

裁判结果

甘肃省白银市中级人民法院(2017)甘 04 民初 51 号民事判决书判决周旭赔偿甘肃中集华骏经济损失 4,229,358.00 元。周旭不服提起上诉。甘肃省高级人民法院作出(2018)甘民终 590 号民事判决书判决:驳回上诉,维持原判。

裁判理由

法院生效裁判认为:公司的高级管理人员应是执行公司出资人的决策、拥有执行权或一定程度的决策权、掌握着公司内部管理或外部业务的核心信息，并决定公司的决策及发展方向的特定人群。本案中，周旭的身份是甘肃中集华骏营销部经理，全面负责销售工作。在此期间甘肃中集华骏并没有设立副总经理，周旭对交易对象选择以及是否签订合同具有决策权，对以什么方式进行资金回收亦有决定权，周旭实际上行使的是公司高级管理人员的职权。其妻子高迎迎和亲戚成立青海同海达公司及转让公司股权的行为，与周旭任营销部经理及离任具有同步性，事实上其行为就是为了和甘肃中集华骏进行交易，周旭亦未如实向公司报告该事项，构成关联交易。在和青海同海达公司交易之后周旭利用其职权，不及时回收资金，唯独与青海同海达公司的交易给甘肃中集华骏造成了巨大的损失，应依法承担赔偿责任。

相关规定

《民法典》

第八十四条　营利法人的控股出资人、实际控制人、董事、监事、高级管理人员不得利用其关联关系损害法人的利益；利用关联关系造成法人损失的，应当承担赔偿责任。

第二十三条

【公司法人人格否认】公司股东滥用公司法人独立地位和股东有限责任，逃避债务，严重损害公司债权人利益的，应当对公司债务承担连带责任。

股东利用其控制的两个以上公司实施前款规定行为的，各公司应当对任一公司的债务承担连带责任。

只有一个股东的公司，股东不能证明公司财产独立于股东自己的财产的，应当对公司债务承担连带责任。

条文解读

本条是关于公司法人人格否认的规定，本次修订的变化主要有二：一是增加第二款横向法人人格否认制度；二是以"只有一个股东的公司"替换"一人有限责任公司"，适应《公司法》本次修订关于有限责任公司和股份有限公司皆可只有一个股东的新规定。股东有限责任以公司财产独立、机构健全、运行有效等为前提，若存在公司财产与股东财产混同、机构设置及运行混乱等滥用公司法人独立地位和有限责任制度的情形，严重损害公司债权人的利益，股东即不能仅承担有限责任，而应要求其与公司承担连带责任，此即公司法人人格否认，亦有称为"揭开公司面纱""刺破公司面纱""直索责任"等。本条第一款延续 2018 年《公司法》规定，明确一般情况下的公司法人人格否认制度。本条第二款系新增条款，学理上称为横向法人人格否认，即股东利用其控制的两个以上公司实施滥用公司法人独立地位和股东有限责任，逃避债务，严重损害公司债权人利益行为的，各公司应当对任一公司的债务承担连带责任。本条第三款对于只有一个股东的公司，因其股东唯一性导致发生滥用公司法人独立地位和股东有限责任的可能性更高，故要求股东承担主动证明义务，当其不能证明公司财产独立于股东自己的财产的，应当对公司债务承担连带责任。

典型案例 买卖合同纠纷(公司人格混同的认定)

徐工集团工程机械股份有限公司诉成都川交工贸有限责任公司等买卖合同纠纷案

案例来源 最高人民法院指导案例 15 号(2013 年)

关 键 词 关联公司;人格混同;连带责任

裁判要点

关联公司的人员、业务、财务等方面交叉或混同,导致各自财产无法区分,丧失独立人格的,构成人格混同。关联公司人格混同,严重损害债权人利益的,关联公司相互之间对外部债务承担连带责任。

基本案情

成都川交工程机械有限责任公司(以下简称川交机械公司)成立于 1999 年,股东为四川省公路桥梁工程总公司二公司、王永礼、倪刚、杨洪刚等。2001 年,股东变更为王永礼、李智、倪刚。2008 年,股东再次变更为王永礼、倪刚。四川瑞路建设工程有限公司(以下简称瑞路公司)成立于 2004 年,股东为王永礼、李智、倪刚。2007 年,股东变更为王永礼、倪刚。成都川交工贸有限责任公司(以下简称川交工贸公司)成立于 2005 年,股东为吴帆、张家蓉、凌欣、过胜利、汤维明、武竞、郭印,何万庆 2007 年入股。2008 年,股东变更为张家蓉(占 90% 股份)、吴帆(占 10% 股份),其中张家蓉系王永礼之妻。在公司人员方面,3 家公司经理均为王永礼,财务负责人均为凌欣,出纳会计均为卢鑫,工商手续经办人均为张梦;3 家公司的管理人员存在交叉任职的情形,如过胜利兼任川交工贸公司副总经理和川交机械公司销售部经理的职务，且免去过胜利川交工贸公司副总经理职务的决定系由川交机械公司作出；吴帆既是川交工贸公司的法定代表人，又是川交机械公司的综合部行政经理。在公司业务方面，3 家公司在工商行政管理部门登记的经营范围均涉及工程机械且部分重合，其中川交工贸公司的经营范围被川交机械公司的经营范围完全覆盖；川交机械公司系徐工机械公司在四川地区（攀枝花除外）的唯一经销商，但 3 家公司均从事相关业务，且相互之间存在共用统一格式的《销售部业务手册》、《二级经销协议》、结算账户的情形；3 家公司在对外宣传中区分不明，2008 年 12 月 4 日重庆市公证处出具的《公证书》记载：通过因特网查询，川交工贸公司、瑞路公司在相关网站上共同招聘员工，所留电话号码、传真号码等联系方式相同；川交工贸公司、瑞路公司的招聘信息，包括大量关于川交机械公司的发展历程、主营业务、企业精神的宣传内容；部分川交工贸公司的招聘信息中，公司简介全部为对瑞路公司的介绍。在公司财务方面，3 家公司共用结算账户，凌欣、卢鑫、汤维明、过胜利的银行卡中曾发生高达亿元的往来，资金的来源包括 3 家公司的款项，对外支付的依据仅为王永礼的签字；在川交工贸公司向其客户开具的收据中，有的加盖其财务专用章，有的则加盖瑞路公司财务专用章；在与徐工集团工程机械股份有限公司（以下简称徐工机械公司）均签订合同、均有业务往来的情况下，3 家公司于 2005 年 8 月共同向徐工机械公司出具《说明》，称因川交机械公司业务扩张而注册了另 2 家公司，要求所有债权债务、销售量均计算在川交工贸公司名下，并表示今后尽量以川交工贸公司名义进行业务往来;2006 年 12 月,川交工贸公司、瑞路公司共同向徐工机械公司出具《申请》,以统一核算为由要求将 2006 年度的业绩、账务均计算至川交工贸公司名下。

原告徐工机械公司起诉认为,川交工贸公司拖欠其货款未付,而川交机械公司、瑞路公司与川交工贸公司人格混同,3 家公司实际控制人王永礼以及川交工贸公司股东等人的个人资产与公司资产混同,要求其承担连带清偿责任。

裁判结果

江苏省徐州市中级人民法院(2009)徐民二初字第 0065 号民事判决书判决:川交工贸公司向徐工机械公司支付货款及逾期付款利息;川交机械公司、瑞路公司对川交工贸公司的上述债务承担连带清偿责任。川交机械公司、瑞路公司提起上诉,江苏省高级人民法院作出(2011)苏商终字第 0107 号民事判决:驳回上诉,维持原判。

裁判理由

法院认为,公司人格独立是其作为法人独立承担责任的前提。本案中,川交工贸公司与川交机械公司、瑞路公司等 3 家公司人员混同、业务混同、财务混同,3 家公司之间表征人格的因素(人员、业务、财务等)高度混同,导致各自财产无法区分,已丧失独立人格,构成人格混同。上述行为违背了法人制度设立的宗旨,违背了诚实信用原则,川交机械公司、瑞路公司对川交工贸公司的债务应当承担连带清偿责任。

相关规定

《民法典》

第八十三条第二款 营利法人的出资人不得滥用法人独立地位和出资人有限责任损害法人债权人的利益;滥用法人独立地位和出资人有限责任,逃避债务,严重损害法人债权人的利益的,应当对法人债务承担连带责任。

第二十四条

【采用电子通信方式召开会议和表决】公司股东会、董事会、监事会召开会议和表决可以采用电子通信方式,公司章程另有规定的除外。

条文解读

本条是关于公司机构会议和表决的电子通信方式的规定,系本次修订新增条文。公司经营实践本身对效率存在内在的要求,而且现实中有些公司亦存在股东人数众多等限制条件,同时电子通信技术也处于不断发展完善之中,为适应这种实际情况,本条作出了公司股东会、董事会、监事会召开会议和表决可以采用电子通信方式的原则性规定,以利于提高公司决策效率,降低运行成本。当然,公司亦可因其自身特殊情况而做不同安排,故本条规定"公司章程另有规定的除外",授权公司通过公司章程对股东会、董事会、监事会召开会议和表决的方式进行规定。

第二十五条

【无效决议】公司股东会、董事会的决议内容违反法律、行政法规的无效。

条文解读

本条是关于公司股东会、董事会决议无效的规定，本次修订将公司股东会、董事会决议无效与可撤销分别单列条文进行规定，以“股东会”替换“股东会或者股东大会”，表述更为统一，体系更为合理，其他无变化。股东会、董事会作为公司的重要决策机构，依法享有相应的职权，其行使职权的重要方式就是依法作出相应的决议。公司股东会、董事会决议的内容违反法律、行政法规的规定，属于严重的违法行为，将可能给公司及公司内外相关主体造成严重损害，应对其作出明确的否定性评价，即直接规定其为无效。当然，本条必须与《公司法》第二十八条等条文进行综合考察和适用，以达到全面、妥适的法律效果。

典型案例　公司决议纠纷

上海保翔冷藏有限公司诉上海长翔冷藏物流有限公司公司决议效力确认纠纷案

案例来源　《最高人民法院公报》2019 年第 11 期

关 键 词　公司决议；职工代表监事；无效

裁判要点

有限责任公司监事会中的职工代表监事应当具有该公司职

工的身份,职工代表监事的产生方式应符合《公司法》规定的职工民主选举产生的程序及代表比例。公司股东会作出任命职工代表监事的决议,如果该被任命监事并非本公司职工,或该被任命监事的产生程序、代表比例违反《公司法》规定的,该部分决议内容应属无效。

基本案情

被告上海长翔冷藏物流有限公司(以下简称长翔公司)原系第三人上海江阳水产品批发交易市场经营管理有限公司(以下简称江阳公司)的全资子公司,2014年1月,原告上海保翔冷藏有限公司(以下简称保翔公司)与江阳公司签订股权转让协议,约定江阳公司将其所持长翔公司50%股权转让给原告,原告、江阳公司各持长翔公司50%股权。后各方办理了股权变更登记手续。2014年4月,长翔公司召开临时股东会并形成系争股东会决议,决议第二项规定:设立公司监事会,聘请徐根福、孔凌志为股东代表监事,免去魏满鸿监事职务,另1名职工代表监事由魏仁礼担任。魏仁礼生于1948年,2008年已届退休年龄,其担任被告长翔公司法定代表人至2013年卸任,涉讼时其仍是第三人江阳公司法定代表人,但在诉讼过程中卸任。另无证据证明魏仁礼在2014年4月以来与长翔公司之间存在劳动关系。

在被告长翔公司工商登记备案材料中有一份落款日为2014年4月30日的长翔公司职工代表大会决议,主要内容为:长翔公司职工代表大会于2014年4月30日召开,应到职工代表5人,实到5人,会议由魏仁礼主持;会议选举魏仁礼为公司职工代表监事;同意5人,占职工代表总数100%;与会职工签名落款处未见魏仁礼签名，有“朱某某”“范某”“杨某某”“凌某某”“张某”5人作为“职工代表”签名。但该5名“职工代表”在2014年5月之后均非由长翔公司缴纳社会保险费。经审查其他证据材料，只有范某、张某与长翔公司建立劳动关系的证据较为充分，难以证明另3人与长翔公司存在劳动关系。另，缺乏能够证明该5人被长翔公司全体职工选举为职工代表或可代表长翔公司全体职工意志的相关证据。

原告保翔公司起诉认为，魏仁礼为江阳公司法定代表人，非长翔公司员工，没有资格成为长翔公司的职工代表监事。系争股东会决议中关于监事任免的内容以及表决程序均违反了《公司法》关于职工代表监事的相关规定，请求确认被告长翔公司于2014年4月通过的股东会决议中关于公司监事会组成的决议条款无效。

裁判结果

上海市宝山区人民法院判决：被告长翔公司于2014年4月30日作出的股东会决议第二项（设立公司监事会，聘请徐根福、孔凌志为股东代表监事，免去魏满鸿的监事职务，另1名职工监事由魏仁礼担任）无效。江阳公司、魏仁礼提起上诉，上海市第二中级人民法院判决：驳回上诉，维持原判。

裁判理由

法院认为，《公司法》关于职工代表监事的规定系为确保公司在经营决策管理过程中不侵害职工合法利益、保障现代企业治理中的职工民主权利而设立的，具有强制性。公司在设立监事会时必须遵守。本案中，系争股东会任命的职工代表监事魏仁礼在被任命时及任命后与被告长翔公司并未形成劳动关系，不具有长翔公司的职工身份，因此不具备担任被告长翔公司职工代表监事的资格。综上，系争股东会决议中任命魏仁礼为长翔公司职工代表监事的内容应属无效；因监事会是一个整体，故该决议中的组成监事会的决议内容也应归于无效。

第二十六条

【公司股东会、董事会决议撤销及裁量驳回】公司股东会、董事会的会议召集程序、表决方式违反法律、行政法规或者公司章程，或者决议内容违反公司章程的，股东自决议作出之日起六十日内，可以请求人民法院撤销。但是，股东会、董事会的会议召集程序或者表决方式仅有轻微瑕疵，对决议未产生实质影响的除外。

未被通知参加股东会会议的股东自知道或者应当知道股东会决议作出之日起六十日内，可以请求人民法院撤销；自决议作出之日起一年内没有行使撤销权的，撤销权消灭。

条文解读

本条是关于公司股东会、董事会决议可撤销的规定，本次修订的变化主要有三：一是根据司法解释经验，增加关于“仅有轻微瑕疵”的处理规定；二是增加未被通知参加股东会会议股东行使撤销权的规定；三是删除 2018 年《公司法》关于“人民法院可以应公司的请求，要求股东提供相应担保”的规定，将有利于降低股东的维权成本。公司股东会、董事会作为公司决策机构，对其会议及决议的程序和内容均应有相应的法律规制，以保证决议的合法性与正当性。本条第一款即规定，会议召集程序、表决方式违反法律、行政法规或者公司章程，或者决议内容违反公司章程的，股东可以自决议作出之日起60日内请求法院撤销。当然，如果会议召集程序或者表决方式仅有轻微瑕疵，对决议未产生实质影响，实际上也不影响决议的合法性与正当性，自然不能允许股东请求撤销，否则将给公司运营造成严重影响。另外，现实中往往出现股东因未被通知参加股东会会议而无从得知股东会决议进而遭受损害的情形，本条第二款弥补法律漏洞，赋予该股东自知道或者应当知道股东会决议作出之日起60日内请求法院撤销的权利，同时为防止给公司造成过多困扰，规定该股东自决议作出之日起1年内没有行使撤销权的，撤销权消灭。

相关规定

《民法典》

第八十五条 营利法人的权力机构、执行机构作出决议的会议召集程序、表决方式违反法律、行政法规、法人章程，或者决议内容违反法人章程的，营利法人的出资人可以请求人民法院撤销该决议。但是，营利法人依据该决议与善意相对人形成的民事法律关系不受影响。

第二十七条

【公司股东会、董事会决议不成立的情形】有下列情形之一的,公司股东会、董事会的决议不成立:

(一)未召开股东会、董事会会议作出决议;

(二)股东会、董事会会议未对决议事项进行表决;

(三)出席会议的人数或者所持表决权数未达到本法或者公司章程规定的人数或者所持表决权数;

(四)同意决议事项的人数或者所持表决权数未达到本法或者公司章程规定的人数或者所持表决权数。

条文解读

本条是关于公司股东会、董事会决议不成立的规定,系本次修订根据司法解释经验新增的条文,体系更为完整、科学。学术界通说认为,公司决议行为属于法律行为的一种,我国《民法典》亦在第一编第六章民事法律行为中对法人、非法人组织的决议行为作出了相应的规定。2018 年《公司法》仅针对已经成立的决议规定了决议无效与可撤销,但对于决议不成立缺乏规定,后通过司法解释对该问题进行了补充,以有效应对公司实践中的争议。本条规定了股东会、董事会决议不成立的两种主要类型:其一,决议不存在,包括未召开股东会、董事会会议,以及股东会、董事会会议未表决。其二,决议未达标,包括出席会议的人数或所持表决权数未达标(公司法或公司章程规定的人数或者所持表决权数)和同意决议事项的人数或者所持表决权数未达标(公司法或公司章程规定的人数或者所持表决权数)。需注意的是,本条删除了《公司法解释(四)》中关于决议不成立的兜底性条款,可能意在避免兜底性条款被过度适用。

相关规定

《公司法解释(四)》

第五条 股东会或者股东大会、董事会决议存在下列情形之一,当事人主张决议不成立的,人民法院应当予以支持:

(一)公司未召开会议的,但依据公司法第三十七条第二款或者公司章程规定可以不召开股东会或者股东大会而直接作出决定,并由全体股东在决定文件上签名、盖章的除外;

(二)会议未对决议事项进行表决的;

(三)出席会议的人数或者股东所持表决权不符合公司法或者公司章程规定的;

(四)会议的表决结果未达到公司法或者公司章程规定的通过比例的;

(五)导致决议不成立的其他情形。

第二十八条

【公司股东会、董事会决议无效、撤销或者不成立的后果】 公司股东会、董事会决议被人民法院宣告无效、撤销或者确认不成立的,公司应当向公司登记机关申请撤销根据该决议已办理的登记。

股东会、董事会决议被人民法院宣告无效、撤销或者确认不成立的，公司根据该决议与善意相对人形成的民事法律关系不受影响。

条文解读

本条是关于公司股东会、董事会决议无效、被撤销或确认不成立的后果的规定，本次修订的变化主要有二：一是增加“确认不成立”作为公司申请撤销相关登记的情形；二是新增公司与善意相对人根据决议形成的民事法律关系不受决议瑕疵影响的条款。公司登记是对公司相关情况的确认与公示，对公司内外相关主体将会产生相应的影响，应符合及时、真实、准确等要求。当公司股东会、董事会决议被法院宣告无效、撤销或者确认不成立时，基于该决议办理的登记与实际情况已不相符，故本条第一款要求公司应向公司登记机关申请撤销根据该决议办理的登记。

另外，在公司股东会、董事会决议被人民法院宣告无效、撤销或者确认不成立时，如果相对人根据该决议与公司开展交易、订立合同等均受到相应的影响，将不利于保障交易安全，维护相对人合法权益。故本条第二款规定，公司根据被法院宣告无效、撤销或者确认不成立的决议与善意相对人形成的民事法律关系不受影响，以维护交易秩序。需注意的是，受到该条款保障的是“善意相对人”，知道或应当知道公司决议存在瑕疵的非善意相对人不在其列。

相关规定

《公司法解释(四)》

第六条 股东会或者股东大会、董事会决议被人民法院判决确认无效或者撤销的,公司依据该决议与善意相对人形成的民事法律关系不受影响。

CHAPTER 02

第 二 章

公司登记

第二十九条

【公司设立登记】设立公司，应当依法向公司登记机关申请设立登记。

法律、行政法规规定设立公司必须报经批准的，应当在公司登记前依法办理批准手续。

条文解读

本条是关于公司设立申请的规定，本次修订除将申请设立结果另行单列条文规定，内容无变化。各国家地区因法制传统、管理体制等差异，关于公司设立采准则主义还是核准主义抑或其他规制，也不尽相同。本条延续 2018 年《公司法》准则主义与核准主义相结合的做法，第一款要求设立公司应当依法向公司登记机关申请设立登记，一方面设立公司须依法提出设立登记的申请，未经依法申请不得设立公司；另一方面应依法向公司登记机关提出申请，其他机关无权办理公司设立登记。同时，法律、行政法规可能基于行业管理等特殊需要规定设立公司须报经批准，根据本条第二款规定，应当在公司登记前依法办理批准手续，这是对设立公司申请人和公司登记机关的共同要求，未经批准的，不得进行公司设立登记。

相关规定

《民法典》

第五十八条 法人应当依法成立。

法人应当有自己的名称、组织机构、住所、财产或者经费。法人成立的具体条件和程序,依照法律、行政法规的规定。

设立法人,法律、行政法规规定须经有关机关批准的,依照其规定。

第七十七条 营利法人经依法登记成立。

《市场主体登记管理条例》

第三条 市场主体应当依照本条例办理登记。未经登记,不得以市场主体名义从事经营活动。法律、行政法规规定无需办理登记的除外。

市场主体登记包括设立登记、变更登记和注销登记。

第三十条

【公司设立登记申请】申请设立公司,应当提交设立登记申请书、公司章程等文件,提交的相关材料应当真实、合法和有效。

申请材料不齐全或者不符合法定形式的,公司登记机关应当一次性告知需要补正的材料。

条文解读

本条是关于申请公司设立提交材料的规定，系本次修订将2018年《公司法》关于有限责任公司与股份有限公司申请设立时提交文件进行共通性、补充性规定的新增条文。本条第一款规定，申请设立公司应依法提交设立登记申请书、公司章程等文件，并保证提交的相关材料的真实性、合法性和有效性，否则申请人将依法承担相应的法律责任。另据《市场主体登记管理条例》规定，登记机关应当对申请材料进行形式审查，对申请材料齐全、符合法定形式的予以确认。在申请材料不齐全或者不符合法定形式时，本条第二款规定公司登记机关应当一次性告知需要补正的材料，这是对公司登记机关的明确要求，以贯彻"放管服"的政策精神，提高公司设立登记的效率。

相关规定

《市场主体登记管理条例》

第十六条 申请办理市场主体登记，应当提交下列材料：

（一）申请书；

（二）申请人资格文件、自然人身份证明；

（三）住所或者主要经营场所相关文件；

（四）公司、非公司企业法人、农民专业合作社（联合社）章程或者合伙企业合伙协议；

（五）法律、行政法规和国务院市场监督管理部门规定提交的其他材料。

国务院市场监督管理部门应当根据市场主体类型分别制定登记材料清单和文书格式样本，通过政府网站、登记机关服务窗口等向社会公开。

登记机关能够通过政务信息共享平台获取的市场主体登记相关信息，不得要求申请人重复提供。

第十七条 申请人应当对提交材料的真实性、合法性和有效性负责。

第十九条 登记机关应当对申请材料进行形式审查。对申请材料齐全、符合法定形式的予以确认并当场登记。不能当场登记的，应当在3个工作日内予以登记；情形复杂的，经登记机关负责人批准，可以再延长3个工作日。

申请材料不齐全或者不符合法定形式的，登记机关应当一次性告知申请人需要补正的材料。

第三十一条

【公司设立的准则主义】申请设立公司，符合本法规定的设立条件的，由公司登记机关分别登记为有限责任公司或者股份有限公司；不符合本法规定的设立条件的，不得登记为有限责任公司或者股份有限公司。

条文解读

本条是关于申请公司设立登记结果的规定，本次修订将其单列条文规定，内容无变化。根据本条规定，申请设立公司符合法定设立条件的，由公司登记机关依法登记为有限责任公司或股份有限公司；反之，则不得登记为有限责任公司或股份有限公司。表面看，本条规定不言自明，但实际上这是对公司登记机关的工作要求，公司登记机关应依法履行其职责。

相关规定

《市场主体登记管理条例》

第十九条第一款 登记机关应当对申请材料进行形式审查。对申请材料齐全、符合法定形式的予以确认并当场登记。不能当场登记的，应当在3个工作日内予以登记；情形复杂的，经登记机关负责人批准，可以再延长3个工作日。

第二十条 登记申请不符合法律、行政法规规定，或者可能危害国家安全、社会公共利益的，登记机关不予登记并说明理由。

第三十二条

【公司登记事项及公示】公司登记事项包括：

（一）名称；

（二）住所；

（三）注册资本；

（四）经营范围；

（五）法定代表人的姓名；

（六）有限责任公司股东、股份有限公司发起人的姓名或者名称。

公司登记机关应当将前款规定的公司登记事项通过国家企业信用信息公示系统向社会公示。

条文解读

本条是关于申请公司登记事项及其公示的规定，系本次修订新增条文。本条第一款规定了公司登记事项的范围，包括名称、住所、注册资本、经营范围、法定代表人姓名、有限责任公司股东及股份有限公司发起人的姓名或者名称等公司重要信息，这对保障交易安全、维护相对人合法权益具有重要意义。本条第二款将2018年《公司法》“公众可以向公司登记机关申请查询公司登记事项，公司登记机关应当提供查询服务”的申请查询，修改为公司登记机关应当将公司登记事项通过国家企业信用信息公示系统向社会公示的主动公示，是对公司登记机关的义务性规定，有利于增强公司登记事项公示的及时性与透明度，提高社会整体信用水平。

相关规定

《民法典》

第六十六条 登记机关应当依法及时公示法人登记的有关信息。

《市场主体登记管理条例》

第八条 市场主体的一般登记事项包括：

（一）名称；

（二）主体类型；

（三）经营范围；

（四）住所或者主要经营场所；

（五）注册资本或者出资额；

（六）法定代表人、执行事务合伙人或者负责人姓名。

除前款规定外，还应当根据市场主体类型登记下列事项：

（一）有限责任公司股东、股份有限公司发起人、非公司企业法人出资人的姓名或者名称；……

第三十五条 市场主体应当按照国家有关规定公示年度报告和登记相关信息。

第三十三条

【公司营业执照】依法设立的公司，由公司登记机关发给公司营业执照。公司营业执照签发日期为公司成立日期。

公司营业执照应当载明公司的名称、住所、注册资本、经营范围、法定代表人姓名等事项。

公司登记机关可以发给电子营业执照。电子营业执照与纸质营业执照具有同等法律效力。

条文解读

本条是关于公司营业执照的规定，本次修订新增电子营业执照条款，其他无变化。公司营业执照是公司设立行为发生效力并取得法人资格的标志，是公司合法身份和经营资格的重要证明，无论对公司本身还是对公司相对人，均具有重要意义。本条第一款明确公司登记机关应向依法设立的公司签发公司营业执照，公司营业执照签发日期为公司成立日期。为保护相对人的合法利益，本条第二款规定，公司营业执照应载明名称、住所、注册资本、经营范围、法定代表人姓名等事项。随着2022年《市场主体登记管理条例》的实施，以及政务服务数字化改革和电子营业执照的广泛应用，本条新增第三款，明确公司登记机关可以发给电子营业执照，电子营业执照与纸质营业执照具有同等法律效力。

相关规定

《民法典》

第七十八条 依法设立的营利法人，由登记机关发给营利法人营业执照。营业执照签发日期为营利法人的成立日期。

《市场主体登记管理条例》

第二十一条 申请人申请市场主体设立登记，登记机关依法予以登记的，签发营业执照。营业执照签发日期为市场主体的成立日期。

法律、行政法规或者国务院决定规定设立市场主体须经批准的，应当在批准文件有效期内向登记机关申请登记。

第二十二条 营业执照分为正本和副本，具有同等法律效力。

电子营业执照与纸质营业执照具有同等法律效力。

营业执照样式、电子营业执照标准由国务院市场监督管理部门统一制定。

《市场主体登记管理条例实施细则》

第二十三条第一款 市场主体营业执照应当载明名称、法定代表人(执行事务合伙人、个人独资企业投资人、经营者或者负责人)姓名、类型(组成形式)、注册资本(出资额)、住所(主要经营场所、经营场所)、经营范围、登记机关、成立日期、统一社会信用代码。

第三十四条

【公司登记事项变更及效力】公司登记事项发生变更的,应当依法办理变更登记。

公司登记事项未经登记或者未经变更登记,不得对抗善意相对人。

条文解读

本条是关于公司登记效力的规定,系本次修订在2018年《公司法》关于有限责任公司登记效力相关规定基础上进行补充完善的新增条文。公司登记事项是公司重要信息,对于保护相对人合理信赖、维护交易安全和市场秩序,具有重要意义。本条第一款规定,公司登记事项发生变更时,应依法办理变更登记,唯此方能让相对人和社会公众及时了解公司相关情况,并产生相应的公示效应和对抗效力。否则,不能产生相应的公示效应和对抗效力。故本条第二款规定,公司登记事项未经登记或未经变更登记,则不得对抗善意相对人。需注意的是,本条在2018年《公司法》"第三人"规定基础上明确为"善意相对人",即对公司未登记事项或未变更登记事项不知情且不应知情者,才受到本条的保护。

相关规定

《民法典》

第六十四条 法人存续期间登记事项发生变化的,应当依法向登记机关申请变更登记。

第六十五条 法人的实际情况与登记的事项不一致的,不得对抗善意相对人。

《市场主体登记管理条例》

第二十四条 市场主体变更登记事项,应当自作出变更决议、决定或者法定变更事项发生之日起30日内向登记机关申请变更登记。

市场主体变更登记事项属于依法须经批准的,申请人应当在批准文件有效期内向登记机关申请变更登记。

第三十五条

【公司登记事项变更】公司申请变更登记,应当向公司登记机关提交公司法定代表人签署的变更登记申请书、依法作出的变更决议或者决定等文件。

公司变更登记事项涉及修改公司章程的,应当提交修改后的公司章程。

公司变更法定代表人的,变更登记申请书由变更后的法定代表人签署。

条文解读

本条是关于公司变更登记程序的规定，系本次修订新增条文。公司变更登记涉及公司及公司内外相关主体的合法权益，公司变更登记程序能否顺利进行并实现，对于保障各相关主体合法权益，维护市场经济秩序，具有重要意义。本条第一款规定了公司申请变更登记应向公司登记机关提交的文件，包括公司法定代表人签署的变更登记申请书、依法作出的变更决议或者决定等。本条第二款进一步规定公司变更登记事项涉及修改公司章程的，还应当提交修改后的公司章程。针对现实中经常发生争议的公司变更法定代表人，本条第三款明确变更登记申请书由变更后的法定代表人签署。这一方面避免了因原法定代表人不配合导致公司法定代表人变更无法完成的问题，另一方面实际上确认了公司变更法定代表人决议一经依法作出即在公司内部产生法律效力。

相关规定

《市场主体登记管理条例实施细则》

第三十二条 申请办理变更登记，应当提交申请书，并根据市场主体类型及具体变更事项分别提交下列材料：

（一）公司变更事项涉及章程修改的，应当提交修改后的章程或者章程修正案；需要对修改章程作出决议决定的，还应当提交相关决议决定；……

第三十三条 市场主体更换法定代表人、执行事务合伙人

(含委派代表)、负责人的变更登记申请由新任法定代表人、执行事务合伙人(含委派代表)、负责人签署。

第三十六条

【公司营业执照记载事项变更】公司营业执照记载的事项发生变更的,公司办理变更登记后,由公司登记机关换发营业执照。

条文解读

本条是关于公司营业执照换发的规定,本次修订删除“应当依法”字样后单列条文,其他无变化。公司营业执照是公司合法身份和经营资格的重要证明,对公司和相对人均具有重要意义。公司营业执照记载事项均为公司登记事项,记载事项发生变更的,根据《公司法》第三十四条规定,应当依法办理变更登记,故本次修订删除“应当依法”字样。公司办理变更登记后,公司登记机关应换发营业执照,以使公司营业执照记载事项与公司登记事项保持一致,保障交易安全,维护相对人的合法权益。

相关规定

《市场主体登记管理条例》

第二十八条 市场主体变更登记涉及营业执照记载事项的,登记机关应当及时为市场主体换发营业执照。

第三十七条

【因解散、被宣告破产等注销登记】公司因解散、被宣告破产或者其他法定事由需要终止的，应当依法向公司登记机关申请注销登记，由公司登记机关公告公司终止。

条文解读

本条是关于公司注销登记的规定，系本次修订新增条文。《公司法》本次修订设专章规定公司登记，对包括公司设立、变更、消灭等在内的登记程序及内容进行集中规定，主要目的在于增强公司登记的及时性、真实性、准确性，保证公司登记的公示效力，是优化营商环境的重要举措之一。公司因解散、被宣告破产或者在合并分立中消灭等法定事由需要终止的，应依法向公司登记机关申请注销登记，由公司登记机关公告公司终止，以确保公司登记与公司实际情况相一致，维护安全、正常的市场秩序。

相关规定

《民法典》

第六十八条 有下列原因之一并依法完成清算、注销登记的，法人终止：

（一）法人解散；

（二）法人被宣告破产；

（三）法律规定的其他原因。

法人终止，法律、行政法规规定须经有关机关批准的，依照其规定。

《市场主体登记管理条例》

第三十一条 市场主体因解散、被宣告破产或者其他法定事由需要终止的,应当依法向登记机关申请注销登记。经登记机关注销登记,市场主体终止。

市场主体注销依法须经批准的,应当经批准后向登记机关申请注销登记。

第三十八条

【设立分公司】公司设立分公司,应当向公司登记机关申请登记,领取营业执照。

条文解读

本条是关于分公司设立登记的规定,本次修订将 2018 年《公司法》相关规定单列,内容无变化。公司可以设立分公司,分公司是总公司的分支机构,不具有独立的法人资格,但分公司亦依法开展经营活动,并给相对人和经济秩序带来一定的影响。因此,公司设立分公司应向公司登记机关申请登记,在符合法律规定时,领取营业执照。

相关规定

《民法典》

第七十四条第一款 法人可以依法设立分支机构。法律、行政法规规定分支机构应当登记的,依照其规定。

《市场主体登记管理条例》

第二十三条 市场主体设立分支机构,应当向分支机构所在地的登记机关申请登记。

第三十九条

【撤销登记】虚报注册资本、提交虚假材料或者采取其他欺诈手段隐瞒重要事实取得公司设立登记的,公司登记机关应当依照法律、行政法规的规定予以撤销。

条文解读

本条是关于公司设立登记撤销的规定,本次修订删除 2018 年《公司法》“情节严重的”条件,增加“应当依照法律、行政法规”后单列条文。公司设立登记以申请提交的文件材料真实、合法、有效为前提,因虚报注册资本、提交虚假材料或者采取其他欺诈手段隐瞒重要事实取得公司设立登记的,公司登记机关应依法及时纠错,撤销公司设立登记,而无须以“情节严重”为前提条件。需注意的是,本条规定中“应当”表明撤销公司设立登记是公司登记机关的法定义务,“依照法律、行政法规”则明确公司登记机关在撤销公司设立登记时应遵守相关法律、行政法规的规定。

相关规定

《市场主体登记管理条例》

第四十条 提交虚假材料或者采取其他欺诈手段隐瞒重要

事实取得市场主体登记的,受虚假市场主体登记影响的自然人、法人和其他组织可以向登记机关提出撤销市场主体登记的申请。

登记机关受理申请后,应当及时开展调查。经调查认定存在虚假市场主体登记情形的,登记机关应当撤销市场主体登记。相关市场主体和人员无法联系或者拒不配合的,登记机关可以将相关市场主体的登记时间、登记事项等通过国家企业信用信息公示系统向社会公示,公示期为45日。相关市场主体及其利害关系人在公示期内没有提出异议的,登记机关可以撤销市场主体登记。

因虚假市场主体登记被撤销的市场主体,其直接责任人自市场主体登记被撤销之日起3年内不得再次申请市场主体登记。登记机关应当通过国家企业信用信息公示系统予以公示。

第四十一条 有下列情形之一的,登记机关可以不予撤销市场主体登记:

(一)撤销市场主体登记可能对社会公共利益造成重大损害;

(二)撤销市场主体登记后无法恢复到登记前的状态;

(三)法律、行政法规规定的其他情形。

第四十二条 登记机关或者其上级机关认定撤销市场主体登记决定错误的,可以撤销该决定,恢复原登记状态,并通过国家企业信用信息公示系统公示。

《市场主体登记管理条例实施细则》

第五十条 对涉嫌提交虚假材料或者采取其他欺诈手段隐瞒重要事实取得市场主体登记的行为,登记机关可以根据当事人申请或者依职权主动进行调查。

第五十二条 登记机关收到申请后,应当在3个工作日内作出是否受理的决定,并书面通知申请人。

有下列情形之一的,登记机关可以不予受理:

(一)涉嫌冒用自然人身份的虚假登记,被冒用人未能通过身份信息核验的;

(二)涉嫌虚假登记的市场主体已注销的,申请撤销注销登记的除外;

(三)其他依法不予受理的情形。

第五十三条第一款 登记机关受理申请后,应当于3个月内完成调查,并及时作出撤销或者不予撤销市场主体登记的决定。情形复杂的,经登记机关负责人批准,可以延长3个月。

第五十四条 有下列情形之一的,经当事人或者其他利害关系人申请,登记机关可以中止调查:

(一)有证据证明与涉嫌虚假登记相关的民事权利存在争议的;

(二)涉嫌虚假登记的市场主体正在诉讼或者仲裁程序中的;

(三)登记机关收到有关部门出具的书面意见,证明涉嫌虚假登记的市场主体或者其法定代表人、负责人存在违法案件尚未结案,或者尚未履行相关法定义务的。

第四十条

【企业信用信息公示系统公示事项】公司应当按照规定通过国家企业信用信息公示系统公示下列事项:

(一)有限责任公司股东认缴和实缴的出资额、出资方式和出资日期,股份有限公司发起人认购的股份数;

（二）有限责任公司股东、股份有限公司发起人的股权、股份变更信息；

（三）行政许可取得、变更、注销等信息；

（四）法律、行政法规规定的其他信息。

公司应当确保前款公示信息真实、准确、完整。

条文解读

本条是关于公司信用信息公示的规定，系本次修订新增条文。对于公司信息公开的方式、内容、程度等，向来存有争议。《公司法》第三十二条对公司登记事项及其公示进行了规定，对于非属于依法须登记但对公司交易相当重要的其他事项亦须进行一定程度的公示。本条第一款对公司按照规定通过国家企业信用信息公示系统主动公示的事项进行了规定，其中既包括有限责任公司股东认缴和实缴的出资额、出资方式和出资日期，股份有限公司发起人认购的股份数等明确事项，也包括法律、行政法规规定的其他信息的兜底事项。本条第二款要求公司应当确保公示信息真实、准确、完整，以实现公司信用信息公示的制度价值，降低交易成本，维护交易安全，保障交易相对人合法权益。

相关规定

《企业信息公示暂行条例》

第十条 企业应当自下列信息形成之日起20个工作日内通过企业信用信息公示系统向社会公示：

（一）有限责任公司股东或者股份有限公司发起人认缴和实缴的出资额、出资时间、出资方式等信息；

（二）有限责任公司股东股权转让等股权变更信息；

（三）行政许可取得、变更、延续信息；

（四）知识产权出质登记信息；

（五）受到行政处罚的信息；

（六）其他依法应当公示的信息。

工商行政管理部门发现企业未依照前款规定履行公示义务的，应当责令其限期履行。

第十一条 政府部门和企业分别对其公示信息的真实性、及时性负责。

第四十一条

【优化公司登记服务】公司登记机关应当优化公司登记办理流程，提高公司登记效率，加强信息化建设，推行网上办理等便捷方式，提升公司登记便利化水平。

国务院市场监督管理部门根据本法和有关法律、行政法规的规定，制定公司登记注册的具体办法。

条文解读

本条是关于优化公司登记服务的规定，系本次修订新增条文。在国家大力提倡“放管服”，优化营商环境，提高政务服务水平的大环境下，公司登记制度更多地体现行政确认性质，行政管制色彩不断淡化，对公司登记机关政务服务水平的要求日益提高。本条第一款明确要求公司登记机关应当优化公司登记办理流程，提高公司登记效率，加强信息化建设，推行网上办理等便捷方式，提升公司登记便利化水平。同时，本条第二款授权国务院市场监督管理部门根据公司法和有关法律、行政法规的规定，制定公司登记注册的具体办法。此前已在《企业名称登记管理规定》《市场主体登记管理条例》基础上，出台《企业名称登记管理规定实施办法》《市场主体登记管理条例实施细则》等，国务院市场监督管理部门可以根据具体工作需要和相关法律法规规定，制定公司登记的具体办法。

相关规定

《市场主体登记管理条例》

第四条 市场主体登记管理应当遵循依法合规、规范统一、公开透明、便捷高效的原则。

第六条 国务院市场监督管理部门应当加强信息化建设，制定统一的市场主体登记数据和系统建设规范。

县级以上地方人民政府承担市场主体登记工作的部门（以下称登记机关）应当优化市场主体登记办理流程，提高市场主体登记效率，推行当场办结、一次办结、限时办结等制度，实现集中办理、就近办理、网上办理、异地可办，提升市场主体登记便利化程度。

CHAPTER 03

第三章

有限责任公司的设立和组织机构

第一节 设　　立

第四十二条

【有限责任公司股东人数】有限责任公司由一个以上五十个以下股东出资设立。

条文解读

本条是关于有限责任公司股东人数的规定。修订前相应条文为第二十四条，本条内容上较修订前增加规定股东人数为“一个以上”。本条规定涵盖包括股东只有一人的有限责任公司在内所有的有限责任公司。本章不再单独设置一人有限责任公司的特别规定，一人有限责任公司得以整体适用本章关于有限责任公司的规定，使章节体例和条文规定更加精简。本条规定的股东人数限制“一个以上五十个以下”适用于有限责任公司，股份有限公司不受此限，股东人数可以超过50人。

典型案例 有限责任公司的股东人数范围

赵世会、兖州矿业集团日照东方工贸有限责任公司等股东资格确认纠纷案

案例来源 山东省高级人民法院(2023)鲁民申1147号民事裁定书

关 键 词 股东人数;股东资格

裁判要点

人民法院在确认有限责任公司股东资格时,若确认后造成有限责任公司股东人数超过五十人的限制,人民法院将不予确认相关人员股东资格。

基本案情

原告赵世会诉称:兖州矿业集团日照东方工贸有限责任公司(以下简称东方工贸有限公司)的股东为兖矿疗养院、兖州矿业集团公司疗养院多种经营公司和毕增松,原告与其他自然人的出资登记在毕增松名下,请求确认原告的股东资格。

被告东方工贸有限公司辩称:《公司法》明确规定有限责任公司的股东人数不得超过50人,被告变更前的东方工贸股份公司一期出资人数是115人,二期出资人数是307人,若确认赵世会等人股东身份违背法律的强制性规定,请求驳回原告诉讼请求。

法院审理查明:东方工贸股份公司的第一期股东名单包括周庆戈、许忠亮、赵世会等115人。第二期股东名单307人,包括赵世会在内。

裁判结果

山东省高级人民法院作出(2023)鲁民申1147号民事裁定

书，驳回赵世会的再审申请。

裁判理由

法院生效裁判认为：《公司法》规定有限责任公司股东人数不得超过五十人。本案中，因东方工贸股份公司已变更为东方工贸有限公司，若确认赵世会等人股东身份，将超过《公司法》关于有限责任公司股东人数的限制性规定。

第四十三条

【有限责任公司设立协议】有限责任公司设立时的股东可以签订设立协议，明确各自在公司设立过程中的权利和义务。

条文解读

本条是关于有限责任公司股东设立协议的规定，系本次修订新增条文。首先，设立协议是股东围绕有限责任公司设立的有关事项以及相互之间的权利义务关系达成的协议。增加本条规定是对普遍存在的实践样态的认可，以法律的形式彰显股东的意思自治。其次，设立协议对有限责任公司设立时所有股东具有拘束力，股东之间依据设立协议明确各自权利义务，并据此对有限责任公司设立活动涉及的第三人承担连带责任。设立协议调整的是有限责任公司设立时股东之间的法律关系，不对设立后的有限责任公司以及后续加入有限责任公司的股东发生效力。设立协议是有限责任公司设立时的股东为设立公司而订立的，约定的是有限责任公司设立过程中的有关事项，时间效力限于有限责任公司设立阶段。最后，设立协议不是有限责任公司设立的必要条件，股东可在有限责任公司设立阶段自行选择是否订立设立协议。本条与第九十三条关于股份有限公司发起人协议的规定相对应，但本条是赋权条款，签订设立协议是股东的权利，而第九十三条是强制性规定，股份有限公司发起人应当签订协议明确各自在公司设立过程中的权利义务。

典型案例 公司设立协议的认定与效力

甘洛县建筑建材开发公司与重庆中环建设有限公司、甘洛县工棚电力开发有限责任公司合同纠纷案

案例来源 最高人民法院(2016)最高法民申3077号民事裁定书

关 键 词 设立协议；合同纠纷

裁判要点

公司设立协议，是指设立时的股东之间为公司设立事项而达成的协议。不能仅凭协议条款涉及注册资本、股东构成、出资形式等事项就将协议理解成公司章程。公司设立协议调整的是设立时的股东之间的关系，是公司设立过程的法律关系和法律行为，只在设立时的股东之间具有法律约束力。公司设立协议明显区别于公司章程的是，公司章程调整的是所有股东之间的法律关系，无论制定公司章程的原始股东还是章程制定后加入公司的新股东，都要受章程的约束，而公司设立协议具有合同相对性，只约束设立时的股东。

基本案情

甘洛县建筑建材开发公司(以下简称甘洛建筑建材公司)申请再审称:《联合开发甘洛河上游水电资源协议书》(以下简称《联合开发协议》)旨在由原甘洛工棚电力公司股东易昌锦、吴兰及甘洛建筑建材公司、四川蓝电电力系统工程有限公司甘洛分公司以相关电站的项目开发权作为出资,与成都华特公司共同出资成立新的项目公司即现甘洛县工棚电力开发有限责任公司(以下简称甘洛工棚电力公司),完成对甘洛河特定河段水电资源进行统一规划调整和整体开发。因此,该协议书是甘洛工棚电力公司的公司设立协议,不能等同于普通的民事合同,其拘束力不局限于合同相对性原则,在一定条件下,对公司受让股东具有同等的拘束力。公司设立协议与公司章程条款的规定不一致时,应当允许发起人明确约定以公司设立协议为依据确定发起人之间的权利义务关系。

裁判结果

最高人民法院作出(2016)最高法民申3077号民事裁定书,驳回甘洛县建筑建材开发公司的再审申请。

裁判理由

法院生效裁判认为:2008年10月10日签订的《联合开发协议》不属于公司设立协议。一方面,公司设立协议,是指发起人之间为公司设立事项而达成的协议。在《联合开发协议》签订之前,甘洛工棚电力公司早已成立,尔后成都华特公司、甘洛建筑建材公司、四川蓝电电力系统工程有限公司甘洛分公司根据《联合开发协议》成为甘洛工棚电力公司股东,此是甘洛工棚电力公司股东构成的变更，而非设立。有别于原甘洛工棚电力公司的独立企业法人单位，甘洛建筑建材公司主张《联合开发协议》系发起人之间签署的公司设立协议，对后期受让公司股权的股东亦具有约束力的主张不能成立。另一方面，《联合开发协议》主要是各方就甘洛河特定河段水电资源进行统一规划调整和整体开发的具体安排，虽有关条款涉及注册资本、股东构成、出资形式等事项，但不能仅凭此将该协议理解成公司设立协议。该协议主要内容还是关于联合开发水电资源项目共同出资、共同经营、共享利润的约定，属于联营性质协议。

即使《联合开发协议》属于公司设立协议，但公司设立协议调整的是发起人之间的关系，是公司设立过程的法律关系和法律行为，只在发起人之间具有法律约束力。而公司章程调整的是所有股东之间、股东与公司之间、公司的管理机构与公司之间的法律关系。公司设立协议与公司章程存在显著的区别，公司章程所调整的是所有股东之间的法律关系，不论制定公司章程的原始股东还是章程制定后加入公司的新股东，都要受章程的约束，而公司设立协议性质属于合同，具有合同相对性，只约束发起人。

第四十四条

【有限责任公司设立行为的法律后果】有限责任公司设立时的股东为设立公司从事的民事活动，其法律后果由公司承受。

公司未成立的，其法律后果由公司设立时的股东承受；设立时的股东为二人以上的，享有连带债权，承担连带债务。

设立时的股东为设立公司以自己的名义从事民事活动而产生的民事责任,第三人有权选择请求公司或者公司设立时的股东承担。

设立时的股东因履行公司设立职责造成他人损害的,公司或者无过错的股东承担赔偿责任后,可以向有过错的股东追偿。

条文解读

本条是关于有限责任公司设立前交易行为法律后果承受问题的规定。本次修订前,2018 年《公司法》并未对有限责任公司设立前交易行为法律后果的承受进行规定。但在实践中,有限责任公司设立时的股东为了设立公司而安排诸多权利义务是普遍现象。《民法典》和《公司法解释(三)》均以专门条文规定有关问题。此次《公司法》修订,吸收《民法典》的立法经验以及司法实践的成熟做法,将有限责任公司设立前交易行为法律后果的承受问题纳入规定。

典型案例 公司设立前协议的法律后果承受

四川天府微讯电子商务有限公司、成都顶联互动信息产业有限公司计算机软件开发合同纠纷二审案

案例来源 最高人民法院(2021)最高法知民终 878 号民事裁定书

关 键 词 适格主体;合同纠纷;公司成立前合同

裁判要点

合同相对性原则应当得到贯彻。合同在合同当事人之间发生法律约束力,只有合同当事人一方能基于合同向合同对方提出请求或提起诉讼,而不能向与其无合同关系的第三人提出请求,亦不能擅自为第三人设定合同上的义务。公司发起人为设立公司目的,以自己名义对外订立的合同,如果公司成立后确认了该合同或者公司已实际成为合同一方主体,享有合同上的权利或者履行合同上的义务,且主动作为合同一方主体提起诉讼,可以由公司主张合同权利或承担合同责任。

基本案情

四川天府微讯电子商务有限公司(以下简称天府公司)提起上诉称:原审法院认为"现有证据无法表明天府公司系《微信平台建设服务合同》(以下简称案涉合同)及补充协议的合同当事人,其并非本案合同之诉的适格原告,天府公司的起诉不符合法律规定,应予驳回"的观点属事实认定不清。天府公司成立于2018年11月28日,蒋亚军为天府公司的法定代表人及股东。天府公司筹备成立至正式成立期间,蒋亚军于2018年11月19日与成都顶联互动信息产业有限公司(以下简称顶联公司)签订了案涉合同,案涉合同上甲方签约时间显示虽为2018年9月11日,但在(2019)川01知民初180号案件庭前会议笔录上,天府公司已对该合同签约时间系笔误作出合理解释说明,该合同实际签约时间为2018年11月19日。天府公司办理并取得公章的时间为2018年12月28日,顶联公司在笔录中也认可该合同签订时间及合同主体为天府公司。蒋亚军并于2018年12月17日与顶联公司就案涉合同签订补充协议。从(2019)川01知民初180号案件庭前会议笔录上可知,作为天府公司法定代表人及股东的蒋亚军与顶联公司先后签订了案涉合同、补充协议,在天府公司正式成立并拿到公章后,天府公司对蒋亚军与顶联公司之前签订的案涉合同、补充协议进行了追认并盖章确认,但案涉合同、补充协议的内容并未变化。在之后的合同履行过程中,履行主体也是天府公司与顶联公司,顶联公司开具的发票也是以天府公司名义开具的。顶联公司在庭前会议笔录上对案涉合同、补充协议的真实性、合法性、关联性以及实际履行主体为天府公司与顶联公司均表示认可,因此天府公司是本案的适格主体。原审法院裁定驳回天府公司的起诉认定事实不清,认定天府公司并非该案合同之诉的适格主体存在错误,请求撤销原审裁定,并指令原审法院继续审理。

顶联公司未作答辩。

裁判结果

最高人民法院作出(2021)最高法知民终878号民事裁定书,撤销四川省成都市中级人民法院(2021)川01知民初28号民事裁定书,指令四川省成都市中级人民法院审理。

裁判理由

法院生效裁判认为:依法成立的合同,原则上应当坚持合同相对性原则,即合同主要在特定的合同当事人之间发生法律约束力,只有合同当事人一方能基于合同向合同对方提出请求或提起诉讼,而不能向与其无合同关系的第三人提出请求,亦不能擅自为第三人设定合同上的义务。《公司法解释(三)》第二条规定:"发起人为设立公司以自己名义对外签订合同,合同相对人请求该发起人承担合同责任的,人民法院应予支持;公司成立后合同相对人请求公司承担合同责任的,人民法院应予支持。”即发起人为设立公司以自己名义对外订立的合同,原则上应当坚持合同的相对性和名义主义原则,即合同只在特定的当事人之间发生法律效力,合同相对人应向发起人主张合同权利,而不能向合同关系以外的公司主张合同权利。但是,公司成立后如果确认了该合同或者公司已实际成为合同一方主体,即享有合同权利或者履行合同义务,且主动作为合同一方主体提起诉讼的情况下,可以视为符合《合同法》中代理的一般原理,由公司来主张合同权利或是承担合同责任。

本案系计算机软件开发合同纠纷。天府公司成立于2018年11月28日,明显晚于本案案涉合同签订之日,作为法定代表人的蒋亚军为设立公司以自己的名义对外与顶联公司签订案涉合同,天府公司在本案中已提供了其支付相应的合同款及顶联公司开具以天府公司为付款主体的发票等初步证据。天府公司成立后,双方针对计算机软件开发过程中出现的需求和改进等,建立名称为“天府微讯开发项目组”的微信群进行协商沟通,且案涉合同开发的App均由天府公司在管理使用。本案中,天府公司作为原告向原审法院提起诉讼,要求顶联公司承担相应的合同责任,即以明示的方式对蒋亚军的代理行为进行了追认,已实质上成为案涉合同的一方当事人,替代发起人蒋亚军作为合同主体主张合同权利或是承担合同责任。因此天府公司有权以自己的名义就案涉合同纠纷提起诉讼。原审法院对此认定有误,应予纠正。

相关规定

《民法典》

第七十五条 设立人为设立法人从事的民事活动,其法律后果由法人承受;法人未成立的,其法律后果由设立人承受,设立人为二人以上的,享有连带债权,承担连带债务。

设立人为设立法人以自己的名义从事民事活动产生的民事责任,第三人有权选择请求法人或者设立人承担。

《公司法解释(三)》

第二条 发起人为设立公司以自己名义对外签订合同,合同相对人请求该发起人承担合同责任的,人民法院应予支持;公司成立后合同相对人请求公司承担合同责任的,人民法院应予支持。

第三条 发起人以设立中公司名义对外签订合同,公司成立后合同相对人请求公司承担合同责任的,人民法院应予支持。

公司成立后有证据证明发起人利用设立中公司的名义为自己的利益与相对人签订合同,公司以此为由主张不承担合同责任的,人民法院应予支持,但相对人为善意的除外。

第四条 公司因故未成立,债权人请求全体或者部分发起人对设立公司行为所产生的费用和债务承担连带清偿责任的,人民法院应予支持。

部分发起人依照前款规定承担责任后,请求其他发起人分担的,人民法院应当判令其他发起人按照约定的责任承担比例分担责任;没有约定责任承担比例的,按照约定的出资比例分担责任;

没有约定出资比例的,按照均等份额分担责任。

因部分发起人的过错导致公司未成立,其他发起人主张其承担设立行为所产生的费用和债务的,人民法院应当根据过错情况,确定过错一方的责任范围。

第五条 发起人因履行公司设立职责造成他人损害,公司成立后受害人请求公司承担侵权赔偿责任的,人民法院应予支持;公司未成立,受害人请求全体发起人承担连带赔偿责任的,人民法院应予支持。

公司或者无过错的发起人承担赔偿责任后,可以向有过错的发起人追偿。

第四十五条

【有限责任公司章程制定】设立有限责任公司,应当由股东共同制定公司章程。

条文解读

本条是关于设立有限责任公司应当制定公司章程的规定。首先,公司章程是公司存在和活动的基本依据,是公司从事各种行为的根本准则,股东制定公司章程是公司设立的必要法律程序。其次,此次修订前,2018 年《公司法》第二十三条规定有限责任公司的设立条件,包括股东人数、认缴出资、公司章程、名称、组织机构和住所等。修订后的《公司法》单独设立"公司登记"一章,统一规定公司设立登记的条件和有关事项要求,因此没有必要专门用一个条文规定有限责任公司的设立条件。删除有关内容后,只保留应当由股东共同制定公司章程的规定并单列为一个条文,即本条文。最后,公司章程与公司设立协议不同,尽管两者均由公司设立时的股东订立,均涉及公司设立以及后续运营的基本问题,但公司章程是必备文件,制定公司章程是公司设立的法定要件,而股东之间签订公司设立协议并不是《公司法》的强制要求。

第四十六条

【有限责任公司章程法定记载事项】有限责任公司章程应当载明下列事项:

(一)公司名称和住所;

(二)公司经营范围;

(三)公司注册资本;

(四)股东的姓名或者名称;

(五)股东的出资额、出资方式和出资日期;

(六)公司的机构及其产生办法、职权、议事规则;

(七)公司法定代表人的产生、变更办法;

(八)股东会认为需要规定的其他事项。

股东应当在公司章程上签名或者盖章。

条文解读

本条是关于公司章程必要记载事项的规定。除了本条列明的事项是公司章程必须记载之外，公司章程还可以记载其他事项，但后者属于任意性记载事项，并非《公司法》的强制性要求。此次修订前，与本条对应的条文是2018年《公司法》第二十五条。修订后《公司法》第四十六条有两处调整：一是第一款第七项原规定为“公司法定代表人”，现规定为“公司法定代表人的产生、变更办法”。鉴于修订后的《公司法》增设专门的“公司登记”一章，在第三十二条明确规定公司登记事项包括“法定代表人的姓名”，且该条规定“公司登记机关应当将前款规定的公司登记事项通过国家企业信用信息公示系统向社会公示”，通过法定的公示方式产生对外效力，此情况下公司章程没有必要重复记载法定代表人的姓名。同时，明确法定代表人必须依据公司章程规定的方式产生和变更。二是第二款原规定为“股东应当在公司章程上签名、盖章”，现规定为“股东应当在公司章程上签名或者盖章”，明确股东在公司章程上选择签名和盖章二者之中的任意一种方式均发生效力。

第四十七条

【有限责任公司注册资本】有限责任公司的注册资本为在公司登记机关登记的全体股东认缴的出资额。全体股东认缴的出资额由股东按照公司章程的规定自公司成立之日起五年内缴足。

法律、行政法规以及国务院决定对有限责任公司注册资本实缴、注册资本最低限额、股东出资期限另有规定的，从其规定。

条文解读

本条是关于有限责任公司注册资本的规定。此次修订前,与本条对应的条文是 2018 年《公司法》第二十六条,本次修订的调整主要是,在第一款新增“全体股东认缴的出资额由股东按照公司章程的规定自公司成立之日起五年内缴足”的规定;在第二款新增法律、法规以及国务院对有限责任公司“股东出资期限”另有规定从其规定的要求。首先,本条仍延续注册资本认缴制,有限责任公司的注册资本为全体股东认缴的出资额,股东可自行约定认缴的出资额,法律不对认缴的出资额提出要求。其次,此次修订前,2018 年《公司法》不限制认缴期限,股东可自行约定何时缴纳出资。但是,实践中有部分股东承诺巨额出资且承诺缴足时间过长,公司注册资本的信用功能受到削弱,同时也对债权人的预期产生影响,不利于经济活动的稳定性和安全性。此次修订对股东认缴出资期限作出限制,要求股东必须在 5 年内缴足出资。一方面是在股东意思自治与交易安全之间做出再平衡,向维护资本信用、稳定债权人预期的方向适度倾斜;另一方面促进股东科学合理地测算运营公司的资金需求,同时理性地评估自身的可负担性,在此基础上适当地作出认缴出资数额承诺。从公司实践情况看,设置最长 5 年的认缴出资期限,能够覆盖大部分有限责任公司的现实需要。最后,本条第二款作出除外规定,法律、行政法规以及国务院决定对有限责任公司注册资本实缴、注册资本最低限额、股东出资期限另有规定的,应当依据有关规定执行,比如公司在向行业主管机关申请执业许可之时,必须按照规定完成不低于一定数额注册资本的实缴。

第四十八条

【股东出资方式】股东可以用货币出资，也可以用实物、知识产权、土地使用权、股权、债权等可以用货币估价并可以依法转让的非货币财产作价出资；但是，法律、行政法规规定不得作为出资的财产除外。

对作为出资的非货币财产应当评估作价，核实财产，不得高估或者低估作价。法律、行政法规对评估作价有规定的，从其规定。

条文解读

本条是关于出资形式以及非货币出资评估的规定。首先，货币出资与非货币出资均为《公司法》所认可的出资形式，承担为公司筹集资本的职能。货币出资是最直接、最简单的出资方式，非货币出资是用现物和财产权利出资，是货币出资的转换形式。其次，用于出资的非货币财产必须具备可估价和可转让的特征。可估价即“可以用货币估价”，非货币财产要能够转换为对应的货币数额，才可以计入公司资本。例如，劳务难以准确衡量价值、换算对应的资金数额，不能用于出资。可转让即“可以依法转让”，非货币财产必须具有可转让性，否则无法归入公司名下作为出资。例如，商誉、特许经营权等难以转让，不能作为非货币财产出资。此次修订前，与本条对应的条文是 2018 年《公司法》第二十七条，本次修订作出的调整是将“股权”“债权”两种非货币财产纳入可用于作价出资的非货币财产范围。股权、债权两种非货币财产均具有可估价、可转让的特征，司法实践和公司登记实践已承认这两类财产可作价出资。《公司法》将这两类财产纳入可用于作价出资的非货币财产范围，是对实践成熟做法的认可与吸收，丰富了股东可用于出资的财产类型。最后，通过一套客观公正的评价方式，对用于出资的非货币财产进行合理的评估作价，是对使用非货币财产出资的股东、公司等相关主体的利益的重要保障。

典型案例 履行出资义务的司法审查

扬州晶新微电子有限公司、伊川县人民政府合同纠纷案

案例来源 最高人民法院(2019)最高法民终1781号民事判决书

关 键 词 非货币财产出资；出资义务；合同纠纷

裁判要点

人民法院在审查股东是否全面履行出资义务时，依据股东是否按照出资协议约定出资、出资资产是否经过验资作出裁判。

基本案情

上诉人(原审原告)扬州晶新微电子有限公司(以下简称晶新公司)诉称：股东出资的核心是交付。晶新公司的出资设备已经交付给合资公司，不应当因为没有评估作价，合资公司没有入账，就认定晶新公司没有履行出资义务。被上诉人对于晶新公司从日本进口的投资设备情况明知和认可，质疑进口设备的性能和价

值没有依据。被上诉人的出资违约行为给晶新公司造成损失。请求法院撤销一审判决,改判支持晶新公司的一审诉讼请求或发回重审。

被上诉人(原审被告)洛阳市鼎晶电子材料有限公司(以下简称鼎晶公司)辩称:鼎晶公司不认可晶新公司主张的设备价值。鼎晶公司已整厂搬迁至合资公司院内,实物出资资产账面总额远超认缴出资,已完成对合资公司的实物出资,不存在投资违约行为。

法院经审理查明:晶新公司与鼎晶公司签订《合资合同书》,决定共同投资组建合资公司进行生产经营。《合资合同书》约定晶新公司主要以合资公司需要的4~8英寸完整生产线并经双方认可的进口设备作价出资,设备作价不足部分按股份比例以现金出资或由合资公司承担;鼎晶公司主要以合资公司需要并经双方认可的鼎晶公司有效资产(设备、工装、材料、产品、半成品等)出资,资产不足部分按股份比例以现金出资或由合资公司承担。晶新公司用于出资的进口设备并未完全运至合资公司,未依约建成生产线投用,且用于出资的进口设备并未获得鼎晶公司的认可,亦未经过验资。鼎晶公司的出资资产虽已搬迁至芯源公司的厂房内,但出资资产未经双方认可,出资资产未经验资。

裁判结果

最高人民法院作出(2019)最高法民终1781号民事判决书,驳回晶新公司上诉。

裁判理由

法院生效裁判认为:依据2018年《公司法》第二十七条规定,

股东可以用货币出资,也可以用可货币估价并可以依法转让的非货币财产作价出资,对作为出资的非货币财产应当评估作价,核实财产,不得高估或者低估作价。晶新公司与鼎晶公司的《合资合同书》,系双方真实意思表示,不违反法律法规的规定,合法有效,应依约履行。依据《合资合同书》,晶新公司的出资义务是以合资公司需要的4~8英寸完整生产线并经双方认可的进口设备作价出资,而晶新公司的出资设备部分滞留海关,部分存放于芯源公司仓库,并未组装成符合合资公司需要的完整生产线,亦未经过验资。鼎晶公司对晶新公司主张的设备价值并不认可。因此晶新公司没有完成出资义务,存在违约行为。同时,按照合同约定,鼎晶公司应当以合资公司需要并经双方认可的包括设备、工装、材料、产品、半成品等在内的有效资产出资,鼎晶公司的出资资产虽已搬迁至芯源公司的厂房内,但出资资产未经双方认可,出资资产未经验资,故鼎晶公司的出资义务并未全面履行。由于晶新公司、鼎晶公司均未全面履行《合资合同书》约定的出资义务,均存在违约情形,双方的违约损失应由各自承担。

第四十九条

【股东的出资义务及赔偿责任】股东应当按期足额缴纳公司章程规定的各自所认缴的出资额。

股东以货币出资的,应当将货币出资足额存入有限责任公司在银行开设的账户;以非货币财产出资的,应当依法办理其财产权的转移手续。

股东未按期足额缴纳出资的，除应当向公司足额缴纳外，还应当对给公司造成的损失承担赔偿责任。

条文解读

本条是关于股东缴纳出资以及违反出资义务法律责任的规定。一方面，股东无论以货币还是非货币财产出资，都必须将货币或非货币财产转移至公司名下。公司持有股东用于出资的货币或非货币财产权利后，股东的出资义务方可被视作实际履行。另一方面，股东不全面履行出资义务是一种违反公司章程的行为，直接影响公司的利益，属于对公司的侵权行为，应当承担赔偿责任。此次修订，将2018年《公司法》第二十八条第二款规定的股东向公司足额缴纳出资责任和向已按期足额缴纳出资的股东承担违约责任，调整为在第四十九条第三款规定未按期足额缴纳出资造成公司损失的，股东除了应当按约定足额缴纳出资外，还应当承担赔偿责任。公司依法成立后，股东与公司围绕出资关系形成相对关系，股东违反出资义务应当向公司承担法律责任。股东之间围绕出资行为签订协议的，其他股东可依据出资协议要求未履行出资义务的股东承担违约责任。

典型案例　认缴出资期限届满前股东享有期限利益

榆林市德厚矿业建设有限公司、陕西太兴置业有限公司等执行异议之诉

案例来源　最高人民法院(2021)最高法民申6423号民事裁

定书

关 键 词 股东出资;认缴期限;期限利益

裁判要点

股东所认缴出资额的出资期限尚未届满前,不属于未依法履行出资义务即转让股权的股东,股东可根据法律和公司章程规定享有出资期限利益。

基本案情

申请人榆林市德厚矿业建设有限公司(以下简称德厚公司)申请再审称:益业能源公司的财产不足以清偿债务,而其股东益业能源投资公司在尚未履行6000万元出资义务的情况下即将股权转让至益业投资公司、太兴置业公司。德厚公司于2007年与益业能源公司签订建设施工合同,虽然益业能源投资公司转让股权时该合同仍在履行,但德厚公司已是益业能源公司的债权人,只是债权数额尚未确定。益业能源投资公司此时转让股权,存在恶意逃避债务的嫌疑。因此,益业能源投资公司作为益业能源公司股东未依法履行全部出资义务即转让股权。根据《九民纪要》第6条的规定,益业能源投资公司在认缴出资7500万元,仅实际缴纳1500万元的情况下转让股权,不但违反了公司资本充实原则,还对益业能源公司债权人的合法权益造成损害,其对益业能源公司的出资责任以及在未实缴出资范围内对益业能源公司不能清偿债务承担的连带责任,不因股权转让而免除。鉴于益业能源投资公司在未履行出资义务的情况下即向益业投资公司、太兴置业公司转让股权,其应当在未出资本息范围内对益业能源公司的债务承担连带责任。

法院经审理查明：第一，益业能源投资公司于2008年6月25日转让股权至益业投资公司、太兴置业公司之前，益业能源公司已确认其股东尚未缴纳出资额的缴付期限为2008年9月30日，益业能源投资公司转让全部股权时，所认缴出资额的出资期限尚未届满。第二，益业能源公司设立于2006年11月3日，设立时确认股东未缴纳出资的缴付期限为2008年10月30日。益业能源投资公司作为发起人于2006年10月25日缴纳第一期出资1500万元，剩余出资的缴付期限定为2008年9月30日。益业能源投资公司转让股权至益业投资公司、太兴置业公司经过益业能源公司第六次股东(董事)会决议同意，并于同年7月14日完成工商变更登记。第三，益业能源投资公司于2008年6月25日转让股权时，益业能源公司尚在正常经营，德厚公司与益业能源公司签订的建设施工合同亦处于正常履行过程中。直至2014年，德厚公司方向西安仲裁委员会提起仲裁，向益业能源公司主张支付拖欠的工程款。在与德厚公司签订建设施工合同以及益业能源投资公司转让股权时，益业能源公司1.332亿元注册资本已经实缴到位，陕西省高级人民法院(2018)陕民终397号生效民事判决最终认定益业能源公司应向德厚公司支付工程款7,431,489.4元及其利息。

裁判结果

最高人民法院作出(2021)最高法民申6423号民事裁定书，驳回厚德公司再审申请。

裁判理由

法院生效裁判认为：根据2006年1月1日起施行的《公司法》第二十六条第一款规定："有限责任公司的注册资本为在公司登记

机关登记的全体股东认缴的出资额。公司全体股东的首次出资额不得低于注册资本的百分之二十，也不得低于法定的注册资本最低限额，其余部分由股东自公司成立之日起两年内缴足；其中，投资公司可以在五年内缴足。”益业能源投资公司的首期出资行为以及未届出资期限前不缴纳出资的行为没有违反法律及公司章程的规定。结合2014年益业能源公司已经实缴的注册资本数额，德厚公司主张其对益业能源公司的信赖利益因益业能源投资公司未缴纳出资并转让股权而受到损害依据不足。此外，《九民纪要》第6条系关于股东出资应否加速到期的规定，不适用于本案股东已经转让股权的情形。

相关规定

《公司法解释（三）》

第十三条 股东未履行或者未全面履行出资义务，公司或者其他股东请求其向公司依法全面履行出资义务的，人民法院应予支持。

公司债权人请求未履行或者未全面履行出资义务的股东在未出资本息范围内对公司债务不能清偿的部分承担补充赔偿责任的，人民法院应予支持；未履行或者未全面履行出资义务的股东已经承担上述责任，其他债权人提出相同请求的，人民法院不予支持。

股东在公司设立时未履行或者未全面履行出资义务，依照本条第一款或者第二款提起诉讼的原告，请求公司的发起人与被告股东承担连带责任的，人民法院应予支持；公司的发起人承担责任后，可以向被告股东追偿。

股东在公司增资时未履行或者未全面履行出资义务，依照本条第一款或者第二款提起诉讼的原告，请求未尽公司法第一百四十七条第一款规定的义务而使出资未缴足的董事、高级管理人员承担相应责任的，人民法院应予支持；董事、高级管理人员承担责任后，可以向被告股东追偿。

第十八条　有限责任公司的股东未履行或者未全面履行出资义务即转让股权，受让人对此知道或者应当知道，公司请求该股东履行出资义务、受让人对此承担连带责任的，人民法院应予支持；公司债权人依照本规定第十三条第二款向该股东提起诉讼，同时请求前述受让人对此承担连带责任的，人民法院应予支持。

受让人根据前款规定承担责任后，向该未履行或者未全面履行出资义务的股东追偿的，人民法院应予支持。但是，当事人另有约定的除外。

《九民纪要》

6.【股东出资应否加速到期】在注册资本认缴制下，股东依法享有期限利益。债权人以公司不能清偿到期债务为由，请求未届出资期限的股东在未出资范围内对公司不能清偿的债务承担补充赔偿责任的，人民法院不予支持。但是，下列情形除外：

(1)公司作为被执行人的案件，人民法院穷尽执行措施无财产可供执行，已具备破产原因，但不申请破产的；

(2)在公司债务产生后，公司股东(大)会决议或以其他方式延长股东出资期限的。

第五十条

【股东出资不足或出资不实的责任】有限责任公司设立时,股东未按照公司章程规定实际缴纳出资,或者实际出资的非货币财产的实际价额显著低于所认缴的出资额的,设立时的其他股东与该股东在出资不足的范围内承担连带责任。

条文解读

本条是关于有限责任公司设立阶段出资瑕疵填补责任的规定。股东可以货币或非货币财产两种形式出资。有限责任公司设立时,股东未足额缴纳出资,可能影响有限责任公司设立以及后续运营的基础。将货币出资瑕疵和非货币财产出资瑕疵一并规定,可保障有限责任公司设立阶段资本的真实性。有限责任公司设立阶段,股东应当担保其他股东全面履行出资义务,防止出资不实,并据此对其他股东未全面履行出资义务的行为承担出资填补责任。2018 年《公司法》第三十条规定非货币财产瑕疵出资责任,本条增加货币出资瑕疵的规定,使出资瑕疵填补责任覆盖更全,强化了认缴制下对股东出资行为的规范和约束。同时,删除了“应当由交付该出资的股东补足其差额”的规定,以此加强股东责任,更周全地保护债权人权益。

第五十一条

【董事会的核查义务及责任】有限责任公司成立后,董事会应当对股东的出资情况进行核查,发现股东未按期足额缴纳公司章程规定的出资的,应当由公司向该股东发出书面催缴书,催缴出资。

未及时履行前款规定的义务,给公司造成损失的,负有责任的董事应当承担赔偿责任。

条文解读

本条是关于董事会催缴出资的规定,系新增条文。首先,股东能否按期足额缴纳出资,影响着公司的正常经营运行,与债权人利益密切相关。在注册资本认缴制下,股东按期足额缴纳出资的重要性更加凸显。2018 年《公司法》没有关于催缴出资的制度。本条设置的催缴出资制度与认缴期限限制等制度共同加强了对债权人利益的保护。其次,本条规定董事会为催缴主体,既符合董事承担信义义务的基本法理,也同《公司法》增强董事会的公司治理权利的方向相契合。最后,本条还规定董事会怠于履行催缴义务的法律责任,将责任主体规定为负有责任的董事。

第五十二条

【股东失权制度】股东未按照公司章程规定的出资日期缴纳出资,公司依照前条第一款规定发出书面催缴书催缴出资的,可以载明缴纳出资的宽限期;宽限期自公司发出催缴书之日起,不得少于六十日。宽限期届满,股东仍未履行出资义务的,公司经董事会决议可以向该股东发出失权通知,通知应当以书面形式发出。自通知发出之日起,该股东丧失其未缴纳出资的股权。

依照前款规定丧失的股权应当依法转让,或者相应减少注册资本并注销该股权;六个月内未转让或者注销的,由公司其他股东按照其出资比例足额缴纳相应出资。

股东对失权有异议的,应当自接到失权通知之日起三十日内,向人民法院提起诉讼。

条文解读

本条是关于股东失权制度的规定。第一,2018 年《公司法》没有规定股东失权制度。实践中,股东承诺认缴但未按期足额缴纳资本的事例并不鲜见。由于缺乏法律应对措施,难以有效约束未全面履行出资义务的股东。《公司法》第五十一条建立催缴出资制度,旨在督促股东履行出资承诺。本条规定的股东失权制度与催缴出资制度系配套制度,催缴出资在前,股东失权在后,催缴出资是股东失权的前置要件,股东失权是催缴无效导致的法律后果。股东失权制度的引入,明确股东未履行出资承诺在公司组织法上的不利后果,即丧失未缴纳出资的股权。如此规定,可倒逼股东严格依照承诺全面履行出资义务。第二,股东失权制度不同于股东除名制度。从目标看,股东失权制度旨在维护公司资本的充实性,确保公司拥有的资本数额按时达到股东承诺的水平;股东除名制度旨在维护公司的人合性,确保公司的有效运转。从效果看,股东失权不必然导致股东资格被剥夺,但股东除名则必然导致此后果。第三,本条规定了实行股东失权制度须遵守的程序规则。董事会催缴并给予宽限期,宽限期届满后股东仍未履行出资义务的,必须通过公司董事会决议以书面形式向股东发出失权通知,发出通知之日即股东丧失未缴纳出资股权的时间。第四,本条第二款规定了依照前款规定丧失的股权的处理规则。股东失权后,其丧失的特定部分股权应当依法转让、减资并注销或者由其他股东按出资比例足额缴纳出资,以保证公司资本的充实性。第五,本条第三款规定了失权股东救济规则,即失权股东有异议的,应自接到失权通知之日起30日内提起诉讼。

第五十三条

【禁止股东抽逃出资】公司成立后,股东不得抽逃出资。

违反前款规定的,股东应当返还抽逃的出资;给公司造成损失的,负有责任的董事、监事、高级管理人员应当与该股东承担连带赔偿责任。

条文解读

本条是关于禁止抽逃出资的规定。2018年《公司法》中对应的是第三十五条,该条仅规定"公司成立后,股东不得抽逃出资"。本条在上述规定的基础上,吸收司法实践中的成熟做法——《公司法解释(三)》的相关规定,新增一款作为第二款规定抽逃出资的股东负有返还义务,给公司造成损失的,负有责任的董事、监事、高级管理人员与该股东承担连带赔偿责任,有助于增强股东以及公司董事、监事、高级管理人员的责任意识，明确相关主体的义务与责任归属，加大对于股东的约束，防范股东实施抽逃出资的行为。

典型案例 抽逃出资行为及连带责任的认定

石嘴山青年曼莲花汽车有限公司、石嘴山青年乘用车有限公司股东出资纠纷案

案例来源 最高人民法院(2018)最高法民终913号民事判决书

关 键 词 抽逃出资；虚构交易；人格混同；协助抽逃；连带责任

裁判要点

不经法定程序转出出资或通过虚构债权债务关系转出出资属于抽逃出资行为，抽逃出资的股东应当返还出资款及利息，协助抽逃出资的董事和股东的实际控制人应当对抽逃出资承担连带责任。

基本案情

上诉人石嘴山青年曼莲花汽车有限公司(以下简称石嘴山青年曼公司)、石嘴山青年乘用车有限公司(以下简称石嘴山乘用车公司)、金华青年莲花控股集团有限公司(以下简称莲花控股公司)、浙江青年乘用车集团有限公司(以下简称浙江乘用车集团)、金华青年汽车制造有限公司(以下简称金华汽车制造公司)、青年汽车集团有限公司(以下简称青年汽车集团)、庞青年、王淑丹、庞

彩萍、孙新海、傅红、厉鲜平上诉称：

一是莲花控股公司没有抽逃出资行为。莲花控股公司第一、二期均出资到位。根据账本、凭证及石嘴山国资委的审计和调查,2011 年 1 月 4 日转入莲花控股公司的 4900 万元已于 2012 年 8 月转回石嘴山国马科技股份有限公司(以下简称国马公司)。国马公司与石嘴山青年曼公司之间存在真实的曼卡销售合同关系,国马公司向石嘴山青年曼公司支付的 6800 万元属于购车款,不构成抽逃出资。即使上述 4900 万元资金未转回国马公司,该 6800 万元也不是购车款,有关资金被用于石嘴山青年汽车项目,符合石嘴山市人民政府与青年汽车集团签订的相关合同的约定,是正当的。

二是莲花控股公司没有与石嘴山青年曼公司、石嘴山乘用车公司构成人格混同。莲花控股公司不属于青年汽车石嘴山项目部统一管理的 12 家公司,其公章从来没有由青年汽车石嘴山项目部管理。莲花控股公司与石嘴山青年曼公司、石嘴山乘用车公司无论是业务、人员还是财务等方面,均没有人格混同。

三是浙江乘用车集团、金华汽车制造公司不是国马公司的实际控制人,被上诉人没有任何证据证明浙江乘用车集团、金华汽车制造公司、青年汽车集团有协助抽逃注册资金的行为。

四是庞青年等 6 位国马公司董事没有协助抽逃资金。庞青年不存在协助的主观故意和客观行为。孙新海在资金调拨单上签字是其服从决策者、指令者管理、履行职务的行为。傅红没有参加过青年集团总部任何会议,其并非青年集团总部高层,仅是国马公司财务制度的执行者。王淑丹、庞彩萍只是挂名董事,不参与国马公司的经营管理,也从未参加过资金平衡会议。厉鲜平出任国马公司董事是受股东公司委派的被动行为,其虽然也参加了在青年汽车集团召开的一部分总裁办公会议,但只是对各自所分管的工作进行汇报和落实执行,而石嘴山项目不在他们分管的工作范围之内。

被上诉人宁夏石嘴山市矿业(集团)有限责任公司(以下简称石嘴山矿业集团)辩称:

一是庞青年系石嘴山青年曼公司、石嘴山乘用车公司、莲花控股公司的共同法定代表人。三公司人事统一管理,相互交叉任职,互相混同。

二是国马公司1.16亿元的注册资本已被抽逃,石嘴山青年曼公司等上诉称国马公司与石嘴山青年曼公司存在真实的曼卡销售合同关系并向法庭出示了6张购车发票,但发票内容与曼卡销售合同无关联,且案涉合同未履行。

三是浙江乘用车集团、金华汽车制造公司系国马公司的实际控制人,依法应承担连带责任。庞青年作为国马公司董事、案涉6家公司的法定代表人,国马公司资金被抽逃与其有关。孙新海系国马公司董事、石嘴山青年曼公司的财务总监,又是石嘴山项目基地负责人。傅红系国马公司董事、石嘴山青年曼公司的财务总监,国马公司资金被转出多系二人签字或指令他人签字,其应承担连带责任。王淑丹系青年汽车集团执行总裁,厉鲜平系副总裁,分管战略项目、对外合作、价格中心,该二人与庞彩萍明知国马公司资金被抽逃而不制止和监督,存在过错,未尽到忠实、勤勉义务。

法院经审理查明：

关于出资。国马公司由石嘴山青年曼公司、石嘴山乘用车公司、莲花控股公司、石嘴山矿业集团发起设立。石嘴山青年曼公司、石嘴山乘用车公司、莲花控股公司第一期出资均出资到位，共计4824.44万元。2010年12月30日，国马公司将4900万元转入其中国银行金华市分行账户，又于2011年1月4日将4900万元转入莲花控股公司在中国银行金华市分行的账户，此后该笔款项的去向以及是否返还国马公司，均未有有效证据证明。莲花控股公司就案涉4900万元提交的3张凭证均载明"转款"，客户借记通知单对款项定性为"往来款"，未注明为归还出资，未经过法定验资程序，且上述3笔款项在转入国马公司后又于当日转给了石嘴山青年曼公司或先后分散用于其他公司。石嘴山青年曼公司、石嘴山乘用车公司、莲花控股公司第二期注册资本出资到位，该3笔出资共计6795.56万元。2012年3月16日，国马公司分两笔将6800万元转入石嘴山青年曼公司账户。同日，石嘴山青年曼公司将2300万元转入其另一账户，将4500万元转入金华汽车制造公司账户。此后该笔款项的去向，各方均未提交有效证据证明。石嘴山青年曼公司提交的6份购车发票，与国马公司无关，且发票载明信息均与曼卡销售合同内容不符，不能证明国马公司与石嘴山青年曼公司之间存在真实的曼卡销售合同关系且已部分履行。另外，各上诉人提交的文件并不能证明石嘴山市人民政府同意资金统一调配平衡的使用方式、石嘴山矿业集团对资金统一调配平衡知情且无异议。

关于人格混同。石嘴山青年曼公司、莲花控股公司、石嘴山乘用车公司均为国马公司的股东,石嘴山青年曼公司、石嘴山乘用车公司、莲花控股公司系青年汽车集团下属公司,与国马公司统归青年汽车集团石嘴山项目部管理。前述3家公司财务由青年汽车集团项目部直接统一管理,最终由青年汽车集团统一管理、控制和决定,即石嘴山项目部的财务尤其是资金调度系根据青年汽车集团资金平衡会议决定,并由该公司集团财务部通过网络授权后最终将资金转出。石嘴山乘用车公司、石嘴山青年曼公司印章均由青年汽车集团石嘴山项目部统一保管,统一服从青年汽车集团资金统一调度。国马公司成立于2010年10月3日,直至2012年1月8日才以董事会决议要求公司凡是向关联企业借款的,要支付利息给关联企业,借款给关联企业的,要向关联企业收取利息。庭审中,石嘴山青年曼公司的事实陈述均由石嘴山乘用车公司、莲花控股公司委托诉讼代理人表达。

关于控制关系。浙江乘用车公司系石嘴山乘用车公司的控股股东。青年汽车集团是石嘴山青年曼公司全额控股股东,通过统一管理和控制石嘴山青年曼公司、石嘴山乘用车公司、莲花控股公司,实施抽逃资金的行为,被抽逃资金又用于青年汽车集团另一控股实体金华汽车制造公司。

关于董事协助。国马公司董事共9人,分别为庞青年、王淑丹、庞彩萍、厉鲜平、孙新海、傅红、刘占学、魏永贵、杨建朝。其中,厉鲜平、孙新海、傅红由石嘴山青年曼公司委派担任国马公司董事,王淑丹、庞彩萍由石嘴山乘用车公司委派担任国马公司董事,庞青年由莲花控股公司委派担任国马公司董事。庞青年任国马公司董事长、法定代表人,刘占学任国马公司副董事长、总经理,孙新海任国马公司执行董事,傅红任国马公司副总裁、财务总监。庞青年、孙新海、傅红系抽逃国马公司资金的具体决策者和直接实施者。

裁判结果

最高人民法院作出(2018)最高法民终913号民事判决,驳回上诉,维持原判。石嘴山青年曼公司、石嘴山乘用车公司、莲花控股公司构成抽逃出资并应向国马公司返还出资款及利息。浙江乘用车集团、金华汽车制造公司、青年汽车集团、庞青年、王淑丹、庞彩萍、孙新海、傅红、厉鲜平应对前述返还抽逃出资款本息承担连带清偿责任。

裁判理由

生效裁判文书认为:上诉人提交的证据不足以推翻案涉第一期出资4900万元未归还国马公司的事实,案涉6800万元购车发票不足以推翻购车系虚构交易的事实;莲花控股公司与石嘴山青年曼公司、石嘴山乘用车公司财务混同、表决权混同、业务混同,且石嘴山青年曼公司、莲花控股公司实际使用了抽逃的资金,构成人格混同;浙江乘用车集团、金华汽车制造公司、青年汽车集团通过股权和组织机构架构完成对国马公司的实际控制;庞青年等6名董事存在协助抽逃出资的事实。

相关规定

《公司法解释(三)》

第十二条 公司成立后,公司、股东或者公司债权人以相关股东的行为符合下列情形之一且损害公司权益为由,请求认定该

股东抽逃出资的,人民法院应予支持:

(一)制作虚假财务会计报表虚增利润进行分配;

(二)通过虚构债权债务关系将其出资转出;

(三)利用关联交易将出资转出;

(四)其他未经法定程序将出资抽回的行为。

第十四条 股东抽逃出资,公司或者其他股东请求其向公司返还出资本息、协助抽逃出资的其他股东、董事、高级管理人员或者实际控制人对此承担连带责任的,人民法院应予支持。

公司债权人请求抽逃出资的股东在抽逃出资本息范围内对公司债务不能清偿的部分承担补充赔偿责任、协助抽逃出资的其他股东、董事、高级管理人员或者实际控制人对此承担连带责任的,人民法院应予支持;抽逃出资的股东已经承担上述责任,其他债权人提出相同请求的,人民法院不予支持。

第十六条 股东未履行或者未全面履行出资义务或者抽逃出资,公司根据公司章程或者股东会决议对其利润分配请求权、新股优先认购权、剩余财产分配请求权等股东权利作出相应的合理限制,该股东请求认定该限制无效的,人民法院不予支持。

第十七条 有限责任公司的股东未履行出资义务或者抽逃全部出资,经公司催告缴纳或者返还,其在合理期间内仍未缴纳或者返还出资,公司以股东会决议解除该股东的股东资格,该股东请求确认该解除行为无效的,人民法院不予支持。

在前款规定的情形下,人民法院在判决时应当释明,公司应当及时办理法定减资程序或者由其他股东或者第三人缴纳相应的出资。在办理法定减资程序或者其他股东或者第三人缴纳相应的出资之前，公司债权人依照本规定第十三条或者第十四条请求相关当事人承担相应责任的，人民法院应予支持。

第十九条 公司股东未履行或者未全面履行出资义务或者抽逃出资，公司或者其他股东请求其向公司全面履行出资义务或者返还出资，被告股东以诉讼时效为由进行抗辩的，人民法院不予支持。

公司债权人的债权未过诉讼时效期间，其依照本规定第十三条第二款、第十四条第二款的规定请求未履行或者未全面履行出资义务或者抽逃出资的股东承担赔偿责任，被告股东以出资义务或者返还出资义务超过诉讼时效期间为由进行抗辩的，人民法院不予支持。

第五十四条

【出资加速到期】公司不能清偿到期债务的，公司或者已到期债权的债权人有权要求已认缴出资但未届出资期限的股东提前缴纳出资。

条文解读

本条是关于股东出资加速到期的规定。此次修订前，在公司破产场合，《企业破产法》已规定出资加速到期制度，管理人有权要求破产公司未完成出资的股东即时缴纳出资，认缴出资期限在所不论；在非破产场合，司法实践中也存在否定股东出资期限利益的做法，公司具备破产情形或恶意延长股东出资的，债权人可请求人民法院判决股东在未出资范围内对公司不能清偿的债务承担补充赔偿责任。但是,2018年《公司法》没有规定股东出资义务加速到期的制度设计。本条新增股东出资加速到期的规定,是在注册资本认缴制下强化外部债权人利益保护的举措。首先,在注册资本认缴制下,股东若承诺大额出资且出资期限超出债权到期日,债权人向公司主张债权时,公司实收资本与股东承诺出资额存在差距,此时要求股东放弃出资期限利益,可以保障公司的实际清偿能力并促进债权人权利的实现。其次,股东出资义务加速到期的要件是外部债权人的债权已经到期,且公司无法清偿债务,不需要公司具备破产原因,有别于企业破产制度下的股东出资加速到期。最后,尽管缴纳出资的法律关系存在于股东与公司之间,但在公司到期债务不能清偿的背景下,外部债权人债权的实现同样与股东缴纳出资相关,《公司法》在赋予公司请求权的同时也赋予债权人请求权,两者中的任一主体均有权要求股东放弃出资期限利益、提前缴纳已认缴的出资。

典型案例 逃废债与股东出资期限利益

大荔县皇家沙苑旅游开发有限公司、中国旅行社总社西北有限公司等建设工程施工合同纠纷案

案例来源 最高人民法院(2022)最高法民终116号民事判决书

关 键 词 出资;期限利益;债权实现

裁判要点

股东明知公司债务已经形成且公司明显不具有清偿能力,未

实缴出资即转让股权，属于恶意转让股权，具有逃废债的故意，增加公司注册资本实缴到位的风险；股权受让人亦未补缴出资，导致债权人的债权难以实现，且超出债权人的预期，严重损害债权人利益。债权不能实现的风险不应由债权人承担，股东的认缴出资期限利益不应被保护，股东应当对公司债务不能清偿的部分在其认缴而未实际出资的本息范围内承担补充赔偿责任。

基本案情

中国旅行社总社西北有限公司（以下简称中旅西北公司）上诉称：大荔县皇家沙苑旅游开发有限公司（以下简称沙苑公司）是否无偿债能力，应当在执行程序中或由破产程序认定，只有在执行过程中，人民法院穷尽执行措施无财产可供执行，已具备破产原因，但不申请破产的情况下，才能要求未届出资期限的股东在未出资范围内对公司不能清偿债务承担补充赔偿责任。认缴出资额、出资期限等事项是全体发起人意思表示一致的结果，若无法律明确规定，不应当随意剥夺股东的期限利益；债权人既然选择与沙苑公司发生交易，其应当知晓股东认缴金额、认缴期限等信息，并对股东认缴注册资本所存在的商业风险进行评估，故债权人主张股东承担连带责任无事实和法律依据。现行公司法并未对股权转让时出资责任的承担问题进行特别规定，故股权转让后相应的出资责任由受让人承担并不违反法律的禁止性规定。请求支持其不承担沙苑公司不能清偿债务的责任。

滕王阁建工集团股份有限公司（以下简称滕王阁公司）辩称：中旅西北公司所提交的证据中无一笔款项显示为股东出资，亦无股权受让人代其履行出资义务的事实，受让人至今尚未履行出资义务。中旅西北公司是实际参与沙苑公司运营的控股股东,滕王阁公司系基于完整的企业公示内容、案涉项目使用中旅西北公司名称且中旅西北公司实际参与经营等事实,才与沙苑公司签订案涉合同,缴纳保证金,并垫资数千万元施工。后中旅西北公司由控股股东变更为参股股东,并在诉讼发生后将持股全部转让,恶意逃避出资义务。并且,中旅西北公司未投入任何资金,导致沙苑公司资本不足,属于恶意利用注册资本认缴制将投资风险转嫁给债权人。

法院经审理查明:案涉债务发生时,中旅西北公司系沙苑公司的股东,工程款债权在中旅西北公司转让股权之前已经形成。中旅西北公司作为沙苑公司控股股东,未实缴出资,仍然对外签订合同产生巨额的案涉债务,并再次以认缴方式巨额增资,其明知沙苑公司资产不足以清偿债务,并在诉讼前通过转让股权的方式以逃废出资义务,具有逃废出资债务的恶意。中旅西北公司未实际出资即转让股权,股权受让人亦未补交该出资。

裁判结果

最高人民法院作出(2022)最高法民终116号民事判决,不支持中旅西北公司关于其不承担责任的上诉请求,依法改判其在未实际出资的范围内对沙苑公司债务不能清偿部分承担补充赔偿责任。

裁判理由

法院生效裁判认为:中旅西北公司转让沙苑公司股权时案涉债务已经形成。中旅西北公司作为沙苑公司控股股东,未实缴出资,仍然对外签订合同产生巨额的案涉债务,并再次以认缴方式巨额增资,其明知沙苑公司资产不足以清偿债务,并在诉讼前通过转让股权的方式以逃废出资义务,具有逃废出资债务的恶意。中旅西北公司应在其未出资范围内对股权转让前的案涉工程款债务承担责任,其出资期限利益不应予以保护。

相关规定

《企业破产法》

第三十五条 人民法院受理破产申请后,债务人的出资人尚未完全履行出资义务的,管理人应当要求该出资人缴纳所认缴的出资,而不受出资期限的限制。

第五十五条

【出资证明书】有限责任公司成立后,应当向股东签发出资证明书,记载下列事项:

(一)公司名称;

(二)公司成立日期;

(三)公司注册资本;

(四)股东的姓名或者名称、认缴和实缴的出资额、出资方式和出资日期;

(五)出资证明书的编号和核发日期。

出资证明书由法定代表人签名,并由公司盖章。

条文解读

本条是关于股东出资证明书的规定。2018 年《公司法》中与本条对应的是第三十一条。本条做出以下调整：一是记载事项中的“缴纳的出资额”修改为“认缴和实缴的出资额”，与注册资本认缴制配套，在股东出资证明书上区分认缴出资额、实缴出资额；二是记载事项中新增“出资方式”，回应《公司法》业已认可的货币出资与非货币出资两种股东出资方式；三是在出资证明书由公司盖章的基础上，新增“由法定代表人签名”的规定，可以起到要求法定代表人审查，担保出资证明书记载信息真实、完整、准确的效果。

第五十六条

【股东名册】有限责任公司应当置备股东名册，记载下列事项：

（一）股东的姓名或者名称及住所；

（二）股东认缴和实缴的出资额、出资方式和出资日期；

（三）出资证明书编号；

（四）取得和丧失股东资格的日期。

记载于股东名册的股东，可以依股东名册主张行使股东权利。

条文解读

本条是关于股东名册的规定。股东名册是有限责任公司必备的法定文件，既是确认股东资格和股东行使权利的依据，也是公司开展内部治理和日常经营管理活动的基础。本条规定有限责任公司应当置备股东名册,并将置备股东名册义务的主体指定为公司。2018年《公司法》中与本条对应的是第三十二条,本条做出的调整有:一是将记载事项的"股东的出资额"修改为"股东认缴和实缴的出资额、出资方式和出资日期"。分别记载股东的认缴出资额与实缴出资额,并记载出资日期,更贴合注册资本认缴制的制度逻辑。同时,记载事项新增"出资方式",可以识别股东选择的是货币出资还是非货币出资。二是记载事项新增"取得和丧失股东资格的日期"。股东名册记载"取得和丧失股东资格的日期",便于跟踪公司股东变化历程,评估公司股东资质,更好把握公司经营状况。三是将2018年《公司法》第三十二条第三款关于股东登记、变更登记和登记对抗效力的规定放入新增的"公司登记"一章。

第五十七条

【有限责任公司股东知情权】股东有权查阅、复制公司章程、股东名册、股东会会议记录、董事会会议决议、监事会会议决议和财务会计报告。

股东可以要求查阅公司会计账簿、会计凭证。股东要求查阅公司会计账簿、会计凭证的,应当向公司提出书面请求,说明目的。公司有合理根据认为股东查阅会计账簿、会计凭证有不正当目的,可能损害公司合法利益的,可以拒绝提供查阅,并应当自股东提出书面请求之日起十五日内书面答复股东并说明理由。公司拒绝提供查阅的,股东可以向人民法院提起诉讼。

股东查阅前款规定的材料,可以委托会计师事务所、律师事务所等中介机构进行。

股东及其委托的会计师事务所、律师事务所等中介机构查阅、复制有关材料,应当遵守有关保护国家秘密、商业秘密、个人隐私、个人信息等法律、行政法规的规定。

股东要求查阅、复制公司全资子公司相关材料的,适用前四款的规定。

条文解读

本条是关于股东查阅权的规定。查阅权是股东享有的一项基础权利。股东行使查阅权有助于其在参与公司治理时做出合理的决策判断。第一,股东有权查阅的文件包括公司章程、股东名册、股东会会议记录、董事会会议决议、监事会会议决议、财务会计报告以及公司会计账簿、会计凭证,除公司会计账簿、会计凭证以外,股东均可对有关文件进行复制。第二,股东提出查阅、复制公司章程、股东名册、股东会会议记录、董事会会议决议、监事会会议决议和财务会计报告的,公司应当提供;股东查阅公司会计账簿与会计凭证须向公司提出书面请求,公司有权合理审查并决定是否提供。第三,在公司实践中,公司集团化运营的情况愈发常见,通过子公司进行业务、财务等方面的操作可能对股东知情权造成影响,本条第五款规定股东查阅、复制全资子公司的相关材料适用本条前四款的规定,就是为了缓解公司集团化运营给股东造成的信息不对称问题。第四,对应 2018 年《公司法》第三十三条,本条所做修改主要有:一是查阅范围新增股东名册、会计凭证两类文件,方便股东知晓公司股东信息,把握公司经济状况;二是增加一款规定作为第三款,允许股东委托中介机构查阅有关材料,协助股东提高查阅效率;三是增加一款规定作为第四款,要求行使查阅权的股东以及股东委托的中介机构遵守有关保护国家秘密、商业秘密、个人隐私、个人信息等法律、行政法规的规定;四是增加一款规定作为第五款,赋予股东查阅公司全资子公司相关材料的权利。

典型案例 股东查阅权的行使

阿特拉斯设备有限公司、河北阿特拉斯设备制造有限公司股东知情权纠纷案

案例来源 最高人民法院(2020)最高法民再170号民事判决书

关 键 词 查阅;正当目的;股东协议

裁判要点

股东有权根据《公司法》规定,在合适时间自行查阅公司文档资料。以公司关联关系为由认定股东具有不正当目的,限制股东查阅会计账簿的权利,没有法律依据。在合同约定股东双方有权委托审计师对公司账目进行审计的情况下,股东查阅公司原始凭证和记账凭证的权利不应受到限制。

基本案情

再审申请人阿特拉斯设备有限公司(以下简称阿特拉斯公

司)申请再审称:己方作为股东有权查阅被申请人的文件档案材料。被申请人配合己方查阅会计账簿是其所负的基本义务,除非有合理根据认为己方查阅会计账簿有不正当目的,可能损害被申请人合法利益。但被申请人并未举证证明己方具有不正当目的。己方有权查阅被申请人包括原始会计凭证在内的所有会计账簿并有权单方进行审计监督。

被申请人河北阿特拉斯设备制造有限公司(以下简称河北阿特拉斯公司)辩称:再审申请人要求查阅、复制公司章程、董事会决议记录、决议及财务会计报告的请求已经得到实际履行,达到了了解公司经营状况的目的,足以满足其确定股权状况和价值的目的。再审申请人通过其控股的AtlasLLC从事与己方相同的销售业务,构成同业竞争关系,要求查阅会计账簿存在不正当目的。股东协议的履行应当以符合法律要求为前提,在其查阅账簿目的不正当、损害己方利益的情况下,己方可以拒绝提供公司账目供再审申请人指定的审计师进行审计。

法院审理查明:2005年7月16日,阿特拉斯公司与河北阿特拉斯公司的中方股东签订《合同、章程的修改协议》,阿特拉斯公司通过股权转让成为河北阿特拉斯公司的股东,持股比例为50%。河北阿特拉斯公司向阿特拉斯公司发送了合资协议、章程、董事会会议决议、2010~2014年度审计报告及财务报表,但尚未发送2015年度和2016年度的年度审计报告和财务报表。天津海关出具证明:查明阿特拉斯公司曾多次从河北阿特拉斯公司的竞争对手处直接购买与被申请人生产销售的产品相同的货物。

裁判结果

最高人民法院作出(2020)最高法民再170号民事判决,支持阿特拉斯公司请求,要求河北阿特拉斯公司提供公司章程、董事会会议记录、决议、财务会计报告供阿特拉斯公司查阅及复制,提供包括原始会计凭证在内的所有会计账簿供阿特拉斯公司查阅;由阿特拉斯公司自行聘请具有资质的机构和人员对河北阿特拉斯公司的账目进行审计。

裁判理由

法院生效裁判认为:阿特拉斯公司有权在合适的时间自行查阅有关文件,否则将构成对阿特拉斯公司行使查阅权的不当限制。阿特拉斯公司查阅、复制河北阿特拉斯公司章程、董事会会议记录、决议及财务会计报告的再审请求具有事实和法律依据,应予支持。以具有关联关系为由限制合资一方查阅会计账簿的权利,没有法律依据。河北阿特拉斯公司并未提供有效证据证明阿特拉斯公司查阅合资公司会计账簿具有不正当目的。《公司法》规定股东可以要求查阅公司会计账簿,未规定股东有权查阅公司原始凭证和记账凭证,该条规定旨在防止小股东滥用知情权干扰公司正常经营活动。本案中合资双方各持股50%,不存在小股东滥用股东权的问题。审计公司账目必然涉及原始凭证和记账凭证,在双方就审计事项达成约定的情况下,股东查阅的范围不宜加以限缩。

第二节 组织机构

第五十八条

【有限责任公司股东会的组成及地位】有限责任公司股东会由全体股东组成。股东会是公司的权力机构,依照本法行使职权。

条文解读

本条是关于有限责任公司股东会组成及地位的规定。股东会是有限责任公司的必设机构,是全体股东体现股权、表达意思的载体,依法拥有决定公司重大事项的权力。本条与2018年《公司法》第三十六条的规定内容一致。

第五十九条

【有限责任公司股东会职权】股东会行使下列职权:

(一)选举和更换董事、监事,决定有关董事、监事的报酬事项;

(二)审议批准董事会的报告;

(三)审议批准监事会的报告;

(四)审议批准公司的利润分配方案和弥补亏损方案;

(五)对公司增加或者减少注册资本作出决议;

（六）对发行公司债券作出决议；

（七）对公司合并、分立、解散、清算或者变更公司形式作出决议；

（八）修改公司章程；

（九）公司章程规定的其他职权。

股东会可以授权董事会对发行公司债券作出决议。

对本条第一款所列事项股东以书面形式一致表示同意的，可以不召开股东会会议，直接作出决定，并由全体股东在决定文件上签名或者盖章。

条文解读

本条是关于有限责任公司股东会职权的规定。2018 年《公司法》中与本条对应的是第三十七条。本条所作修改主要有：一是删除股东会法定职权中的“决定公司的经营方针和投资计划”“审议批准公司的年度财务预算方案、决算方案”两类事项。公司可通过公司章程规定或股东会授权的方式确定行使上述职权的内部机构。二是增加一款规定作为第二款，明确股东会可以授权董事会对发行公司债券作出决议，提高发行公司债券内部决策的灵活性，强化董事会在公司经营管理中的地位和职能。

典型案例 股东会关于利润分配方案的决议应当具体

甘肃乾金达矿业开发集团有限公司、万城商务东升庙有限责任公司盈余分配纠纷案

案例来源 最高人民法院(2021)最高法民再23号民事判决书

关 键 词 利润分配;出资比例;公司章程

裁判要点

股东会会议通过的利润分配方案载明利润分配总额与分配时间,但没有明确各股东的分配比例以及具体计算出各股东的分配数额,由于公司章程明确按出资比例分红,应当认定股东会决议载明的利润分配方案是具体的。

基本案情

甘肃乾金达矿业开发集团有限公司(以下简称乾金达公司)申请再审称:万城商务东升庙有限责任公司(以下简称万城公司)全体股东并未约定不按出资比例分取红利,乾金达公司享有按持股比例分取红利的法定权利。无论2014年2号股东会决议对2013年度未支付利润的分配比例是否明确,均不影响乾金达公司根据其持有的52.50%股权从已决定分配的未支付利润中分得相应利润。请求按照乾金达公司持股比例支付股东会已决定分配的2013年度未支付利润。

万城公司辩称:2014年2号股东会决议及《临时股东会议纪要》对于分配数额及分配方式约定不够准确具体,且不具有可操作性,不属于司法解释中规定的分配方案。而且《临时股东会议

纪要》也不属于常规股东会决议,不是具体分配方案。乾金达公司在4年后提起诉讼超过诉讼时效。

法院经审理查明:乾金达公司持有万城公司52.50%股份。乾金达公司与万城公司另两名股东召开股东会议,形成2014年2号股东会决议,决定2014年6月之前,将公司剩余未分配利润分配完毕。2014年6月25日,召开2014年第二次临时股东会,并形成《临时股东会议纪要》,明确对万城公司2013年未分配利润在2014年7月底之前进行分红,2014年按季度分红。万城公司章程规定"按照出资比例分取红利""弥补亏损和提取公积金、法定公益金所余利润,按照股东的出资比例进行分配",且万城公司此前亦是按照出资比例分配利润。

裁判结果

最高人民法院作出(2021)最高法民再23号民事判决,维持二审不支持乾金达公司要求万城公司支付2013年度未支付利润的裁判结果。

裁判理由

法院生效裁判认为:《公司法解释(四)》第十四条关于"股东提交载明具体分配方案的股东会或者股东大会的有效决议,请求公司分配利润,公司拒绝分配利润且其关于无法执行决议的抗辩理由不成立的,人民法院应当判决公司按照决议载明的具体分配方案向股东分配利润"的规定,不仅要求股东会或者股东大会通过利润分配决议,而且要求利润分配方案内容具体。原则上,一项具体的利润分配方案应当包括待分配利润数额、分配政策、分配范围以及分配时间等具体分配事项内容,判断利润分配方案是否具体的关键在于综合现有信息确定主张分配的权利人根据方案能否得到的具体利润数额。2014 年 2 号股东会决议以及之后的《临时股东会议纪要》确定待分配利润总额与剩余未分配利润分配完毕的时限,虽然没有明确各股东分配比例以及计算出各股东具体分配数额,但万城公司章程对按出资比例分配有明确规定且此前亦按照出资比例分配利润。综上,案涉股东会决议载明 2013 年度利润分配总额、分配时间,结合公司章程中关于股东按照出资比例分取红利的分配政策,能够确定乾金达公司根据方案应当得到的具体利润数额,故股东会决议载明的 2013 年度公司利润分配方案是具体的,符合《公司法解释(四)》第十四条的规定。二审判决认定有误,应予纠正。

2014 年 2 号股东会决议及其后的《临时股东会议纪要》,明确 2013 年度未分配利润应当在 2014 年 7 月底之前分配完毕。当期限届满而万城公司仍未分配利润时,乾金达公司所享有的利润分配请求权即受到侵害,因此,其行使具体利润分配请求权的诉讼时效期间应当从 2014 年 8 月 1 日起算。而乾金达公司于 2017 年 10 月 10 日才向万城公司及其股东发函首次要求支付该部分利润,诉讼时效期间已经届满。故乾金达公司要求万城公司向其交付 2013 年度未分配利润的请求不能得到支持。

相关规定

《公司法解释(四)》

第十四条 股东提交载明具体分配方案的股东会或者股东大会的有效决议,请求公司分配利润,公司拒绝分配利润且其关于无法执行决议的抗辩理由不成立的,人民法院应当判决公司按照决议载明的具体分配方案向股东分配利润。

第六十条

【一人有限责任公司股东行使职权的要求】只有一个股东的有限责任公司不设股东会。股东作出前条第一款所列事项的决定时,应当采用书面形式,并由股东签名或者盖章后置备于公司。

条文解读

本条是关于只有一个股东的有限责任公司不设股东会的规定。2018 年《公司法》中与本条对应的是第六十一条。由于《公司法》不再使用“一人有限责任公司”的概念,本条所作修改是用“只有一个股东的有限责任公司”替换了“一人有限责任公司”。

第六十一条

【首次股东会会议的召集和主持】首次股东会会议由出资最多的股东召集和主持,依照本法规定行使职权。

条文解读

本条是关于有限责任公司首次股东会会议的规定。2018 年《公司法》中与本条对应的是第三十八条,本条未对内容进行修改。

第六十二条

【股东会的会议制度】股东会会议分为定期会议和临时会议。

定期会议应当按照公司章程的规定按时召开。代表十分之一以上表决权的股东、三分之一以上的董事或者监事会提议召开临时会议的，应当召开临时会议。

条文解读

本条是关于有限责任公司股东会定期会议和临时会议的规定。股东会是有限责任公司的重要权力机关，需要以一定的方式组织召开。本条规定定期会议和临时会议两种股东会会议形式，同时分别明确两种会议形式的召开依据。2018 年《公司法》中与本条对应的是第三十九条，本条所作修改是删除有权提议召开临时会议的主体中的“不设监事会的公司的监事”。《公司法》第八十三条规定，不设监事会的有限责任公司设一名监事行使监事会的职权，因此本条关于召开临时会议的提议规则并未发生实质变化。

第六十三条

【股东会会议的召集和主持】股东会会议由董事会召集，董事长主持；董事长不能履行职务或者不履行职务的，由副董事长主持；副董事长不能履行职务或者不履行职务的，由过半数的董事共同推举一名董事主持。

董事会不能履行或者不履行召集股东会会议职责的，由监事会召集和主持；监事会不召集和主持的，代表十分之一以上表决权的股东可以自行召集和主持。

条文解读

本条是关于有限责任公司股东会会议的召集与主持的规定。2018 年《公司法》中与本条对应的是第四十条，本条所作修改主要是表述上不再区分是否设立董事会或监事会，仅直接规定董事会、监事会有关职权。《公司法》第七十五条规定不设董事会的有限责任公司设一名董事行使董事会的职权，第八十三条规定不设监事会的有限责任公司设一名监事行使监事会的职权，相应地，本条不再保留不设董事会或监事会场合下的董事或监事行使有关职权的规定。

第六十四条

【召开股东会会议通知期限和会议记录】召开股东会会议，应当于会议召开十五日前通知全体股东；但是，公司章程另有规定或者全体股东另有约定的除外。

股东会应当对所议事项的决定作成会议记录，出席会议的股东应当在会议记录上签名或者盖章。

条文解读

本条是关于有限责任公司股东会的通知与记录的规定。2018年《公司法》中与本条对应的是第四十一条,本条新增规定,允许股东在会议记录上盖章,即出席会议的股东在会议记录上签名或者盖章具有同等效力。

典型案例 股东会会议记录缺失对股东会决议效力的影响

四川堂宏实业集团有限公司、绵阳临园宾馆有限责任公司民间借贷纠纷案

案例来源 最高人民法院(2020)最高法民申3256号民事裁定书

关 键 词 股东会会议记录;股东会决议;瑕疵

裁判要点

股东会会议记录的缺失,没有对股东会决议的形成产生实质影响,不能认定股东会议召集和表决存在程序上的严重瑕疵。

基本案情

再审申请人四川堂宏实业集团有限公司(以下简称堂宏集团)提出再审申请称:被申请人持有股东会会议记录但隐匿不提供,请求法院不予认定没有对应股东会会议记录的股东会决议。

被申请人绵阳临园宾馆有限责任公司(以下简称临园宾馆)辩称:关于股东会决议的证明问题,堂宏集团作为股东派出代表

参加股东会会议,会议采用现场表决方式形成决议,股东代表在股东会决议上签字,股东也在股东会决议上加盖印章,符合2018年《公司法》第四十一条及临园宾馆《公司章程》第26条对"股东会议记录"的实质要求:"形式上有签字、实体上有决议",并且有《公证书》予以印证。

法院经审理查明:临园宾馆提交的(2018)川绵州内证字第2243号公证书对案涉股东会的召集和召开作出相应记载与公证,该公证书与案涉股东会决议相互印证。并且,堂宏集团及其法定代表人分别在案涉股东会决议上盖章、签字确认。

裁判结果

最高人民法院作出(2020)最高法民申3256号民事裁定,驳回堂宏集团的再审申请。

裁判理由

法院生效裁判认为:《公司法》没有规定股东会会议记录的缺失即构成股东会程序上的瑕疵。《公司法解释(四)》第四条和第五条对有程序瑕疵的股东会决议作出补充规定:有严重程序瑕疵的股东会决议不成立,仅有轻微程序瑕疵,不对决议产生实质影响的,推定股东会会议有效。本案涉及的股东会决议中会议记录的缺失,并不构成对决议产生实质影响的严重程序瑕疵。

相关规定

《公司法解释(四)》

第四条 股东请求撤销股东会或者股东大会、董事会决议,符合民法典第八十五条、公司法第二十二条第二款规定的,人民法院应当予以支持,但会议召集程序或者表决方式仅有轻微瑕疵,且对决议未产生实质影响的,人民法院不予支持。

第五条 股东会或者股东大会、董事会决议存在下列情形之一,当事人主张决议不成立的,人民法院应当予以支持:

(一)公司未召开会议的,但依据公司法第三十七条第二款或者公司章程规定可以不召开股东会或者股东大会而直接作出决定,并由全体股东在决定文件上签名、盖章的除外;

(二)会议未对决议事项进行表决的;

(三)出席会议的人数或者股东所持表决权不符合公司法或者公司章程规定的;

(四)会议的表决结果未达到公司法或者公司章程规定的通过比例的;

(五)导致决议不成立的其他情形。

第六十五条

【股东表决权】股东会会议由股东按照出资比例行使表决权;但是,公司章程另有规定的除外。

条文解读

本条是关于有限责任公司股东表决权的规定。2018 年《公司法》中与本条对应的是第四十二条,本条规定内容没有变化。

第六十六条

【股东会议事方式和表决程序】股东会的议事方式和表决程序，除本法有规定的外，由公司章程规定。

股东会作出决议，应当经代表过半数表决权的股东通过。

股东会作出修改公司章程、增加或者减少注册资本的决议，以及公司合并、分立、解散或者变更公司形式的决议，应当经代表三分之二以上表决权的股东通过。

条文解读

本条是关于有限责任公司股东会议事方式和表决程序的规定。2018 年《公司法》中与本条对应的是第四十三条，本条所作的修改是在第一款后新增一款作为第二款，规定股东会会议作出决议应当经代表过半数表决权的股东通过，但本条第三款规定的决议事项除外。需要注意的是，“过半数”表决权是指超过一半表决权，不包含一半表决权。

第六十七条

【董事会职权】有限责任公司设董事会，本法第七十五条另有规定的除外。

董事会行使下列职权：

（一）召集股东会会议，并向股东会报告工作；

（二）执行股东会的决议；

（三）决定公司的经营计划和投资方案；

(四)制订公司的利润分配方案和弥补亏损方案;

(五)制订公司增加或者减少注册资本以及发行公司债券的方案;

(六)制订公司合并、分立、解散或者变更公司形式的方案;

(七)决定公司内部管理机构的设置;

(八)决定聘任或者解聘公司经理及其报酬事项,并根据经理的提名决定聘任或者解聘公司副经理、财务负责人及其报酬事项;

(九)制定公司的基本管理制度;

(十)公司章程规定或者股东会授予的其他职权。

公司章程对董事会职权的限制不得对抗善意相对人。

条文解读

本条是关于有限责任公司董事会职权的规定。董事会是有限责任公司的法定常设机构,在经营决策和业务执行等方面行使重要职权。2018 年《公司法》中与本条对应的是第四十六条,本条所作修改主要有:一是新增一款作为第一款,规定董事会是法定常设机构,但本法第七十五条允许不设董事会的除外。二是删除法定职权中的“制订公司的年度财务预算方案、决算方案”,与第五十九条删除股东会法定职权中“决定公司的经营方针和投资计划”“审议批准公司的年度财务预算方案、决算方案”对应,有关事项的决策机构脱离法定化后,有限责任公司可通过公司章程规定等方式自主确定决策机构。三是新增一款作为第三款,规定公司章程对董事会职权的限制不得对抗善意相对人。实践中,董事会对外代表公司时,相对人一般按照法定职权形成对董事会权限的预期,新增此款规定按照区分公司内外部关系的原则,加大对善意相对人信赖利益的保护。

第六十八条

【有限责任公司董事会的组成】有限责任公司董事会成员为三人以上,其成员中可以有公司职工代表。职工人数三百人以上的有限责任公司,除依法设监事会并有公司职工代表的外,其董事会成员中应当有公司职工代表。董事会中的职工代表由公司职工通过职工代表大会、职工大会或者其他形式民主选举产生。

董事会设董事长一人,可以设副董事长。董事长、副董事长的产生办法由公司章程规定。

条文解读

本条是关于有限责任公司董事会组成的规定。2018 年《公司法》中与本条对应的是第四十四条,本条所作修改主要是:一是删除董事会成员不得超过 13 人的规定,有限责任公司可以更灵活地安排董事会成员人数。二是新增有 3 名以上成员的董事会可以安排职工代表担任董事的规定,加强对职工群体利益的保护。三是新增职工人数达到 300 人以上的有限责任公司必须安排职工代表担任董事的规定,突破原有规定中只有两个以上的国有企业或者两个以上的其他国有投资主体投资设立的有限责任公司才强制安排职工代表担任董事的要求,加强所有类型有限责任公司,特别是大中型民营有限责任公司当中职工的话语权,彰显公司民主管理的立法价值导向。

第六十九条

【**有限责任公司审计委员会**】有限责任公司可以按照公司章程的规定在董事会中设置由董事组成的审计委员会,行使本法规定的监事会的职权,不设监事会或者监事。公司董事会成员中的职工代表可以成为审计委员会成员。

条文解读

本条是关于有限责任公司审计委员会的规定,系本次修订新增条文。首先,审计委员会是有限责任公司董事会下设机构,由公司章程决定设置。其次,审计委员会的组成人员只能从董事会成员之中产生,不能是其他人员。并且,本条还对董事中的职工代表可以担任审计委员会成员进行了明确,以此突出对于职工参与公司民主治理的价值取向。最后,审计委员会行使的是监事会的职权,审计委员会设置后,有限责任公司不再保留监事会或监事。需要说明的是,董事会的审计委员会制度在我国最早是由中国证监会 2002 年颁布的《上市公司治理准则》确立,适用场合是上市公司内部治理。此次《公司法》修订,将审计委员会制度引入有限责任公司的内部治理领域,是有限责任公司内部治理架构多元化的一种尝试。

第七十条

【董事的任期与辞任】董事任期由公司章程规定,但每届任期不得超过三年。董事任期届满,连选可以连任。

董事任期届满未及时改选,或者董事在任期内辞任导致董事会成员低于法定人数的,在改选出的董事就任前,原董事仍应当依照法律、行政法规和公司章程的规定,履行董事职务。

董事辞任的,应当以书面形式通知公司,公司收到通知之日辞任生效,但存在前款规定情形的,董事应当继续履行职务。

条文解读

本条是关于有限责任公司董事任期与辞任的规定。2018 年《公司法》中与本条对应的是第四十五条,本条新增一款作为第三款,使董事辞任的法律规则更精细化、更好满足实践需求。明确董事辞任应当书面通知公司,辞任生效时间为公司收到辞任通知书之日,但辞任导致董事会成员低于法定人数之时,该董事仍应履行董事职务。

第七十一条

【董事无因解任】股东会可以决议解任董事,决议作出之日解任生效。

无正当理由，在任期届满前解任董事的，该董事可以要求公司予以赔偿。

条文解读

本条是关于有限责任公司董事解任的规定，系本次修订新增条文。在司法实践中，已有无因董事解任的相关规定，如《公司法解释（五）》第三条。此次修订引入董事解任规则，一方面，赋予有限责任公司股东会无因解除董事职务的权力，解任董事须采用股东会决议的形式，自决议作出之日起解任董事的决定生效；另一方面，规定被解任的董事拥有求偿权，董事行使该权利的要件是解任无正当理由且股东会在任期届满前作出解任决议。

相关规定

《公司法解释（五）》

第三条　董事任期届满前被股东会或者股东大会有效决议解除职务，其主张解除不发生法律效力的，人民法院不予支持。

董事职务被解除后，因补偿与公司发生纠纷提起诉讼的，人民法院应当依据法律、行政法规、公司章程的规定或者合同的约定，综合考虑解除的原因、剩余任期、董事薪酬等因素，确定是否补偿以及补偿的合理数额。

第七十二条

【董事会会议的召集和主持】董事会会议由董事长召集和主持；董事长不能履行职务或者不履行职务的，由副董事长召集和主持；副董事长不能履行职务或者不履行职务的，由过半数的董事共同推举一名董事召集和主持。

条文解读

本条是关于有限责任公司董事会会议召集与主持的规定。2018 年《公司法》中与本条对应的是第四十七条，本条将副董事长不能或不履行职务时，由“半数以上”董事共同推举一名董事召集和主持，修改为由“过半数”董事共同推举一名董事召集和主持，避免实践中可能出现的一半董事推举一名董事、另一半董事推举另一名董事的治理僵局。

第七十三条

【董事会议事方式和表决程序】董事会的议事方式和表决程序，除本法有规定的外，由公司章程规定。

董事会会议应当有过半数的董事出席方可举行。董事会作出决议，应当经全体董事的过半数通过。

董事会决议的表决，应当一人一票。

董事会应当对所议事项的决定作成会议记录，出席会议的董事应当在会议记录上签名。

条文解读

本条是关于有限责任公司议事方式和表决程序的规定。2018 年《公司法》中与本条对应的是第四十八条。本条所作修改主要是对董事会会议参会和表决人数提出要求,即举行董事会会议必须有过半数董事出席,作出决议必须经全体董事过半数通过。上述修改对有限责任公司董事会会议的举行和表决提出更严格的要求,有助于规范有限责任公司董事会的运行。修改后有限责任公司与股份有限公司的董事会出席人数和表决人数要求一致。

第七十四条

【有限责任公司经理的产生和职权】有限责任公司可以设经理,由董事会决定聘任或者解聘。

经理对董事会负责,根据公司章程的规定或者董事会的授权行使职权。经理列席董事会会议。

条文解读

本条是关于有限责任公司经理的设立和职权的规定。经理是董事会领导下负责公司日常经营管理并对董事会负责的业务执行机关。2018 年《公司法》中与本条对应的是第四十九条,本条所作修改主要是删除经理职权的逐项列举,直接规定经理根据公司章程或董事会授权行使职权。有限责任公司经理享有的事权范围扩大，且有限责任公司设置经理职权比较灵活。在有限责任公司实践中，做出经营管理决策对于关键核心人才依赖度较高的科技创新、经营模式创新等类型公司，通常对于经理职权弹性设置的需求比较大。本条的规定契合有关公司的实际需求，为有关公司的经营管理实践提供了法律制度支撑。

第七十五条

【董事会设置例外】规模较小或者股东人数较少的有限责任公司，可以不设董事会，设一名董事，行使本法规定的董事会的职权。该董事可以兼任公司经理。

条文解读

本条是关于不设董事会的有限责任公司董事的规定。一般情况下，有限责任公司设置由多名董事组成的董事会，承担公司经营决策、业务执行、对外代表等职权，但考虑到规模较小和股东人数较少的有限责任公司对于公司重大事项的决策可以由股东磋商决定，在股东人数只有一名的情况下股东可以直接决定相关事项，《公司法》规定不设董事会的有限责任公司设一名董事行使董事会职权，有助于简化公司机关设置、提高公司运行效率。2018 年《公司法》中与本条对应的条文是第五十条，本条所作修改主要是：其一，用“董事”替换“执行董事”，统一使用“董事”概念。其二，本条规定不设董事会的有限责任公司董事行使的职权为《公司法》规定的董事会的职权，不再规定为由公司章程决定。

本条明确董事行使《公司法》第六十七条列举的有限责任公司董事会的职权，同时，第六十七条还允许公司章程或股东会授予董事会其他职权，因此，不设董事会的有限责任公司董事的职权范围可以灵活设置。

第七十六条

【有限责任公司监事会的设立与组成】有限责任公司设监事会，本法第六十九条、第八十三条另有规定的除外。

监事会成员为三人以上。监事会成员应当包括股东代表和适当比例的公司职工代表，其中职工代表的比例不得低于三分之一，具体比例由公司章程规定。监事会中的职工代表由公司职工通过职工代表大会、职工大会或者其他形式民主选举产生。

监事会设主席一人，由全体监事过半数选举产生。监事会主席召集和主持监事会会议；监事会主席不能履行职务或者不履行职务的，由过半数的监事共同推举一名监事召集和主持监事会会议。

董事、高级管理人员不得兼任监事。

条文解读

本条是关于有限责任公司监事会的设立与组成的规定。2018年《公司法》中与本条对应的是第五十一条，本条所作修改主要是增加了两类可以不设监事会的情形：一是在董事会中设置由董事组成的审计委员会行使监事会的职权，二是规模较小或股东人数较少的有限责任公司设一名监事行使监事会职权或者全体股东一致同意不设监事。

第七十七条

【监事的任期】监事的任期每届为三年。监事任期届满，连选可以连任。

监事任期届满未及时改选，或者监事在任期内辞任导致监事会成员低于法定人数的，在改选出的监事就任前，原监事仍应当依照法律、行政法规和公司章程的规定，履行监事职务。

条文解读

本条是关于有限责任公司监事任期的规定。2018 年《公司法》中与本条对应的是第五十二条，本条用“辞任”替换“辞职”概念。

第七十八条

【监事会职权】监事会行使下列职权：

（一）检查公司财务；

（二）对董事、高级管理人员执行职务的行为进行监督，对违反法律、行政法规、公司章程或者股东会决议的董事、高级管理人员提出解任的建议；

（三）当董事、高级管理人员的行为损害公司的利益时，要求董事、高级管理人员予以纠正；

（四）提议召开临时股东会会议，在董事会不履行本法规定的召集和主持股东会会议职责时召集和主持股东会会议；

（五）向股东会会议提出提案；

（六）依照本法第一百八十九条的规定，对董事、高级管理人员提起诉讼；

（七）公司章程规定的其他职权。

条文解读

本条是关于有限责任公司监事会职权的规定。2018 年《公司法》中与本条对应的是第五十三条，本条与该条基本一致。本条规定的监事会职权既包括实体性职权，也包括程序性职权，前者如财务监察权、业务监察权，后者如股东会会议提议召开权以及召集主持权、提案权、诉讼提起权。监事会的实体性职权是行使监察权的载体，程序性职权是监事会实体性职权行使的保障。

典型案例 设监事会的有限责任公司监事无权对董事、高级管理人员提起诉讼

成都蓉联水泥有限公司、黄四九损害公司利益责任纠纷案

案例来源 四川省高级人民法院（2021）川民终 663 号民事裁定书

关 键 词 监事会;监事;诉讼

裁判要点

设立监事会的有限责任公司,符合条件的股东可以书面请求监事会向人民法院提起诉讼,不得请求监事提起诉讼。

基本案情

上诉人成都蓉联水泥有限公司(以下简称蓉联公司)诉称:成都市中级人民法院作出的(2021)川01民初266号民事裁定认定蓉联公司监事会主席陈道明无权代表蓉联公司对被上诉人的违法行为提起诉讼,裁定驳回起诉适用法律错误,请求撤销一审裁定并指令一审法院继续审理。

法院经审理查明:陈道明是以蓉联公司监事身份提起该案诉讼,提起该案诉讼未形成监事会决议。

裁判结果

四川省高级人民法院作出(2021)川民终663号民事裁定,驳回蓉联公司上诉,维持原裁定。

裁判理由

法院生效裁判认为:2018年《公司法》第五十一条第一款规定股东人数较少或者规模较小的有限责任公司,可以设一至二名监事,不设监事会。第五十三条规定监事会或不设监事会的公司的监事有权依照第一百五十一条的规定,对董事、高级管理人员提起诉讼。第一百五十一条第一款规定董事、高级管理人员有本法第一百四十九条规定的情形的,有限责任公司的股东、股份有限公司连续一百八十日以上单独或合计持有公司百分之一以上股份的股东,可以书面请求监事会或不设监事会的有限责任公司的监事向人民法院提起诉讼。蓉联公司已设立监事会，应当由符合条件的股东书面请求监事会对董事、高级管理人员提起诉讼。在履行相关前置程序后，监事会有权以蓉联公司名义代表公司向人民法院提起诉讼。因此，陈道明以蓉联公司监事身份提起诉讼，不符合法律规定。

第七十九条

【监事的质询建议权与调查权】监事可以列席董事会会议，并对董事会决议事项提出质询或者建议。

监事会发现公司经营情况异常，可以进行调查；必要时，可以聘请会计师事务所等协助其工作，费用由公司承担。

条文解读

本条是关于有限责任公司监事会职权的规定。2018 年《公司法》中与本条对应的是第五十四条，本条与该条基本一致。因《公司法》第六十九条规定审计委员会行使监事会职权时不设监事会或监事，第八十三条规定不设监事会的有限责任公司设一名监事行使监事会职权，所以本条删除了“不设监事会的公司的监事”这一表述。本条规定的监事会职权包括列席董事会会议权、对董事会决议事项的质询权和建议权、对公司异常经营情况的调查权。

第八十条

【董事、高级管理人员协助监事工作】监事会可以要求董事、高级管理人员提交执行职务的报告。

董事、高级管理人员应当如实向监事会提供有关情况和资料,不得妨碍监事会或者监事行使职权。

条文解读

本条是关于有限责任公司监事会职权的规定。2018 年《公司法》中与本条对应的是第一百五十条第二款。本条将该款规定设置为一个单独的条文,与上两条关于监事会职权的规定并列,以此强化和凸显监事会的重要性,同时扩大了监事会的职权范围。具体而言:本条设第一款,规定监事会享有要求董事、高级管理人员提交执行职务报告的权力,此项权力是此次修订新增的事项。第二款是对董事、高级管理人员的行为义务的规定,董事、高级管理人员向监事会提供的所有信息必须保证真实、准确、完整,确保监事会或监事能够根据获取的信息全面履职。需要说明的是,即便监事会没有主动向董事、高级管理人员索取报告,第二款规定的董事、高级管理人员应如实提供信息等规定仍然构成对上述主体行为的一般性约束,其应当对提交到监事会的所有材料和信息负有保证真实的义务。

第八十一条

【监事会会议及监事会的议事方式和表决程序】监事会每年度至少召开一次会议,监事可以提议召开临时监事会会议。

监事会的议事方式和表决程序,除本法有规定的外,由公司章程规定。

监事会决议应当经全体监事的过半数通过。

监事会决议的表决,应当一人一票。

监事会应当对所议事项的决定作成会议记录,出席会议的监事应当在会议记录上签名。

条文解读

本条是关于有限责任公司监事会会议制度的规定。2018 年《公司法》中与本条规定对应的是第五十五条,本条所作修改主要在监事会决议表决机制方面。一是明确监事会决议应当由全体监事过半数通过,即计算表决是否通过的监事票总数等于全体监事人数,并且投票同意的监事人数必须超过半数。此次修订,确定了总票数等同于监事总人数,且超过一半的监事同意决议方能通过,避免了实践中可能的争议,使监事会表决程序更加顺畅进行。二是新增一款作为第四款,明确监事会决议的表决实行监事"一人一票"的机制,彰显了监事会议事表决的民主性,也杜绝了监事会决议时可能产生的关于如何计票的争议。

第八十二条

【监督费用负担】监事会行使职权所必需的费用，由公司承担。

条文解读

本条是关于有限责任公司监事会履职费用承担的规定。监事会是为解决委托人与代理人利益异质性而作出的制度设计，监事会由股东会产生，代表股东意志和公司意志，通过行使监察权力对董事、高级管理人员等公司经营者形成制约，矫正公司经营者行为，促进股东和公司目标的实现。在监事会履职过程中，不可避免地会发生一定费用，而监事会行使监察权也可能出现与公司经营者意思不一致的情况。为了保障监事会充分履行法律和公司章程赋予的职权，《公司法》要求公司承担监事会履职发生的必要费用。2018 年《公司法》中与本条规定对应的是第五十六条。因《公司法》第六十九条、第八十三条规定了两种不设监事会、由其他公司机关行使监事会职权的情形，本条删除了“不设监事会的公司的监事”这一表述。

第八十三条

【监事会设置例外】规模较小或者股东人数较少的有限责任公司，可以不设监事会，设一名监事，行使本法规定的监事会的职权；经全体股东一致同意，也可以不设监事。

条文解读

本条是关于监事会设立与组成的特别规定。有限责任公司设监事会,成员为 3 人以上,是《公司法》对监事会的一般规定。对于规模较小或股东人数较少的有限责任公司,要求其设置至少 3 名监事组成的监事会,规则适用的成本较高、效率较低,且实际意义有限,因此本条对于规模较小或股东人数较少的有限公司监事会的设置作出例外规定,允许仅设 1 名监事行使监事会职权。此外,鉴于有限责任公司具有较强的人合性,在公司治理机制上可以作出更加弹性和灵活的安排,因此本条还允许经全体股东一致同意有限责任公司可以不设监事。2018 年《公司法》中与本条相对应的是第五十一条第一款,本条所作的修改包括:一是将“可以设一至二名监事”调整为“设一名监事”,以彰显追求公司运行效率和节省公司运行成本的立法价值导向;二是新增规定全体股东一致同意的情况下可以不设监事,在实现公司高度自治的同时兼顾了中小股东合法权益的保护。

CHAPTER 04

第四章

有限责任公司的股权转让

第八十四条

【股权转让的一般规定】有限责任公司的股东之间可以相互转让其全部或者部分股权。

股东向股东以外的人转让股权的，应当将股权转让的数量、价格、支付方式和期限等事项书面通知其他股东，其他股东在同等条件下有优先购买权。股东自接到书面通知之日起三十日内未答复的，视为放弃优先购买权。两个以上股东行使优先购买权的，协商确定各自的购买比例；协商不成的，按照转让时各自的出资比例行使优先购买权。

公司章程对股权转让另有规定的，从其规定。

条文解读

本条是关于有限责任公司股权转让的规定。股权转让是股东按照约定向其他主体转让股权的法律行为。股东转让股权既可以面向公司其他股东，也可以面向非股东的其他主体。股权是一种特殊的财产，相比于其他财产，其转让本质上没有区别，同样应当遵循意思自治原则，但另有规定或约定除外。股东依法享有股权转让权,有权选择转让对象,有权决定转让条件。本条规定强调了有限责任公司股东转让股权的意思自治权利,明确除公司章程另有规定之外,股东有权向其他股东转让股权,或者向股东以外的人转让股权,删除了2018年《公司法》与本条相对应的第七十一条第二款要求对外转让股权必须经其他股东过半数同意这一程序性规则。由于有限责任公司属于封闭型公司,具有较强的人合性,本条还规定了向股东以外的人转让股权场合,其他股东享有同等条件下的优先购买权。相较于2018年《公司法》第七十一条第二款的规定,本条规定完善了股东对外转让股权时的通知规则,补充要求向公司股东以外主体转让股权的公司股东书面通知其他股东时,必须告知股权转让的数量、价格、支付方式和期限等事项,明确了书面通知的必备内容,使优先购买权规则更加具体可操作。

典型案例 股东一致同意的股东会决议可视作其他股东同意特定股东对外转让股权

刘建忠、福建红星美凯龙置业有限公司公司决议效力确认纠纷案

案例来源 最高人民法院(2020)最高法民终720号民事判决书

关 键 词 股东会决议;股权转让协议;股权转让

裁判要点

股东会决议与股权转让协议在股权转让主体和受让主体、股

权转让比例、股权所在公司、股权转让价款等方面均相同，可以认定股东会决议实质就是其他股东书面共同同意特定股东对外转让股权、确认转让后股东出资情况并以股东会决议方式同意修改公司章程的决议。

基本案情

上诉人（原审原告）刘建忠提起上诉称：一审判决认定本案讼争《福建红星美凯龙置业有限公司股东会决议》（以下简称《股东会决议》）符合刘建忠的真实意思表示，合法有效，存在事实认定错误。第一，讼争股东会会议的召开是虚构的。讼争《股东会决议》显示，该股东会于2011年11月8日召开，参加会议的有公司股东刘建忠、上海红星美凯龙企业发展有限公司及福建省万锦投资有限公司（以下简称万锦公司）（法定代表人刘其财），会议由刘建忠主持，议题是表决公司股东变更事宜。事实上，刘建忠并不知道曾召开过上述股东会会议，更没有参加并主持该股东会会议。福建红星美凯龙置业有限公司（以下简称红星美凯龙）、万锦公司均未能举证证明召开过上述股东会会议，证明刘建忠知道或者应当知道召开过上述股东会会议或者授权他人参加该股东会会议。需要说明的是，《福建红星美凯龙置业有限公司董事会决议》（以下简称《董事会决议》）仅涉及董事长的任免，不是办理股东变动登记的法定文书。法律也无规定办理股东变动登记应当提交董事会决议。在公司未依法召开股东会会议、董事会会议、监事会会议的情况下，无法律规定作为公司的股东、董事、监事应当知道公司是否真实发生股东变更的情况。本案也无证据证明红星美凯龙的股东会、董事会、监事会召集过有关股权转让、股东变更的会议,并且已经通知刘建忠,刘建忠作为股东、董事、监事应当参加而未参加的事实。因此,一审判决以"刘建忠同时具有红星美凯龙的董事、法定代表人、股权转让方、受让方万锦公司的监事等多重身份"为由,认定刘建忠"理应参与讼争《股东会决议》形成过程",并且"对红星美凯龙股权变更事项应当是清楚的",缺乏依据。第二,讼争《股东会决议》上所谓"刘建忠"签名并非刘建忠本人签名,也非刘建忠授权他人代签,是伪造的。第三,讼争股东会决议内容并非刘建忠的真实意思表示。2011年11月8日,刘建忠与万锦公司签订《股权转让协议》,刘建忠"同意将持有红星美凯龙40%的股权共24,000万元出资额(实缴24,000万元),以24,000万元转让给"万锦公司,万锦公司"同意在协议签订之日起10日内,将转让费24,000万元以转账方式一次性支付给"刘建忠,并明确约定"依法办理变更登记后,乙方(万锦公司)即成为红星美凯龙的股东"。表明万锦公司应当承担支付股权转让款的先履行义务,刘建忠在收到转让款后承担办理股权交割、股东变更的后履行义务。这也符合股权转让的交易习惯。鉴于讼争《股东会决议》是办理股东变更登记等手续的法定文书,其形成的时间与本案《股权转让协议》同日,意味着刘建忠在签订协议当日即同意股权交割、股东变更,不符合协议约定和股权交易习惯。鉴于万锦公司一直未支付2.4亿元股权转让款,《股权转让协议》并未实际履行,刘建忠不可能同意办理股东变更登记等手续。因此,并非刘建忠本人签名的讼争《股东会决议》,不可能是刘建忠的真实意思表示。

被上诉人(原审被告)红星美凯龙、万锦公司辩称:第一,案涉股东会确已召开，所形成决议内容不违反法律、行政法规的强制性规定，合法有效；第二，案涉《股东会决议》是刘建忠签署，是其真实意思表示，且内容与《股权转让协议》《董事会决议》相互印证；第三，股东会内容实质优于召开形式，讼争《股东会决议》是当事人真实意思表示且内容合法有效，如果刘建忠认为股东会召集、召开程序存在瑕疵，依法仅属于可撤销情形，且本案除斥期间已经届满；第四，刘建忠多次就同一事实恶意起诉红星美凯龙、万锦公司及两公司法定代表人刘其财，扰乱了公司正常生产经营活动；第五，《股东会决议》不影响股权转让效力，刘建忠要求恢复股权及获得经济损失赔偿的诉讼请求不应得到支持。

法院经审理查明：案涉《股东会决议》的参与及签名主体为“原股东：刘建忠、上海红星美凯龙企业发展有限公司”和新股东“万锦公司”。决议内容包括两项：一是同意刘建忠转让案涉股权给新股东万锦公司并确认案涉股权转让后的股东出资情况；二是同意就股权转让相关变更事项修改公司章程，附同意通过的公司章程修正案。案涉《股东会决议》参与主体包括了当时尚未成为股东的万锦公司，且决议内容包括了同意股东刘建忠转让其个人持有的案涉股权。故就决议形式和决议内容而言，该决议都有与一般股东会不一致之处。该决议与同日签订的《股权转让协议》在股权转让主体和受让主体、股权转让比例、股权所在公司、股权转让价款等方面均相同。关于案涉《股东会决议》是否成立的问题，涉及的事实有：第一，刘建忠在案涉《股东会决议》作出之日签订的案涉《股权转让协议》约定的股权转让主体和受让主体、股权转让比例、股权所在公司、股权转让价款等与案涉《股权转让协议》相关内容一致，说明在案涉《股东会决议》作出之日，刘建忠已同意《股东会决议》内容。第二，从《董事会决议》签订时间与案涉《股权转让协议》签订时间刚好吻合，以及转让全部股权后即退出公司，不再担任公司重要职务并选举新股东或其代表担任该职务这一商业惯例角度而言，如果刘建忠不认可案涉《股东会决议》中转让案涉股权给万锦公司，不再担任红星美凯龙公司股东的内容，则一般不会主动辞去公司法定代表人、董事长这一重要的职务。而同日签订的案涉《股权转让协议》则印证了上述转让股权、交出公司重要职务的商业惯例。第三，从案涉《股东会决议》签订同日提交的万锦公司设立登记申请书所列股东可知，刘建忠当时还具有万锦公司的股东身份，因此刘建忠当时既是万锦公司股东，又是万锦公司的监事，同时还是万锦公司受让的案涉股权出让人，故刘建忠关于其因不参与万锦公司生产经营，不了解股权已经变更到万锦公司名下的情况的陈述，与其当时兼具的三重身份对案涉股权交易履行情况的应有认知相悖。第四，刘建忠长时间未积极主张合同权利的理由，也与日常生活经验不符。

裁判结果

最高人民法院作出(2020)最高法民终720号民事判决，判决驳回刘建忠上诉，维持原判。

裁判理由

根据2018年《公司法》第七十一条、第七十二条对股权转让的程序要求，案涉《股东会决议》实质是其他股东书面共同同意刘建忠转让案涉股权给万锦公司并确认转让后股东出资情况并以股东会决议方式同意修改公司章程的决议。该决议既有其他股东均以个人名义书面同意案涉股权转让,也有以红星美凯龙股东会作出决议形式同意修改公司章程。换言之,该决议兼具其他股东对案涉股权转让的书面同意和股东会决议两重属性,而非单纯的股东会决议。案涉《股权转让协议》证明刘建忠有转让案涉股权给万锦公司的意图并已经着手实施相关转让行为;刘建忠认可的与案涉《股东会决议》同日签订的案涉《董事会决议》已经同意刘建忠辞去公司董事长职务,不再担任红星美凯龙的法定代表人,并选举了代表万锦公司的刘其财担任董事长和法定代表人,符合商业惯例;在案涉股权变更登记到万锦公司名下后,刘建忠长时间并未提出异议,不符合日常生活经验;刘建忠上诉称在没有收到股权转让款的前提下不会同意案涉《股东会决议》内容的观点与已查明事实不符。

第八十五条

【强制执行程序中的股权转让】人民法院依照法律规定的强制执行程序转让股东的股权时,应当通知公司及全体股东,其他股东在同等条件下有优先购买权。其他股东自人民法院通知之日起满二十日不行使优先购买权的,视为放弃优先购买权。

条文解读

本条是关于司法强制执行场合有限责任公司股东优先购买

权的规定。鉴于有限责任公司具有人合性,法律规定有限责任公司股东转让股权时其他股东在同等条件下的优先购买权。在法律实践中,存在股东主动转让股权和被动转让股权的情形,司法强制执行即股东被动转让股权的典型形态。公司法认可司法强制执行场合有限责任公司股东享有优先购买权,同时设置了通知程序、行权时间限制等具体规则。2018 年《公司法》中与本条对应的是第七十二条,两个条文内容相同。

第八十六条

【股权转让变更登记及救济】股东转让股权的,应当书面通知公司,请求变更股东名册;需要办理变更登记的,并请求公司向公司登记机关办理变更登记。公司拒绝或者在合理期限内不予答复的,转让人、受让人可以依法向人民法院提起诉讼。

股权转让的,受让人自记载于股东名册时起可以向公司主张行使股东权利。

条文解读

本条是关于有限责任公司股权转让程序的规定,系本次修订新增条文,包括两方面内容:一是有限责任公司股东转让股权是其享有的实体性权利,但如果缺乏程序性规定的保障,则股权转让权的实现可能存在障碍,并可能引发有限责任公司、转让人、受让人之间的争议。此次修法要求转让股权的股东承担通知义务、有限责任公司承担变更股东名册的登记义务,同时赋予转让人、受让人请求有限责任公司办理变更登记的司法救济权利,行权要件是有限责任公司拒绝或在合理期限内不予答复,以此增强对股权转让权的保护,防止公司以各种理由阻碍股权流转。二是2018年《公司法》并未明确受让人在何时取得公司股东的地位或享有公司股东权利,为解决这一问题,本条第二款明确规定在对内关系上以股东名册登记作为受让人成为股东、享有股东权利并对公司主张权利的时间点。

第八十七条

【转让股权后应当履行的手续】依照本法转让股权后,公司应当及时注销原股东的出资证明书,向新股东签发出资证明书,并相应修改公司章程和股东名册中有关股东及其出资额的记载。对公司章程的该项修改不需再由股东会表决。

条文解读

本条是关于有限责任公司股权转让变更记载的规定。股权转让后,有限责任公司的公司章程、股东名册以及公司置备的出资证明文件应当进行相应修改。本条是对股权转让后公司修改公司章程、股东名册,注销原股东出资证明书并向新股东签发出资证明书的规定,与2018年《公司法》第七十三条相比,内容没有实质变化,仅增加公司注销原股东的出资证明书应当"及时"的要求。

第八十八条

【股权转让中的出资责任】股东转让已认缴出资但未届出资期限的股权的，由受让人承担缴纳该出资的义务；受让人未按期足额缴纳出资的，转让人对受让人未按期缴纳的出资承担补充责任。

未按照公司章程规定的出资日期缴纳出资或者作为出资的非货币财产的实际价额显著低于所认缴的出资额的股东转让股权的，转让人与受让人在出资不足的范围内承担连带责任；受让人不知道且不应当知道存在上述情形的，由转让人承担责任。

条文解读

本条是关于有限责任公司股权转让后出资责任的规定，系本次修订新增条文，在进行规定时吸收了司法实践的成熟做法，并对未届出资期限即转让股权的出资义务承担主体作出明确规定。一是转让人已认缴出资但未届出资期限，受让人应当针对尚未缴纳的部分承担出资义务。二是为了保障有限责任公司以及其他股东的权益，本条作出两方面的规定：其一，转让人对受让人未按期缴纳出资的行为承担补充责任，促使转让人审慎选择转让对象并监督其按期缴纳出资；其二，转让人与受让人对于逾期出资或非货币财产出资不实的行为承担连带责任，通过在转让人与受让人之间形成出资保证责任加强出资约束。三是如果逾期出资或非货币财产出资不实的行为由转让人做出，受让人不知道且不应当知道存在上述行为的，受让人可免于补足出资，由转让人独自承担补足出资的责任。

相关规定

《公司法解释(三)》

第十八条 有限责任公司的股东未履行或者未全面履行出资义务即转让股权,受让人对此知道或者应当知道,公司请求该股东履行出资义务、受让人对此承担连带责任的,人民法院应予支持;公司债权人依照本规定第十三条第二款向该股东提起诉讼,同时请求前述受让人对此承担连带责任的,人民法院应予支持。

受让人根据前款规定承担责任后,向该未履行或者未全面履行出资义务的股东追偿的,人民法院应予支持。但是,当事人另有约定的除外。

第八十九条

【有限责任公司股东股份回购请求】有下列情形之一的,对股东会该项决议投反对票的股东可以请求公司按照合理的价格收购其股权:

(一)公司连续五年不向股东分配利润,而公司该五年连续盈利,并且符合本法规定的分配利润条件;

(二)公司转让主要财产;

(三)公司章程规定的营业期限届满或者章程规定的其他解散事由出现,股东会通过决议修改章程使公司存续。

自股东会决议作出之日起六十日内,股东与公司不能达成股权收购协议的，股东可以自股东会决议作出之日起九十日内向人民法院提起诉讼。

公司的控股股东滥用股东权利，严重损害公司或者其他股东利益的，其他股东有权请求公司按照合理的价格收购其股权。

公司因本条第一款、第三款规定的情形收购的本公司股权，应当在六个月内依法转让或者注销。

条文解读

本条是关于有限责任公司股权回购的规定。2018 年《公司法》中与本条对应的是第七十四条，本条所作修改主要有两个方面：一是新增一款为第三款，规定控股股东以外的其他股东在控股股东滥用权利严重损害公司或其利益时，享有股权回购请求权。在我国公司实践中，“一股独大”的公司股权结构导致控股股东压迫其他股东的现象并不鲜见，本次公司法修订贯彻产权平等保护的原则，基于加强中小股东权益保护的立场，平衡控股股东与其他股东的利益，赋予控股股东以外的其他股东在受到控股股东压迫时请求回购股权的权利，畅通了中小股东“用脚投票”退出公司的救济权利，同时在一定程度上有助于缓解公司僵局问题。从第三款的表述看，怎样理解滥用股东权利、严重损害公司或其他股东利益以及如何确定合理价格等，有待在法律适用过程中进一步明确。二是新增一款为第四款，规定回购股权的处置方式，即依据本条完成公司股权的回购之后，应当在 6 个月内转让或注销,有限责任公司不得持有自己股权。新增的该款规定可与《公司法》第一百六十二条第二款股份有限公司回购股份的处置方式相对应。

第九十条

【有限责任公司自然人股东的股东资格继承】自然人股东死亡后,其合法继承人可以继承股东资格;但是,公司章程另有规定的除外。

条文解读

本条是关于有限责任公司股东资格继承的规定。股权是自然人拥有的一种财产权利,在自然人股东死亡之后,继承人有权依法继承股权,并因持有有限责任公司的股权而取得有限责任公司股东的资格。本条与2018年《公司法》第七十五条相对应,内容没有变化。

CHAPTER 05

第五章

股份有限公司的设立和组织机构

第一节 设　　立

第九十一条

【股份有限公司的设立方式】设立股份有限公司，可以采取发起设立或者募集设立的方式。

发起设立，是指由发起人认购设立公司时应发行的全部股份而设立公司。

募集设立，是指由发起人认购设立公司时应发行股份的一部分，其余股份向特定对象募集或者向社会公开募集而设立公司。

条文解读

本条是关于股份有限公司设立方式的规定。根据本条规定，设立股份有限公司可以采取发起设立或募集设立两种方式。发起设立是指由发起人认购设立公司时应发行的全部股份而设立公司，不向发起人之外的任何社会公众募集股份。募集设立是发起人认购公司设立时应发行股份的一部分，其余股份向特定对象募集或向社会进行公开募集。以募集方式设立的股份有限公司，设立时不仅会有发起人认购股份，还会有发起人之外的其他投资者认购公司应发行的股份。设立较大规模的股份有限公司，通常会以募集设立的方式聚集资金。

第九十二条

【发起人的人数及其资格】设立股份有限公司，应当有一人以上二百人以下为发起人，其中应当有半数以上的发起人在中华人民共和国境内有住所。

条文解读

本条是关于发起人人数及其资格的规定。本条规定了发起人的最低人数与最高人数限制，规定后者主要是为了防止非法集资，达到保护社会公众利益的效果，同时也是考虑到发起人人数过多，在筹办设立事项时恐难以就相关事务达成一致意见。与2018年《公司法》相比，本条允许设立一人股份有限公司，以满足市场主体的实际需求。本条要求有半数以上的发起人在中华人民共和国境内有住所，以便一定数量的发起人能够更为便利地办理设立股份有限公司的手续，也便于相关部门监督管理发起人的行为。

相关规定

《证券法》

第九条第二款　有下列情形之一的，为公开发行：

（一）向不特定对象发行证券；

（二）向特定对象发行证券累计超过二百人，但依法实施员工持股计划的员工人数不计算在内；

（三）法律、行政法规规定的其他发行行为。

第九十三条

【发起人承担公司筹办事务和签订发起人协议】股份有限公司发起人承担公司筹办事务。

发起人应当签订发起人协议，明确各自在公司设立过程中的权利和义务。

条文解读

本条是关于发起人义务与发起人协议的规定。发起人承担公司筹办事务。股份有限公司的最终设立，有赖于发起人对设立股份有限公司事务的筹办，故本条第一款规定股份有限公司发起人承担公司筹办事务，包括制定公司章程、办理公开募集股份的核准手续及具体募集事宜、召开创立大会、申请设立登记等。

发起人应当签订发起人协议。发起人协议是指公司发起人之间签订的、明确发起人在公司设立过程中的权利和义务的协议。因股份有限公司的发起人往往为多人，故需明确各发起人在设立公司过程中的权利义务关系、认购的股份数额、出资方式、不按约定出资的违约责任等，避免股份有限公司无法设立或形成各类纠纷。

相关规定

《公司法解释(三)》

第一条 为设立公司而签署公司章程、向公司认购出资或者股份并履行公司设立职责的人,应当认定为公司的发起人,包括有限责任公司设立时的股东。

第二条 发起人为设立公司以自己名义对外签订合同,合同相对人请求该发起人承担合同责任的,人民法院应予支持;公司成立后合同相对人请求公司承担合同责任的,人民法院应予支持。

第九十四条

【股份有限公司章程制订】设立股份有限公司,应当由发起人共同制订公司章程。

条文解读

本条是关于设立股份有限公司应当具备的条件的规定。因为《公司法》第三十二条已明确公司登记事项的具体内容,第九十八条第一款已规定"发起人应当在公司成立前按照其认购的股份全额缴纳股款",所以考虑到体系性与避免重复等,《公司法》将2018年《公司法》第七十六条第四项关于"发起人制订公司章程,采用募集方式设立的经创立大会通过"的规则,在本条予以单独规范。股份有限公司的章程,是指记载公司组织和行为基本规则的文件,本条规定由发起人制定。

典型案例 公司发起人（股东）的认定

龚美桃、湖南张家界天门山旅游股份有限公司股东资格确认纠纷案

案例来源 湖南省张家界市中级人民法院（2020）湘08民终230号民事判决书

关 键 词 公司章程；发起人协议；发起人资格认定

裁判要点

自始未履行发起人的设立职责者，不能被认定为公司的发起人。

基本案情

上诉人（原审原告）是龚美桃，被上诉人（原审被告）是湖南张家界天门山旅游股份有限公司。龚美桃上诉请求之一为确认上诉人是被上诉人公司的股东，并判决被上诉人在工商管理部门进行股东变更登记。

裁判结果

张家界市永定区人民法院（2019）湘0802民初4713号民事判决驳回原告龚美桃的全部诉讼请求。湖南省张家界市中级人民法院于2020年4月27日作出（2020）湘08民终230号民事判决：驳回上诉，维持原判。

裁判理由

经审查，上诉人自始未履行发起人参与签订设立协议、制定公司章程等公司设立程序的相关义务，公司设立登记申请书、公司章程、发起人协议书等证据均未有上诉人参与的痕迹，即没有

证据证实上诉人履行了设立职责。根据《公司法解释(三)》第一条规定,不能认定上诉人系被上诉人的发起人。故一审判决认定事实清楚,适用法律正确,应予维持。

第九十五条

【股份有限公司章程法定记载事项】股份有限公司章程应当载明下列事项:

(一)公司名称和住所;

(二)公司经营范围;

(三)公司设立方式;

(四)公司注册资本、已发行的股份数和设立时发行的股份数,面额股的每股金额;

(五)发行类别股的,每一类别股的股份数及其权利和义务;

(六)发起人的姓名或者名称、认购的股份数、出资方式;

(七)董事会的组成、职权和议事规则;

(八)公司法定代表人的产生、变更办法;

(九)监事会的组成、职权和议事规则;

(十)公司利润分配办法;

(十一)公司的解散事由与清算办法;

(十二)公司的通知和公告办法;

(十三)股东会认为需要规定的其他事项。

条文解读

本条是关于股份有限公司章程应当记载事项的规定。与2018年《公司法》相比，本条补充并完善了股份有限公司章程记载事项的具体内容。根据本条规定，股份有限公司章程应当载明下列事项：

(1)公司名称和住所。公司章程应当载明公司名称，并标明股份有限公司或股份公司字样，亦应当载明公司住所，便于确定诉讼管辖与受送达的处所等。

(2)公司经营范围，即公司可以从事哪些经营活动，是公司开展经营活动的界限。

(3)公司设立方式，即公司是以发起设立还是募集设立的方式设立，这关系到公司是否在设立时向公众发行股份等相关事项。

(4)公司注册资本、已发行的股份数和设立时发行的股份数，面额股的每股金额。与2018年《公司法》相比，该项存在较大变化：一是区分公司已发行的股份数与公司设立时发行的股份数。本法确立了授权资本制，区分已发行的股份数与公司设立时发行的股份数，可更好地与授权资本制相衔接。二是增设面额股的相关规定。本法第一百四十二条新增无面额股规则，故本项关于面额股的章程记载事项，可以与《公司法》的无面额股规则相衔接。

(5)发行类别股的，每一类别股的股份数及其权利和义务。本法新增类别股规则，明确公司可按照章程规定发行类别股。故在发行类别股的情况下，本项关于公司章程需载明类别股股东的股份数及其权利和义务的规定,有助于与类别股规则相衔接,为类别股股东提供更充分的保护。

(6)发起人的姓名或者名称、认购的股份数、出资方式。要求章程记载该等事项,有助于社会公众与相关市场主体了解发起人的情况,从而对公司形成较为正确的判断,保障相关主体的合法权益。

(7)董事会的组成、职权和议事规则。董事会对公司的管理与经营起着尤为关键的作用,章程需载明董事会的组成、职权和议事规则。

(8)公司法定代表人的产生、变更办法。公司法定代表人,即代表公司行使职权的具体人员。本项明确章程应载明公司法定代表人的产生、变更办法,有助于避免因法定代表人确立方式争议而引发纠纷。

(9)监事会的组成、职权和议事规则,即监事会的成员及其人数、具体职权,以及召集监事会、举行会议与作出决议应遵守的规则。监事会是公司的监督机构,应当在章程中载明监事会的组成、职权和议事规则。

(10)公司利润分配办法。股东投资、购买公司股份的主要目的在于获取利润,公司的利润分配办法关系到股东如何获取利润与获取多少利润等,章程应载明公司利润分配办法。

(11)公司的解散事由与清算办法,即导致公司解散的具体事由以及公司在解散后如何进行清算,这涉及公司的消亡。

(12)公司的通知和公告办法,即公司进行通知和公告的具体方式,包括邮寄、在特定报纸或杂志上登载等,这关系到公司的股东、债权人等能否及时获悉公司的相关信息并据此为相关行动。

(13)股东会认为需要规定的其他事项,即除了上述事项,股份有限公司的股东会根据公司的具体情况,认为还需在章程中予以规定的其他事项。

第九十六条

【股份有限公司注册资本】股份有限公司的注册资本为在公司登记机关登记的已发行股份的股本总额。在发起人认购的股份缴足前,不得向他人募集股份。

法律、行政法规以及国务院决定对股份有限公司注册资本最低限额另有规定的,从其规定。

条文解读

本条是关于股份有限公司注册资本的规定。与2018年《公司法》第八十条相比较,在本法引入授权资本制的背景下,本条以"已发行股份的股本总额"统一了发起设立的股份有限公司中"认购的股本总额"与募集设立的股份有限公司中"实收股本总额"的不同表述。在适用授权资本制时,公司章程中将同时存在"股份总数"与"已发行股份的股本总额"的概念,即基于授权资本制,公司可以在设立时先发行部分股份,公司章程或者股东会可以后续授权董事会发行一定数量的股份,该后续发行的股份数便是公司的股份总数与已发行股份数之间的差额。本条明确规定股份有限公司的注册资本是已发行股份的股本总额,而非股份总数,从而更好地衔接授权资本制。

第九十七条

【发起人认购股份】以发起设立方式设立股份有限公司的，发起人应当认足公司章程规定的公司设立时应发行的股份。

以募集设立方式设立股份有限公司的，发起人认购的股份不得少于公司章程规定的公司设立时应发行股份总数的百分之三十五；但是，法律、行政法规另有规定的，从其规定。

条文解读

对于以发起设立方式、募集设立方式设立的股份有限公司，本条分别规定了发起人应当认足其认购股份以及发起人认购公司股份的最低限额。与2018年《公司法》第八十三条相比，本条删除了关于发起设立股份有限公司程序的累赘条款，并融合了2018年《公司法》第八十四条关于募集设立股份有限公司的发起人认购公司股份的最低限额规则，从而衔接本法新增的授权资本制。

发起设立，是指由发起人认购公司应发行的全部股份而设立公司，故以发起设立方式设立股份有限公司时，发起人应当认足章程规定的公司设立时应发行的股份。

以募集设立方式设立股份有限公司，即由发起人提议设立并由发起人具体筹办公司设立事宜。以募集方式设立股份有限公司时,设置发起人认购股份的最低限额具有一定的必要性:一是提升发起人的号召力;二是若发起人不具备相应经济能力、不认购股份或仅认购少量股份,意味着发起人无须承担责任或仅需承担较小责任,当发起人仅凭借他人资本便可设立公司时,其极有可能会利用募集设立公司的方式开展欺诈活动。故本条规定发起人认购股份的法定最低限额,有助于保证公司的顺利设立和正常运营,保护投资者的合法权益与维护社会秩序。

相关规定

《股票发行与交易管理暂行条例》

第八条 设立股份有限公司申请公开发行股票,应当符合下列条件:……(三)发起人认购的股本数额不少于公司拟发行的股本总额的百分之三十五;(四)在公司拟发行的股本总额中,发起人认购的部分不少于人民币三千万元,但是国家另有规定的除外;(五)向社会公众发行的部分不少于公司拟发行的股本总额的百分之二十五,其中公司职工认购的股本数额不得超过拟向社会公众发行的股本总额的百分之十;公司拟发行的股本总额超过人民币四亿元的,证监会按照规定可以酌情降低向社会公众发行的部分的比例,但是最低不少于公司拟发行的股本总额的百分之十;……

第九十八条

【发起人的出资义务】发起人应当在公司成立前按照其认购的股份全额缴纳股款。

发起人的出资,适用本法第四十八条、第四十九条第二款关于有限责任公司股东出资的规定。

条文解读

本条是关于股份有限公司发起人认购义务和出资方式的规定。与2018年《公司法》相比,本条调整了发起人认购义务、股款缴纳义务及出资方式等规则顺序,使其分别成为独立条款。股份有限公司的设立存在发起设立与募集设立两种形式,无论采取何种设立方式,发起人均应当在公司成立前按照其认购的股份足额缴纳股款。

本条对股份有限公司发起人的出资方式与具体要求并未作出直接规定,而是适用本法第四十八条、第四十九条第二款关于有限责任公司股东出资的规定。

相关规定

《市场主体登记管理条例实施细则》

第十三条 申请人申请登记的市场主体注册资本(出资额)应当符合章程或者协议约定。

市场主体注册资本(出资额)以人民币表示。外商投资企业的注册资本(出资额)可以用可自由兑换的货币表示。

依法以境内公司股权或者债权出资的,应当权属清楚、权能完整,依法可以评估、转让,符合公司章程规定。

第九十九条

【发起人的违约责任】发起人不按照其认购的股份缴纳股款,或者作为出资的非货币财产的实际价额显著低于所认购的股份的,其他发起人与该发起人在出资不足的范围内承担连带责任。

条文解读

本条是关于发起人股款缴纳义务及瑕疵出资时其他发起人需承担连带责任的规定。

缴纳股款是发起人的重要义务之一,发起人在签订发起人协议时应当予以明确。根据本条规定,发起人应当按照其认购的股份缴纳股款,作为出资的非货币财产的实际价额不应显著低于所认购的股份,否则其他发起人与该发起人在出资不足的范围内承担连带责任。值得一提的是,本条虽然删除了 2018 年《公司法》第九十三条第二款关于发起人瑕疵出资时的违约责任规则,但是并不意味着发起人在瑕疵出资时可以逃脱责任。

相关规定

《公司法解释(三)》

第十三条第三款 股东在公司设立时未履行或者未全面履行出资义务,依照本条第一款或者第二款提起诉讼的原告,请求公司的发起人与被告股东承担连带责任的,人民法院应予支持;公司的发起人承担责任后,可以向被告股东追偿。

第一百条

【公开募集股份的招股说明书及认股书】发起人向社会公开募集股份，应当公告招股说明书，并制作认股书。认股书应当载明本法第一百五十四条第二款、第三款所列事项，由认股人填写认购的股份数、金额、住所，并签名或者盖章。认股人应当按照所认购股份足额缴纳股款。

条文解读

本条是关于向社会公开募集股份的发起人，须公告招股说明书并制作认股书的规定。

第一，向社会公开募集股份的发起人，应当公告招股说明书。招股说明书是专门表达募集股份的意思并载明有关信息的书面文件。结合《证券法》第十一条与《民法典》第四百七十三条规定，公告招股说明书，有助于社会公众知悉发起人募集股份的意图并了解相关信息，也能使社会公众了解公司的真实情况，从而为社会公众作出价值判断和投资决策提供充分且必要的信息，并实现投资者利益保护等目的。

第二，向社会公开募集股份的发起人，应当制作认股书。为了便于社会公众认购股份有限公司所发行的股份，发起人应当制作认股书。认股书应当载明本法第一百五十四条第二款、第三款所列事项，包括发行的股份总数等。

第三，认股人应当按照所认购股份足额缴纳股款。认股人填写认股书是一种承诺行为，认股人有义务按照所认购股数足额缴纳股款。

相关规定

《民法典》

第四百七十三条第一款 要约邀请是希望他人向自己发出要约的表示。拍卖公告、招标公告、招股说明书、债券募集办法、基金招募说明书、商业广告和宣传、寄送的价目表等为要约邀请。

《证券法》

第十一条 设立股份有限公司公开发行股票,应当符合《中华人民共和国公司法》规定的条件和经国务院批准的国务院证券监督管理机构规定的其他条件,向国务院证券监督管理机构报送募股申请和下列文件:……(四)招股说明书;……

第一百零一条

【股款缴足后的验资及证明】向社会公开募集股份的股款缴足后,应当经依法设立的验资机构验资并出具证明。

条文解读

本条是关于股款缴足后应当依法验资的规定。本条基本维持了2018年《公司法》关于募集设立的股份有限公司的验资规则。

根据本条规定,向社会公开募集股份的股款缴足后,应当经依法设立的验资机构验资并出具证明。即必须经依法设立的会计师事务所验资并出具验资证明，以保证公司资本的足额、真实、合法，防止虚假出资。

相关规定

《市场主体登记管理条例实施细则》

第二十六条第二款 除前款规定的材料外，募集设立股份有限公司还应当提交依法设立的验资机构出具的验资证明；公开发行股票的，还应当提交国务院证券监督管理机构的核准或者注册文件。涉及发起人首次出资属于非货币财产的，还应当提交已办理财产权转移手续的证明文件。

《股票发行与交易管理暂行条例》

第十三条 申请公开发行股票，应当向地方政府或者中央企业主管部门报送下列文件：……（十）经二名以上专业评估人员及其所在机构签字、盖章的资产评估报告，经二名以上注册会计师及其所在事务所签字、盖章的验资报告；涉及国有资产的，还应当提供国有资产管理部门出具的确认文件；……

第一百零二条

【股东名册】股份有限公司应当制作股东名册并置备于公司。股东名册应当记载下列事项：

（一）股东的姓名或者名称及住所；

（二）各股东所认购的股份种类及股份数；

（三）发行纸面形式的股票的，股票的编号；

（四）各股东取得股份的日期。

条文解读

本条是关于股东名册的规定。与2018年《公司法》第一百三十条相比，本条删除了发行无记名股票的相关规则，明确发行纸面形式股票的具体要求，从而与本法第一百四十七条第二款的记名股票发行规则相衔接。此外，与类别股规则相衔接，本条要求股东名册需记载“各股东所认购的股份种类及股份数”。

股东名册是指股份有限公司置备的记载股东的姓名或者名称及住所等情况的簿册。股份有限公司制作股东名册并置备于公司的意义在于：第一，了解公司股东的情况以及股权分布情况等，便于公司运营。第二，股东名册是股东向公司主张行使股东权利的依据。第三，股东名册是公司向股东履行各项义务的依据。

相关规定

《上市公司章程指引》

第三十一条 公司依据证券登记机构提供的凭证建立股东名册，股东名册是证明股东持有公司股份的充分证据。股东按其所持有股份的种类享有权利，承担义务；持有同一种类股份的股东，享有同等权利，承担同种义务。

第一百零三条

【公司成立大会的举行、决议程序】募集设立股份有限公司的发起人应当自公司设立时应发行股份的股款缴足之日起三十日内召开公司成立大会。发起人应当在成立大会召开十五日前将会议日期通知各认股人或者予以公告。成立大会应当有持有表决权过半数的认股人出席,方可举行。

以发起设立方式设立股份有限公司成立大会的召开和表决程序由公司章程或者发起人协议规定。

条文解读

本条是关于成立大会的组成、召开成立大会的时间与程序的规定。与2018年《公司法》相比,《公司法》调整了成立大会的相关规则,将2018年《公司法》第八十九条第一款与第九十条第一款关于成立大会的组成、召开成立大会的时间与程序的规定,统一规定于本条,并将“创立大会”调整为“成立大会”。

成立大会是决定是否设立公司、公司设立过程中及公司成立后的重大事项的会议,行使与股东会类似的职权。根据本条规定,募集设立的股份有限公司,发起人应当自公司设立时应发行股份的股款缴足之日起30日内召开公司成立大会,并在成立大会召开15日前将会议日期通知各认股人或者予以公告。以发起设立方式设立的股份有限公司,则在成立大会的召开和表决规则方面具有较大的自治权限。

《公司法》新增类别股规则,本条将2018年《公司法》第九十条第一款规定的“创立大会应有代表股份总数过半数的发起人、认股人出席”调整为“成立大会应当有持有表决权过半数的认股人出席”,可更好地衔接类别股规则。

第一百零四条

【公司成立大会的职权及其决议程序】公司成立大会行使下列职权：

(一)审议发起人关于公司筹办情况的报告；

(二)通过公司章程；

(三)选举董事、监事；

(四)对公司的设立费用进行审核；

(五)对发起人非货币财产出资的作价进行审核；

(六)发生不可抗力或者经营条件发生重大变化直接影响公司设立的，可以作出不设立公司的决议。

成立大会对前款所列事项作出决议，应当经出席会议的认股人所持表决权过半数通过。

条文解读

本条是关于公司成立大会职权的规定，与 2018 年《公司法》第九十条第二款、第三款的规定较为相似，并未进行大幅度调整。根据本条规定，公司成立大会有以下职权：

(1)审议发起人关于公司筹办情况的报告。根据本法第九十三条的规定，发起人承担公司筹办事务。

(2)通过公司章程。根据本法第九十四条的规定，“设立股份有限公司，应当由发起人共同制订公司章程”。

(3)选举董事、监事。成立大会应当选出公司的组织机构，使其能够行使相关权力。

(4)对公司的设立费用进行审核。合理的公司设立费用需由设立后的公司承担,故应由成立大会审核公司的设立费用。

(5)对发起人非货币财产出资的作价进行审核。根据本法第九十八条与第九十九条的规定,发起人可以用货币出资,也可以用实物、知识产权、土地使用权、股权、债权等可以用货币估价并可以依法转让的非货币财产作价出资。若发起人不按照其认购的股份缴纳股款或作为出资的非货币财产的实际价额显著低于所认购的股份,其他发起人需与该发起人在出资不足的范围内承担连带责任。

(6)发生不可抗力或者经营条件发生重大变化直接影响公司设立的,可以作出不设立公司的决议。

本条第二款规定,成立大会对前款所列事项作出决议时,应当经出席会议的认股人所持表决权过半数通过。

第一百零五条

【返还股款及抽回股本的情形】公司设立时应发行的股份未募足,或者发行股份的股款缴足后,发起人在三十日内未召开成立大会的,认股人可以按照所缴股款并加算银行同期存款利息,要求发起人返还。

发起人、认股人缴纳股款或者交付非货币财产出资后,除未按期募足股份、发起人未按期召开成立大会或者成立大会决议不设立公司的情形外,不得抽回其股本。

条文解读

本条是关于认股人有权要求返还股款的规定，以及发起人、认股人可以抽回股本的特殊情形。

本条规定了认股人有权要求返还股款的情形，该等情形主要是由发行人造成的，不属于认股人的违约行为。

本条第二款禁止发起人、认股人抽回其股本。若发起人、认股人在缴纳股款或者交付抵作股款的出资后，又抽回其股本，意味着发起人、认股人并未缴纳或并未足额缴纳其认购的股份。由此设立的股份有限公司，便是股东存在虚假出资的公司，将损害公司债权人等利益，并危及交易安全。若发起人、认股人需收回其投资，可以在股份有限公司设立后，依法转让其所持股份，而不能退股。此外，本条第二款在禁止发起人、认股人抽回其股本的同时，例外规定了其可抽回股本的特殊情形。

相关规定

《公司法解释(三)》

第六条 股份有限公司的认股人未按期缴纳所认股份的股款，经公司发起人催缴后在合理期间内仍未缴纳，公司发起人对该股份另行募集的，人民法院应当认定该募集行为有效。认股人延期缴纳股款给公司造成损失，公司请求该认股人承担赔偿责任的，人民法院应予支持。

第十三条第三款 股东在公司设立时未履行或者未全面履行出资义务，依照本条第一款或者第二款提起诉讼的原告，请求公司的发起人与被告股东承担连带责任的,人民法院应予支持;公司的发起人承担责任后,可以向被告股东追偿。

第一百零六条

【申请设立登记】董事会应当授权代表,于公司成立大会结束后三十日内向公司登记机关申请设立登记。

条文解读

本条是关于董事会授权代表申请公司设立登记的规定。与2018年《公司法》第九十二条相比,本条优化了申请设立登记的主体,将由"董事会"申请设立登记,调整为由"董事会授权代表"申请设立登记,并删除了关于报送文件的列举式规定,更符合实践需求。

相关规定

《市场主体登记管理条例实施细则》

第二十五条 申请办理设立登记,应当提交下列材料:

(一)申请书;

(二)申请人主体资格文件或者自然人身份证明;

(三)住所(主要经营场所、经营场所)相关文件;

(四)公司、非公司企业法人、农民专业合作社(联合社)章程或者合伙企业合伙协议。

第一百零七条

【股份有限公司资本制度的参照适用】本法第四十四条、第四十九条第三款、第五十一条、第五十二条、第五十三条的规定,适用于股份有限公司。

条文解读

本条是关于股份有限公司设立中的公司责任承担、股东与董事会资本充实责任的规定。本条是《公司法》新增的引致条款,明确股份有限公司可以适用有限责任公司关于设立中的公司责任承担、资本充实责任的相关规定。

第一,设立中的公司责任承担。与2018年《公司法》相比,本法第四十四条是新增条款,主要吸收了《公司法解释(三)》第二条至第五条、《民法典》第七十五条规则。

第二,股东的损害赔偿责任。与2018年《公司法》第二十八条相比,本法第四十九条第三款将股东未按规定缴纳出资的违约责任,调整为赔偿责任。股东对公司负有按期足额缴纳出资的义务,未按期足额缴纳出资给公司造成损失的,将损害公司的财产权并影响公司正常的经营管理活动,需对公司承担赔偿责任。

第三,公司成立后董事会的核查义务、催缴制度以及董事的损害赔偿责任。2018年《公司法》并未设置有关公司催缴的制度规则,本法第五十一条新增董事会的核查义务、催缴制度以及董事的损害赔偿责任规则,有助于解决商事实践中的出资认缴难题。

第四,股东失权规则。本法第五十二条新增股东失权规则,根据本条规定,股份有限公司可适用有限责任公司关于股东失权的规定。

第五,抽逃出资的股东责任以及过错董事的连带责任。股东的出资,是公司设立并从事生产经营活动的物质基础。与2018年《公司法》第三十五条相比较,本法第五十三条新增股东抽逃出资后董事、监事、高级管理人员的责任规则,强化对公司财产的保护。

相关规定

《公司法解释(三)》

第十三条第一款 股东未履行或者未全面履行出资义务,公司或者其他股东请求其向公司依法全面履行出资义务的,人民法院应予支持。

第十三条第三款 股东在公司设立时未履行或者未全面履行出资义务,依照本条第一款或者第二款提起诉讼的原告,请求公司的发起人与被告股东承担连带责任的,人民法院应予支持;公司的发起人承担责任后,可以向被告股东追偿。

第十七条第一款 有限责任公司的股东未履行出资义务或者抽逃全部出资,经公司催告缴纳或者返还,其在合理期间内仍未缴纳或者返还出资,公司以股东会决议解除该股东的股东资格,该股东请求确认该解除行为无效的,人民法院不予支持。

第一百零八条

【有限责任公司变更为股份有限公司的要求】有限责任公司变更为股份有限公司时，折合的实收股本总额不得高于公司净资产额。有限责任公司变更为股份有限公司，为增加注册资本公开发行股份时，应当依法办理。

条文解读

本条是关于有限责任公司变更为股份有限公司时有关问题的规定。

一方面，有限责任公司变更为股份有限公司时，折合的实收股本总额不得高于公司净资产额。在有限责任公司运营过程中，既会有资产，也会有负债，故在将有限责任公司的资产计入股份有限公司的实收股本总额时，应为有限责任公司的净资产，即资产总额减去负债的部分，从而更真实地反映公司财产的真实状态。

另一方面，有限责任公司变更为股份有限公司，为增加注册资本公开发行股份时，应当依法办理。结合《证券法》第九条的规定，为增加资本公开发行股份，将关系社会公众利益与社会秩序稳定，故公司不得擅自公开发行。根据本法与《证券法》的相关规定，公开发行股份应当按照一定程序进行。

相关规定

《证券法》

第十二条 公司首次公开发行新股，应当符合下列条件：

（一）具备健全且运行良好的组织机构；

（二）具有持续经营能力；

（三）最近三年财务会计报告被出具无保留意见审计报告；

（四）发行人及其控股股东、实际控制人最近三年不存在贪污、贿赂、侵占财产、挪用财产或者破坏社会主义市场经济秩序的刑事犯罪；

（五）经国务院批准的国务院证券监督管理机构规定的其他条件。

上市公司发行新股，应当符合经国务院批准的国务院证券监督管理机构规定的条件，具体管理办法由国务院证券监督管理机构规定。

公开发行存托凭证的，应当符合首次公开发行新股的条件以及国务院证券监督管理机构规定的其他条件。

第一百零九条

【股份有限公司有关文件的置备】股份有限公司应当将公司章程、股东名册、股东会会议记录、董事会会议记录、监事会会议记录、财务会计报告、债券持有人名册置备于本公司。

条文解读

本条是关于股份有限公司应当将有关文件置备于公司的规定。与2018年《公司法》第九十六条相比，本条新增股份有限公司应当将“债券持有人名册”置备于公司的规则，并删除了公司需备置“公司债券存根”的规则。

股东是公司的投资者,有权了解公司的相关情况。本条规定股份有限公司应当将公司章程等文件置备于公司,确保股东可以便利且准确地了解公司的相关情况,便于股东行使知情权等股东权利,同时也有助于相关主管机构依法对公司进行必要的监督。根据本条规定,股份有限公司应当将以下文件置备于公司:第一,公司章程,这是公司行为的基本准则。第二,股东名册。第三,股东会会议记录。股东有权参加股东会,故有权查阅股东会会议记录。第四,董事会会议记录与监事会会议记录。股份有限公司的大部分股东并非公司的董事或监事,无法参加董事会会议或监事会会议,但股东作为公司的投资者,应当有权了解董事会会议与监事会会议的相关情况,故需将相关会议记录置备于公司。第五,财务会计报告。结合本法第二百零九条第二款规定,查阅财务会计报告,有助于股东了解公司的财务会计信息,故应当将财务会计报告置备于公司。第六,债券持有人名册。《公司法》完善了公司债券的相关规则,本条规定股份有限公司应当将债券持有人名册置备于本公司。

第一百一十条

【股份有限公司股东知情权】股东有权查阅、复制公司章程、股东名册、股东会会议记录、董事会会议决议、监事会会议决议、财务会计报告,对公司的经营提出建议或者质询。

连续一百八十日以上单独或者合计持有公司百分之三以上股份的股东要求查阅公司的会计账簿、会计凭证的,适用本法第五十七条第二款、第三款、第四款的规定。公司章程对持股比例有较低规定的,从其规定。

股东要求查阅、复制公司全资子公司相关材料的,适用前两款的规定。

上市公司股东查阅、复制相关材料的,应当遵守《中华人民共和国证券法》等法律、行政法规的规定。

条文解读

本条是关于股份有限公司股东查阅权、建议权、质询权的规定。与2018年《公司法》第九十七条相比,本条有较大变动。

(1)股东有权查阅、复制公司章程。公司章程是公司、股东与董事等主体的行为准则,股东有权了解并有义务遵照执行。

(2)股东有权查阅、复制股东名册。这有助于督促公司及时记录自身的股东身份及持股数额,维护股东权益。

(3)股东有权查阅、复制股东会会议记录。作为公司的成员,股东有权参加股东会会议,也应当有权通过股东会会议记录来了解股东会会议的举行情况。

(4)股东有权查阅、复制董事会会议决议、监事会会议决议。股份有限公司的大部分股东并非公司的董事或监事,无法参加董事会会议或监事会会议,赋予股东查阅、复制董事会会议决议、监事会会议决议的权利,有助于股东了解公司经营管理的情况。

(5)股东有权查阅、复制财务会计报告。财务会计报告是反映股份有限公司财务状况与经营状态的重要文件,股东应当有权查阅、复制财务会计报告。

(6)满足特定条件的股东有权查阅公司的会计账簿、会计凭证,这是本法新增规则。结合本法第五十七条第二款、第三款、第四款关于有限责任公司股东查阅公司会计账簿、会计凭证的规定,股份有限公司股东在查阅公司会计账簿、会计凭证方面,与有限责任公司的相关规定大致一致,但是对查阅股东的资格进行限制。此外,股份有限公司的股东仅能查阅公司的会计账簿、会计凭证,不得复制。

(7)将股东知情权扩展至全资子公司,这是本法新增规则。

(8)明确上市公司股东的查阅权与复制权,这是本法新增规则。本条第四款新增引致规则,强调上市公司股东应当遵守相关法律、行政法规的规定。

股东除了可以通过股东会来决定公司相关事项外,还可以通过对公司的经营管理活动提出建议或质询的方式,来改善公司治理,督促董事、监事与高级管理人员忠实、勤勉地履行职责,维护自身权益。

相关规定

《公司法解释(四)》

第七条第一款 股东依据公司法第三十三条、第九十七条或者公司章程的规定,起诉请求查阅或者复制公司特定文件材料的,人民法院应当依法予以受理。

第十条第一款 人民法院审理股东请求查阅或者复制公司特定文件材料的案件,对原告诉讼请求予以支持的,应当在判决中明确查阅或者复制公司特定文件材料的时间、地点和特定文件材料的名录。

第二节　股　东　会

第一百一十一条

【股份有限公司股东会的组成及地位】股份有限公司股东会由全体股东组成。股东会是公司的权力机构,依照本法行使职权。

条文解读

本条是关于股份有限公司股东会的组成及其地位的规定。

第一,关于股份有限公司股东会的组成。根据本条规定,股份有限公司的股东会由全体股东组成。股东会是形成公司团体意志的重要机构,股东对公司生产经营行为的控制,主要是通过参与股东会实现间接控制。

第二,关于股东会的地位。根据本条规定,股东会是公司的权力机构。股东会虽然对外不直接代表公司,对内也不直接从事经营活动,但是它有权决定公司的重大事项,是公司的权力机构。

第三,关于股东会的职权行使。根据本条规定,股份有限公司的股东会需依照本法行使职权,遵循相关议事规则、表决方式等。

相关规定

《民法典》

第八十条 营利法人应当设权力机构。

权力机构行使修改法人章程，选举或者更换执行机构、监督机构成员，以及法人章程规定的其他职权。

第一百一十二条

【股份有限公司股东会职权】本法第五十九条第一款、第二款关于有限责任公司股东会职权的规定，适用于股份有限公司股东会。

本法第六十条关于只有一个股东的有限责任公司不设股东会的规定，适用于只有一个股东的股份有限公司。

条文解读

本条是关于股份有限公司股东会职权的规定。本法第五十九条第一款、第二款是关于有限责任公司股东会职权的规定，与2018年《公司法》第三十七条相比，本法删除了“决定公司的经营方针和投资计划”和“审议批准公司的年度财务预算方案、决算方案”两类事项，强化并保障董事会在公司经营中的独立地位。

第一百一十三条

【股份有限公司股东会年会与临时会】股东会应当每年召开一次年会。有下列情形之一的,应当在两个月内召开临时股东会会议:

(一)董事人数不足本法规定人数或者公司章程所定人数的三分之二时;

(二)公司未弥补的亏损达股本总额三分之一时;

(三)单独或者合计持有公司百分之十以上股份的股东请求时;

(四)董事会认为必要时;

(五)监事会提议召开时;

(六)公司章程规定的其他情形。

条文解读

本条是关于股份有限公司股东会年会和必须召开临时股东会会议的情形的规定。与2018年《公司法》第一百条相比,本条主要区分了作为权力机构的股东会和作为会议的股东会会议。

股份有限公司的股东会,分为股东会年会和临时股东会会议两类。股东会年会,是指依据法律和公司章程的规定每年按时召开的股东会。临时股东会会议,是指在两次股东会年会期间,根据法定事由而临时召集的不定期股东会会议。当遇到特殊情况并需要股东会审议决定某些重大事项时,需要召开临时股东会会议来对该等事项作出决议,使公司可以继续开展经营活动。根据本条规定，应当召开临时股东会会议的情况包括：

第一，董事人数不足本法规定人数或者公司章程所定人数的三分之二时。此时，公司的决策机构将难以正常开展决策活动。

第二，公司未弥补的亏损达股本总额三分之一时。此时意味着公司已处于严重亏损状态，难以保障股东和公司债权人利益，故应当召开临时股东会会议，决定公司是否需要增加资本，更换董事、监事与高级管理人员等。与 2018 年《公司法》第一百条相比，本条删除了“实收”一词，调整了计算公司未弥补亏损额的基数。

第三，单独或者合计持有公司百分之十以上股份的股东请求时。

第四，董事会认为必要时。为保障公司经营活动的正常进行，董事会认为必要时，股份有限公司应当召开临时股东会会议。

第五，监事会提议召开时。监事会是公司的监督机构，当其在行使监督权过程中认为有必要召开临时股东会会议时，可以提议召开。

第六，公司章程规定的其他情形。为满足不同类型公司的实践需求、尊重公司自治，本条允许公司章程规定应当召开临时股东会会议的其他情形。

相关规定

《上市公司股东大会规则》

第四条第一款 股东大会分为年度股东大会和临时股东大会。年度股东大会每年召开一次，应当于上一会计年度结束后的六个月内举行。临时股东大会不定期召开，出现《公司法》第一百条规定的应当召开临时股东大会的情形时，临时股东大会应当在二个月内召开。

第一百一十四条

【股东会会议的召集和主持】股东会会议由董事会召集，董事长主持；董事长不能履行职务或者不履行职务的，由副董事长主持；副董事长不能履行职务或者不履行职务的，由过半数的董事共同推举一名董事主持。

董事会不能履行或者不履行召集股东会会议职责的，监事会应当及时召集和主持；监事会不召集和主持的，连续九十日以上单独或者合计持有公司百分之十以上股份的股东可以自行召集和主持。

单独或者合计持有公司百分之十以上股份的股东请求召开临时股东会会议的，董事会、监事会应当在收到请求之日起十日内作出是否召开临时股东会会议的决定，并书面答复股东。

条文解读

本条是关于股份有限公司股东会会议召集人和主持人的规定。与2018年《公司法》第一百零一条相比，本条将副董事长不能履行职务或者不履行职务时，需"由半数以上董事共同推举一名董事主持"中的"半数以上董事"调整为"过半数的董事"，更好地统一本法的相关表述。此外，本条第三款新增董事会、监事会对于召开临时股东会会议请求的答复时间和答复形式的要求。

根据本条规定，在正常情况下和特殊情况下，股东会会议的召集人和主持人存在差异。在正常情况下，股东会会议由董事会召集，董事长主持。董事会是公司决策机构与执行机构，故应当由董事会依法决定股东会会议的召开及有关会议召开的各种事项。在特殊情况下，当董事会及董事长不能履行或者不履行召集股东会会议职责时，明确由其他机构和人员负担召集和主持股东会会议的职责。

相关规定

《九民纪要》

二、关于公司纠纷案件的审理

（八）其他问题

29.【请求召开股东（大）会不可诉】公司召开股东（大）会本质上属于公司内部治理范围。股东请求判令公司召开股东（大）会的，人民法院应当告知其按照《公司法》第 40 条或者第 101 条规定的程序自行召开。股东坚持起诉的，人民法院应当裁定不予受理；已经受理的，裁定驳回起诉。

第一百一十五条

【召开股东会的通知、公告以及临时提案】召开股东会会议，应当将会议召开的时间、地点和审议的事项于会议召开二十日前通知各股东；临时股东会会议应当于会议召开十五日前通知各股东。

单独或者合计持有公司百分之一以上股份的股东，可以在股东会会议召开十日前提出临时提案并书面提交董事会。

临时提案应当有明确议题和具体决议事项。董事会应当在收到提案后二日内通知其他股东,并将该临时提案提交股东会审议;但临时提案违反法律、行政法规或者公司章程的规定,或者不属于股东会职权范围的除外。公司不得提高提出临时提案股东的持股比例。

公开发行股份的公司,应当以公告方式作出前两款规定的通知。

股东会不得对通知中未列明的事项作出决议。

条文解读

本条是关于股东会会议召开程序的规定。《公司法》进一步完善了股东临时提案权规则,与 2018 年《公司法》第一百零二条相比,本条主要进行了以下调整:

第一,降低股东行权的门槛。本条将提出临时提案股东的持股比例要求降低为百分之一,且明确“公司不得提高提出临时提案股东的持股比例”,为股东提供更充分的保护。

第二,限制股东提案权的行使范围。本条新增临时提案不得违反法律、行政法规或者公司章程的要求,规范股东提案权的行使。

第三,公开发行股份的公司,应当以公告方式作出本条前两款规定的通知。

相关规定

《上市公司收购管理办法》

第六十条 上市公司实际控制人及受其支配的股东未履行报告、公告义务，拒不履行第五十八条规定的配合义务，或者实际控制人存在不得收购上市公司情形的，上市公司董事会应当拒绝接受受实际控制人支配的股东向董事会提交的提案或者临时议案，并向中国证监会、派出机构和证券交易所报告……

第一百一十六条

【股份有限公司股东表决权行使规则】股东出席股东会会议，所持每一股份有一表决权，类别股股东除外。公司持有的本公司股份没有表决权。

股东会作出决议，应当经出席会议的股东所持表决权过半数通过。

股东会作出修改公司章程、增加或者减少注册资本的决议，以及公司合并、分立、解散或者变更公司形式的决议，应当经出席会议的股东所持表决权的三分之二以上通过。

条文解读

本条是关于股东所持股份的表决权和股东会会议的决议方法的规定。与 2018 年《公司法》第一百零三条相比，本条新增类别股股东所持表决权的例外规则，衔接本法的类别股规则。

第一,关于股东表决权的计算方法。在股份有限公司,股东所持每一股份享有一表决权,反映了公司资本的平等。不过在本法新增类别股规则的情况下,类别股股东所持每一股份未必有一表决权,故本条规定股东所持每一股份有一表决权,类别股股东除外。

第二,公司持有的本公司股份没有表决权。根据本法第一百六十一条、第一百六十二条等规定,公司在减少注册资本等特殊情况下,可因收购本公司股份而持有本公司股份。但是公司是独立法人,且公司所持有的本公司股份并不涉及股东间的权益分配问题,故本条规定公司持有的本公司股份没有表决权。

第三,关于股东会会议的决议方法。股东会决议,可划分为普通决议和特别决议。普通决议主要适用于公司普通事项,适用简单多数决规则即可,根据本条第二款规定,股东会作出决议时,出席会议的股东人数多寡与决议效力无直接联系。特别决议是指在股东会举行会议并对法定事项即本条第三款规定的事项作出决议时,需适用绝对多数决规则。

相关规定

《上市公司重大资产重组管理办法》

第二十四条第一款 上市公司股东大会就重大资产重组事项作出决议,必须经出席会议的股东所持表决权的三分之二以上通过。

第一百一十七条

【股份有限公司累积投票制】股东会选举董事、监事,可以按照公司章程的规定或者股东会的决议,实行累积投票制。

本法所称累积投票制,是指股东会选举董事或者监事时,每一股份拥有与应选董事或者监事人数相同的表决权,股东拥有的表决权可以集中使用。

条文解读

本条是关于累积投票制的规定。累积投票制是与直接投票制相对应的董事、监事选举制度,主要是为了防止处于控制地位的股东在股东会会议中凭借其持股优势而控制董事、监事的选举,导致中小股东所提名的董事、监事丧失当选机会。根据本条规定,股份有限公司的股东会在选举董事、监事时,可以按照公司章程的规定或者股东会的决议,适用累积投票制。本条对于公司是否适用累积投票制,遵循任意主义。

相关规定

《关于进一步加强资本市场中小投资者合法权益保护工作的意见》

四、健全中小投资者投票机制

……积极推行累积投票制选举董事、监事。……鼓励中小投资者参加持有人大会。

《上市公司独立董事管理办法》

第十二条第一款 上市公司股东大会选举两名以上独立董

事的,应当实行累积投票制。鼓励上市公司实行差额选举,具体实施细则由公司章程规定。

第一百一十八条

【股东表决权的代理行使】股东委托代理人出席股东会会议的,应当明确代理人代理的事项、权限和期限;代理人应当向公司提交股东授权委托书,并在授权范围内行使表决权。

条文解读

本条是关于股东委托代理人出席股东会会议的规定。在2018年《公司法》第一百零六条的基础上,本条进一步规定了股东委托出席股东会会议时,授权委托书应当明确的具体内容,更好地规范股东委托代理人出席股东会会议的行为。

第一,股东可委托代理人出席股东会会议。当股东因健康等无法参加股东会会议时,本条允许股东委托代理人出席股东会会议,保证股东能够充分行使其股东权利。

第二,代理人出席股东会会议应当向公司提交股东授权委托书,委托书应当明确代理人代理的事项、权限和期限。股东在委托代理人时,应当出具授权委托书,公司经审查,认为该授权委托书有效时,代理人才可出席股东会会议,并且代理人应当在授权范围内行使表决权。

相关规定

《上市公司股东大会规则》

第二十条第三款 股东可以亲自出席股东大会并行使表决权,也可以委托他人代为出席和在授权范围内行使表决权。

第二十四条 股东应当持股票账户卡、身份证或其他能够表明其身份的有效证件或证明出席股东大会。代理人还应当提交股东授权委托书和个人有效身份证件。

第一百一十九条

【股东会会议记录要求】股东会应当对所议事项的决定作成会议记录,主持人、出席会议的董事应当在会议记录上签名。会议记录应当与出席股东的签名册及代理出席的委托书一并保存。

条文解读

本条是关于股东会会议记录及其保存的规定。

第一,股东会应当对所议事项的决定作成会议记录。会议记录是载明股东会会议对所议事项作出决定的书面文件。股东会在举行会议时,会议的召集人和主持人应当安排人员,详细记录会议情况。

第二,主持人、出席会议的董事应当在会议记录上签名。主持人、出席会议的董事在会议记录上签名,表明其出席了股东会会议、见证了股东会会议的开展,并对其在会议中的行为负责。

第三，会议记录应当与出席股东的签名册及代理出席的委托书一并保存，置备于公司。

相关规定

《上市公司股东大会规则》

第四十一条 股东大会会议记录由董事会秘书负责，会议记录应记载以下内容：

（一）会议时间、地点、议程和召集人姓名或名称；

（二）会议主持人以及出席或列席会议的董事、监事、董事会秘书、经理和其他高级管理人员姓名；

（三）出席会议的股东和代理人人数、所持有表决权的股份总数及占公司股份总数的比例；

（四）对每一提案的审议经过、发言要点和表决结果；

（五）股东的质询意见或建议以及相应的答复或说明；

（六）律师及计票人、监票人姓名；

（七）公司章程规定应当载入会议记录的其他内容。

出席会议的董事、监事、董事会秘书、召集人或其代表、会议主持人应当在会议记录上签名，并保证会议记录内容真实、准确和完整。会议记录应当与现场出席股东的签名册及代理出席的委托书、网络及其他方式表决情况的有效资料一并保存，保存期限不少于十年。

第三节 董事会、经理

第一百二十条

【股份有限公司董事会设置、职权以及董事任职】股份有限公司设董事会，本法第一百二十八条另有规定的除外。

本法第六十七条、第六十八条第一款、第七十条、第七十一条的规定，适用于股份有限公司。

条文解读

本条是关于股份有限公司董事会的设置、董事会职权、组成人员和人数、董事任期与董事解任的规定。

第一，除特定情况，股份有限公司设董事会。根据本条规定，股份有限公司设董事会，依法对公司进行经营管理。规模较小或者股东人数较少的股份有限公司，根据本法第一百二十八条规定，可以不设董事会，设一名董事，从而简化公司组织结构设置，满足不同公司的实践需求。

第二，关于董事会职权。本法第六十七条关于有限责任公司董事会职权的规定，适用于股份有限公司。

第三，关于董事会的组成与人数。本法第六十八条第一款关于有限责任公司董事会的成员人数、职工代表及其选择方式的规定，适用于股份有限公司。与 2018 年《公司法》第一百零八条相比，本法取消了董事会成员为“五人至十九人”的限制，只设置3人的最低人数要求，并强调职工代表的地位。

第四，关于董事任期及其辞任规则。本法第七十条关于有限责任公司董事的任期及其辞任的规定，适用于股份有限公司。

第五，关于董事解任规则。本法新增第七十一条，明确股东会可以无因解任董事，该规定亦适用于股份有限公司。

典型案例 辞(离)任董事的法律保护

郁卫霞与南通爱网特实业有限公司等请求变更公司登记纠纷案

案例来源 江苏省南通市中级人民法院(2020)苏06民终192号民事判决书

关 键 词 董事；辞任；离职；董事选任

裁判要点

为衡平公司、股东利益与辞任、离任董事权益，要求辞任、离任董事继续履行职务并非绝对，应以股东会能及时进行选举并选出新的董事为前提。如有可归责于股东会的原因不能及时选出继任董事，则辞任或离任董事已无继续履行董事职务的必要，法律应当保护其辞任或离任的权利。

基本案情

南通爱网特实业有限公司系由南通市综合电子商务产业园有限公司、上海爱网特网络科技有限公司共同投资设立的有限责任公司。郁卫霞经公司股东选举为董事，并被任命为董事长，即法定代表人。公司成立后不久,股东就因出资款问题纠纷不断并引发诉讼,致公司不能正常开展经营活动,股东之一为了索要房屋租金还将该公司告上了法庭。郁卫霞在董事任期内数次申请辞去董事长(法定代表人)职务,任期届满后又要求召开股东会,改选董事、变更法定代表人。但无论是在其任期内还是在任期届满后,南通爱网特实业有限公司及其股东对郁卫霞的请求均未予置理。为此,郁卫霞提起诉讼,要求南通爱网特实业有限公司办理法定代表人变更登记,相关股东予以配合。

裁判结果

江苏省南通市崇川区人民法院(2019)苏0602民初1585号民事判决:驳回郁卫霞的诉讼请求。江苏省南通市中级人民法院(2020)苏06民终192号民事判决:撤销江苏省南通市崇川区人民法院(2019)苏0602民初1585号民事判决;南通爱网特实业有限公司于判决生效之日起30日内办理法定代表人变更登记,南通市综合电子商务产业园有限公司、上海爱网特网络科技有限公司予以配合。如南通爱网特实业有限公司未按期变更,则郁卫霞自上述期限届满后不再具有南通爱网特实业有限公司法定代表人身份,不再履行法定代表人职务。

裁判理由

虽然董事辞任和离任应受《公司法》约束,但该约束应当有必要的限制。本案中,因南通爱网特实业有限公司的股东怠于履行改选董事义务,具有明显过错,致郁卫霞长期处于无法离任的状态,其作为董事的权利义务严重失衡,故对郁卫霞的南通爱网特实业有限公司办理法定代表人变更登记,并由股东南通市综合电子商务产业园有限公司、上海爱网特网络科技有限公司予以配合的诉讼请求应予支持。

相关规定

《上市公司章程指引》

第九十六条第一款 董事由股东大会选举或者更换,并可在任期届满前由股东大会解除其职务。董事任期【年数】,任期届满可连选连任。

第九十六条第二款 董事任期从就任之日起计算,至本届董事会任期届满时为止。董事任期届满未及时改选,在改选出的董事就任前,原董事仍应当依照法律、行政法规、部门规章和本章程的规定,履行董事职务。

《公司法解释(五)》

第三条 董事任期届满前被股东会或者股东大会有效决议解除职务,其主张解除不发生法律效力的,人民法院不予支持。

董事职务被解除后,因补偿与公司发生纠纷提起诉讼的,人民法院应当依据法律、行政法规、公司章程的规定或者合同的约定,综合考虑解除的原因、剩余任期、董事薪酬等因素,确定是否补偿以及补偿的合理数额。

第一百二十一条

【股份有限公司审计委员会】股份有限公司可以按照公司章程的规定在董事会中设置由董事组成的审计委员会,行使本法规定的监事会的职权,不设监事会或者监事。

审计委员会成员为三名以上，过半数成员不得在公司担任除董事以外的其他职务，且不得与公司存在任何可能影响其独立客观判断的关系。公司董事会成员中的职工代表可以成为审计委员会成员。

审计委员会作出决议，应当经审计委员会成员的过半数通过。

审计委员会决议的表决，应当一人一票。

审计委员会的议事方式和表决程序，除本法有规定的外，由公司章程规定。

公司可以按照公司章程的规定在董事会中设置其他委员会。

条文解读

本条是关于在股份有限公司的董事会设置审计委员会及其他委员会的规定，系本次修订新增条文。

第一，股份有限公司可以根据自身的实践需求，在董事会中设置审计委员会。与《关于进一步完善国有企业法人治理结构的指导意见》《上市公司独立董事管理办法》的相关规定相比，本条将是否在董事会中设置审计委员会，交公司自治。

第二，审计委员会需满足特定要求。审计委员会的成员需为3名以上，而且过半数成员需同时满足“不得在公司担任除董事以外的其他职务”与“不得与公司存在任何可能影响其独立客观判断的关系”两个条件。

第三,明确审计委员会的表决机制与议事方式。本条在第三款、第四款、第五款明确了审计委员会的表决机制与议事方式,规范审计委员会的运行。

第四,公司可以按照公司章程的规定在董事会中设置其他委员会,如提名委员会等专门委员会,为董事会决策提供咨询。

相关规定

《关于进一步完善国有企业法人治理结构的指导意见》

二、规范主体权责

(二)加强董事会建设,落实董事会职权。

3. 规范董事会议事规则。……董事会应当设立提名委员会、薪酬与考核委员会、审计委员会等专门委员会,为董事会决策提供咨询……

《上市公司独立董事管理办法》

第五条第二款与第三款 上市公司应当在董事会中设置审计委员会。审计委员会成员应当为不在上市公司担任高级管理人员的董事,其中独立董事应当过半数,并由独立董事中会计专业人士担任召集人。

上市公司可以根据需要在董事会中设置提名、薪酬与考核、战略等专门委员会。提名委员会、薪酬与考核委员会中独立董事应当过半数并担任召集人。

第一百二十二条

【董事长和副董事长的产生及职责】董事会设董事长一人，可以设副董事长。董事长和副董事长由董事会以全体董事的过半数选举产生。

董事长召集和主持董事会会议，检查董事会决议的实施情况。副董事长协助董事长工作，董事长不能履行职务或者不履行职务的，由副董事长履行职务；副董事长不能履行职务或者不履行职务的，由过半数的董事共同推举一名董事履行职务。

条文解读

本条是关于股份有限公司董事长、副董事长的设置、选举及其职权的规定。

第一，关于董事长、副董事长的设置。董事会必需设一名董事长，负责处理董事会的相关具体事务与履行相关职责。此外，股份有限公司还可以根据公司的经营规模、实践需求等，设置副董事长，协助董事长开展工作。

第二，关于董事长、副董事长的选举。董事长和副董事长由董事会以全体董事的过半数选举产生。

第三，关于董事长与副董事长的职权。董事长负责召集和主持董事会会议，检查董事会决议的实施情况，副董事长需辅助并配合董事长开展相关工作。本条第二款明确了董事长或副董事不能履行职务或者不履行职务时的处理规则，保障公司的正常运营。

相关规定

《关于推进国有资本投资、运营公司改革试点的实施意见》

二、试点内容

(四)治理结构。

2. 董事会。……董事长、副董事长由国有资产监管机构从董事会成员中指定。

政府直接授权的国有资本投资、运营公司执行董事、外部董事(股权董事)由国务院或地方人民政府委派,董事长、副董事长由国务院或地方人民政府从董事会成员中指定。……

第一百二十三条

【董事会的召开】董事会每年度至少召开两次会议,每次会议应当于会议召开十日前通知全体董事和监事。

代表十分之一以上表决权的股东、三分之一以上董事或者监事会,可以提议召开临时董事会会议。董事长应当自接到提议后十日内,召集和主持董事会会议。

董事会召开临时会议,可以另定召集董事会的通知方式和通知时限。

条文解读

本条是关于股份有限公司董事会会议召开次数、通知以及临时董事会会议的规定。

第一,董事会会议的类型。董事会是公司的经营决策机构,主要通过召开董事会会议集体作出决定的方式履行职责。董事会会议存在例行会议和临时会议两种类型,本条规定了召开例行会议和临时会议的具体规则。

第二,特定主体可提议召开临时董事会会议。当公司出现特殊情况时,便需通过召开临时董事会会议来处理。根据本条规定,相关主体提议召开临时董事会会议时,董事长应当自接到提议后 10 日内,召集和主持董事会会议。

第三,董事会召开临时会议,可以另定召集董事会的通知方式和通知时限。考虑到不同公司在公司规模等方面的情况差异,本条允许公司通过章程或决议等方式,另定召集董事会的通知方式和通知时限。

相关规定

《上市公司章程指引》

第一百一十五条 代表十分之一以上表决权的股东、三分之一以上董事或者监事会,可以提议召开董事会临时会议。董事长应当自接到提议后十日内,召集和主持董事会会议。

第一百二十四条

【董事会的议事规则】董事会会议应当有过半数的董事出席方可举行。董事会作出决议,应当经全体董事的过半数通过。

董事会决议的表决,应当一人一票。

董事会应当对所议事项的决定作成会议记录，出席会议的董事应当在会议记录上签名。

条文解读

本条是关于股份有限公司董事会会议的召开条件、决议方法与会议记录的规定。与2018年《公司法》第一百一十一条的内容基本一致，同时整合了2018年《公司法》第一百一十二条第二款关于董事会会议记录的规定。

第一，董事会会议应当有过半数的董事出席方可举行，从而保证董事会会议的顺利进行。

第二，董事会作出决议，应当经全体董事的过半数通过。董事会人数一般不多，较容易形成相对集中的意志，而且董事会会议形成决议，应当反映多数成员的意愿，故本条要求董事会作出决议，应当经全体董事的过半数通过。

第三，董事会决议的表决，应当一人一票。

第四，董事会会议记录及其要求。董事会作出决议的，应当对所决议事项等内容制作成董事会会议记录。结合本法第一百零九条、第一百一十条，制作董事会会议记录，有助于将来需了解董事会会议等特定情况下，便利地获取相关信息。此外，明确出席会议的董事应当在会议记录上签名，有助于保证董事会会议记录及董事会决议的真实性和效力。

第一百二十五条

【董事的出席和责任承担】董事会会议，应当由董事本人出席；董事因故不能出席，可以书面委托其他董事代为出席，委托书应当载明授权范围。

董事应当对董事会的决议承担责任。董事会的决议违反法律、行政法规或者公司章程、股东会决议，给公司造成严重损失的，参与决议的董事对公司负赔偿责任；经证明在表决时曾表明异议并记载于会议记录的，该董事可以免除责任。

条文解读

本条是关于股份有限公司的董事出席董事会会议，以及董事对董事会会议的责任的规定。

第一，董事会会议，应当由董事本人出席。董事是受股东信任并被选举来经营公司的主体，其应忠实、勤勉地履行对公司的义务，故应当由董事本人出席董事会会议。

第二，董事可以书面委托其他董事代为出席董事会会议。当董事因交通等无法出席时，可以书面委托其他董事代为出席，该委托应满足以下条件：其一，只能委托本公司的其他董事。因董事会审议事项可能涉及公司重大决策或商业秘密，故不得委托本公司董事以外的人员代为出席。其二，应当有委托书并载明授权范围。委托书上应当载明当事人姓名、授权范围等信息，并由委托人在委托书上签名，代理人需要在授权范围内行使其表决权。

第三，董事应当对董事会的决议承担责任。董事会以集体决议的方式作出决议，决议结果基于各董事的投票情况而形成。当董事会的决议违反法律、行政法规或者公司章程、股东会决议，给公司造成严重损失时，参与决议的董事对公司负赔偿责任。但是，若董事能够证明其在表决时曾表明异议并记载于会议记录，可以免除责任。

相关规定

《董事会试点中央企业董事会规范运作暂行办法》

第六十八条　董事应当对董事会的决议承担责任。董事会或者常务委员会的决议违反法律、行政法规、公司章程或者国资委的决定，致使公司遭受严重损失的，参与决议的董事对公司负赔偿责任，并按照国有资产损失责任追究的规定承担相应责任。但经证明在表决时曾表明异议并记载于会议记录的，该董事可以免除责任。

第一百二十六条

【股份有限公司经理的产生及其职权】股份有限公司设经理，由董事会决定聘任或者解聘。

经理对董事会负责，根据公司章程的规定或者董事会的授权行使职权。经理列席董事会会议。

条文解读

本条是关于股份有限公司经理的设置、聘任、解聘及其职权的规定。与2018年《公司法》第一百一十三条相比,本条主要调整了经理行使相关职权的依据。

第一,股份有限公司设经理。根据本条第一款规定,股份有限公司设经理,并由董事会决定聘任或者解聘。董事会以经营管理能力、工作经验等为标准,聘任适合公司经营发展的经理人员,并决定其报酬;若认为某经理不适合公司发展,可依职权解聘。

第二,经理对董事会负责,根据公司章程的规定或者董事会的授权行使职权。与2018年《公司法》第一百一十三条相比,本条明确股份有限公司经理的职权由公司章程或董事会授予,有助于满足不同公司的差异化需求。

第三,经理列席董事会会议。

相关规定

《上市公司章程指引》

第一百二十八条 经理对董事会负责,行使下列职权:

(一)主持公司的生产经营管理工作,组织实施董事会决议,并向董事会报告工作;

(二)组织实施公司年度经营计划和投资方案;

(三)拟订公司内部管理机构设置方案;

(四)拟订公司的基本管理制度;

(五)制定公司的具体规章;

(六)提请董事会聘任或者解聘公司副经理、财务负责人;

(七)决定聘任或者解聘除应由董事会决定聘任或者解聘以

外的负责管理人员；

(八)本章程或董事会授予的其他职权。

经理列席董事会会议。

注释：公司应当根据自身情况，在章程中制订符合公司实际要求的经理的职权和具体实施办法。

第一百二十七条

【董事会成员兼任经理】公司董事会可以决定由董事会成员兼任经理。

条文解读

本条是关于股份有限公司董事兼任经理的规定。

为发挥董事作用并有利于公司经营管理活动的开展，本条允许由董事会成员兼任经理，负责公司的经营管理活动。董事会可根据公司的实践需求与具体情况，判断是否需专门聘任相关人员任经理一职。

相关规定

《企业国有资产法》

第二十五条第二款　未经履行出资人职责的机构同意，国有独资公司的董事长不得兼任经理。未经股东会、股东大会同意，国有资本控股公司的董事长不得兼任经理。

第一百二十八条

【**股份有限公司董事会设置例外**】规模较小或者股东人数较少的股份有限公司，可以不设董事会，设一名董事，行使本法规定的董事会的职权。该董事可以兼任公司经理。

条文解读

本条是关于股份有限公司仅设一名董事行使董事会职权的规定，系本次修订新增条文。本条与本法第七十五条关于有限责任公司董事会设置的规则相近似，简化了公司组织机构的设置，并扩大了公司对于组织机构设置的自治空间。

第一百二十九条

【**董事、监事、高级管理人员报酬披露制度**】公司应当定期向股东披露董事、监事、高级管理人员从公司获得报酬的情况。

条文解读

本条是关于股份有限公司的董事、监事、高级管理人员从公司所获报酬，需定期向股东披露的规定。结合本法第五十九条与第六十七条规定，公司董事、监事的报酬由股东会决定，经理与副经理的报酬由董事会决定。董事、监事、高级管理人员从公司所获报酬，应当与其职责和履职情况等相适应。本条规定有助于股东了解董事、监事、高级管理人员从公司获取报酬的情况，维护股东利益。

相关规定

《上市公司信息披露管理办法》

第十四条 年度报告应当记载以下内容……(五)董事、监事、高级管理人员的任职情况、持股变动情况、年度报酬情况……

第四节 监 事 会

第一百三十条

【股份有限公司监事会设立、组成以及监事任期】股份有限公司设监事会,本法第一百二十一条第一款、第一百三十三条另有规定的除外。

监事会成员为三人以上。监事会成员应当包括股东代表和适当比例的公司职工代表,其中职工代表的比例不得低于三分之一,具体比例由公司章程规定。监事会中的职工代表由公司职工通过职工代表大会、职工大会或者其他形式民主选举产生。

监事会设主席一人,可以设副主席。监事会主席和副主席由全体监事过半数选举产生。监事会主席召集和主持监事会会议;监事会主席不能履行职务或者不履行职务的,由监事会副主席召集和主持监事会会议;监事会副主席不能履行职务或者不履行职务的,由过半数的监事共同推举一名监事召集和主持监事会会议。

董事、高级管理人员不得兼任监事。

本法第七十七条关于有限责任公司监事任期的规定，适用于股份有限公司监事。

条文解读

本条是关于股份有限公司监事会的设置、成员人数与组成、兼任以及任期的规定。

第一，股份有限公司设监事会。为维护公司和股东利益，本条规定股份有限公司设监事会，对经营管理者进行监督。考虑到不同公司的经营规模与实践需求存在差异，本法在规定股份有限公司设监事会的同时，新增第一百二十一条与第一百三十三条，明确股份有限公司可以不设监事会或者监事的特殊情况。

第二，监事会由监事组成。根据本条第二款，监事会成员为三人以上，包括股东代表和适当比例的公司职工代表。为了更好地维护公司职工的利益，强化职工对公司及其董事、高级管理人员的监督，本条要求监事会成员中职工代表的比例不得低于三分之一，具体比例可以交由公司章程自治决定。

第三，监事会设主席一人，可以设副主席。本条第三款规定与2018年《公司法》第一百一十七条第三款在内容并无显著差异。

第四，董事、高级管理人员不得兼任监事。股份有限公司的董事、高级管理人员是监事会的监督对象，为确保监事可以独立且客观地履行监督职责，本条规定董事、高级管理人员不得兼任监事。

第五，监事的任期。本条第四款明确本法第七十七条关于有限责任公司监事任期的规定，适用于股份有限公司的监事。

典型案例 与公司、证券、保险、票据等有关的民事纠纷

上海川流机电专用设备有限公司与李鑫华与公司有关的纠纷上诉案

案例来源 上海市第一中级人民法院(2009)沪一中民三(商)终字第969号民事判决书

关 键 词 决议效力;决议瑕疵;监事兼任

裁判要点

公司高级管理人员与监事互相兼任的认定应当综合形式与实质两个要件，具有高度人合性的小公司在决策过程中时常出现形式要件瑕疵的情形，司法应从公司法保护公司利益、促进经济发展的立法原则出发，考察股东真实合意，有条件地认可瑕疵决议的效力，避免因决议无效导致公司陷入经营僵局。

基本案情

上诉人(原审被告)：李鑫华

被上诉人(原审原告)：上海川流机电专用设备有限公司(以下简称川流公司)

川流公司有三名股东，大股东罗忠占50%的股份，任公司法人代表、执行董事、总经理和财务负责人，二股东李鑫华占30%的

股份,任公司监事和营销部经理。罗忠因患病需住院治疗,遂召开总经理例会,宣布在其住院期间由李鑫华负责全面工作。会后,罗忠出具任命书,明确由李鑫华负责公司的全面日常工作。李鑫华在全面负责川流公司日常工作期间,以川流公司的名义与案外人日华公司开展相关业务,直至其离开川流公司,尚有110万元项目款未收回。川流公司遂提起本案诉讼,称李鑫华在全面负责公司工作期间未尽到勤勉义务,导致公司蒙受巨大损失,请求判令李鑫华赔偿110万元。

裁判结果

上海市闵行区人民法院(2009)闵民二(商)初字第1724号民事判决:李鑫华应赔偿川流公司损失110万元。上海市第一中级人民法院(2009)沪一中民三(商)终字第969号民事判决:驳回上诉,维持原判。

裁判理由

上海市第一中级人民法院二审认为,被上诉人在法定代表人生病的特殊时期委派上诉人负责公司的全面工作,实质履行了总经理的职责,符合公司法规定的公司高级管理人员身份。虽然该公司章程和工商登记对此未作相应变更,也没有临时推选另一名监事,但因该上诉人代行总经理职责的行为具有临时性,根据公司法的相关规定及被上诉人公司的临时决定,可认定上诉人在被上诉人公司法定代表人生病期间应当履行该公司总经理的职责,全面负责公司的各项工作,但其监事一职不能同时兼任,若此期间两职务冲突,可以不追究其作为监事的责任。因此,上诉人在临时担当总经理之责期间,应当按照公司章程和法律规定切实履行职责，如因其行为不当而给公司造成损害的，应当依法承担相应的赔偿责任。原审认定事实清楚，适用法律正确，处理结果并无不妥，遂判决驳回上诉，维持原判。

相关规定

《企业国有资产法》

第二十五条第三款 董事、高级管理人员不得兼任监事。

《上市公司治理准则》

第四十五条第一款 监事会的人员和结构应当确保监事会能够独立有效地履行职责。监事应当具有相应的专业知识或者工作经验，具备有效履职能力。上市公司董事、高级管理人员不得兼任监事。

第一百三十一条

【股份有限公司监事会职权以及费用承担】本法第七十八条至第八十条的规定，适用于股份有限公司监事会。

监事会行使职权所必需的费用，由公司承担。

条文解读

本条是关于股份有限公司监事会职权和公司承担监事会行使职权所必需费用的规定。

第一，关于股份有限公司监事会的职权。本法第七十八条关于有限责任公司监事会职权的规定，适用于股份有限公司监事会。

第二，监事可以列席董事会会议，并对董事会决议事项提出质询或者建议。为了方便监事了解公司的运营状况与被监督者的履职情况，本法第七十九条，适用于股份有限公司监事会。

第三，监事会可以要求董事、高级管理人员提交执行职务的报告。为确保董事会了解董事、高级管理人员执行职务的情况，有效行使监督职权，本法第八十条，适用于股份有限公司监事会。

第四，监事会行使职权所必需的费用，由公司承担。为保障监事会行使其监督权，本条第二款明确监事会行使职权所必需的费用，由公司承担。

相关规定

《上市公司章程指引》

第一百四十一条 监事可以列席董事会会议，并对董事会决议事项提出质询或者建议。

第一百三十二条

【监事会议事规则】监事会每六个月至少召开一次会议。监事可以提议召开临时监事会会议。

监事会的议事方式和表决程序，除本法有规定的外，由公司章程规定。

监事会决议应当经全体监事的过半数通过。

监事会决议的表决，应当一人一票。

监事会应当对所议事项的决定作成会议记录，出席会议的监事应当在会议记录上签名。

条文解读

本条是关于股份有限公司监事会会议的规定。与2018年《公司法》第一百一十九条相比，本条进一步细化并明确了监事会会议的表决规则。

第一，关于监事会会议的类型。召开监事会会议并形成相关决议，是监事会行使职权的主要方式。本条第一款规定了例行监事会会议规则，保障监事可以及时对公司的经营管理等情况进行监督。此外，当公司遭遇重大事件时，监事可以提议召开临时监事会会议，发挥监事的监督作用。

第二，监事会的议事方式和表决程序，除本法有规定的外，由公司章程规定。监事会并不直接参与公司的经营活动，《公司法》无须对监事会的议事方式和表决程序如股东会会议和董事会会议般作出严格限定。

第三，关于监事会的表决规则。2018年《公司法》第一百一十九条第三款规定，“监事会决议应当经半数以上监事通过”，此处的“监事”存在指代不明的问题，故本条调整为“监事会决议应当经全体监事的过半数通过”，且在第四款新增“监事会决议的表决，应当一人一票”的规定。

第四，关于监事会会议记录。监事会会议记录是载明监事会会议对所议事项作出决定的书面文件，包括会议的举行时间等。本条第五款，有助于保障会议记录的真实性和效力，明确相关监事的责任等。

第一百三十三条

【股份有限公司监事会设置例外】规模较小或者股东人数较少的股份有限公司，可以不设监事会，设一名监事，行使本法规定的监事会的职权。

条文解读

本条是关于特殊情形下股份有限公司可以不设监事会的规定，系本次修订新增条文。与本法第八十三条有关有限责任公司的监事会设立规则相近似，对于规模较小或者股东人数较少的股份有限公司，本条赋予股份有限公司选择是否设监事会的自治空间，股份有限公司可根据公司规模与实际需求等，选择是否设监事会。

相关规定

《国有企业公司章程制定管理办法》

第十二条 设立监事会的国有企业，应当在监事会条款中明确监事会组成、职责和议事规则。不设监事会仅设监事的国有企业，应当明确监事人数和职责。

第五节　上市公司组织机构的特别规定

第一百三十四条

【上市公司的定义】本法所称上市公司，是指其股票在证券交易所上市交易的股份有限公司。

条文解读

本条是关于上市公司定义的规定。根据本条规定，上市公司，即股票在证券交易所上市交易的股份有限公司。与非上市公司相比较，上市公司的股东人数较多，且股票在证券交易所上市交易，公司的运行状态等会对公众投资者利益带来较大影响，亦涉及证券市场秩序的稳定，故法律规则往往会专门对股票上市条件等进行规定，从而规范上市公司的行为。

第一百三十五条

【上市公司重大资产交易与重要担保的议事规则】上市公司在一年内购买、出售重大资产或者向他人提供担保的金额超过公司资产总额百分之三十的，应当由股东会作出决议，并经出席会议的股东所持表决权的三分之二以上通过。

条文解读

本条是关于上市公司特别决议事项的规定。本法第六十六条与第一百一十六条分别规定了有限责任公司与股份有限公司的特别决议事项。上市公司作为股东人数众多、影响较大的股份有限公司,其重大资产变动可能会伴随较大风险,进而影响公司和股东的利益,故本条专门针对上市公司规定了需要适用特别决议的事项。

相关规定

《证券法》

第八十条第二款 前款所称重大事件包括……(二)公司的重大投资行为,公司在一年内购买、出售重大资产超过公司资产总额百分之三十,或者公司营业用主要资产的抵押、质押、出售或者报废一次超过该资产的百分之三十……

《上市公司章程指引》

第七十八条 下列事项由股东大会以特别决议通过:(一)公司增加或者减少注册资本……(四)公司在一年内购买、出售重大资产或者担保金额超过公司最近一期经审计总资产百分之三十的……(六)法律、行政法规或本章程规定的,以及股东大会以普通决议认定会对公司产生重大影响的、需要以特别决议通过的其他事项。

第一百三十六条

【上市公司独立董事及公司章程载明事项】上市公司设独立董事,具体管理办法由国务院证券监督管理机构规定。

上市公司的公司章程除载明本法第九十五条规定的事项外,还应当依照法律、行政法规的规定载明董事会专门委员会的组成、职权以及董事、监事、高级管理人员薪酬考核机制等事项。

条文解读

本条是关于上市公司设独立董事的规定。本条在2018年《公司法》第一百二十二条的基础上,进一步明确了独立董事的具体管理办法由国务院证券监督管理机构规定,并新增上市公司章程应载明的法定记载事项。

独立董事对上市公司及全体股东负有忠实与勤勉义务,主要通过参与决策、监督制衡与专业咨询等方式,维护上市公司利益,保护中小股东合法权益。本法第九十五条规定了股份有限公司章程应当载明的事项,本条第二款进一步明确了上市公司章程应载明的法定记载事项,规范上市公司章程的内容。

相关规定

《上市公司独立董事管理办法》

第二条第一款 独立董事是指不在上市公司担任除董事外的其他职务,并与其所受聘的上市公司及其主要股东、实际控制人不存在直接或者间接利害关系,或者其他可能影响其进行独立客观判断关系的董事。

第一百三十七条

【须经审计委员会通过的事项】上市公司在董事会中设置审计委员会的,董事会对下列事项作出决议前应当经审计委员会全体成员过半数通过:

(一)聘用、解聘承办公司审计业务的会计师事务所;

(二)聘任、解聘财务负责人;

(三)披露财务会计报告;

(四)国务院证券监督管理机构规定的其他事项。

条文解读

本条是关于上市公司设审计委员会时,需要经审计委员会全体成员过半数通过的事项,是本法新增规则,进一步细化了审计委员会的职权。

审计委员会在上市公司治理中具有重要意义,通过事前审计与专业审计,可以有效监督董事会的运行,保障公司和股东利益。上市公司在董事会中设置审计委员会的,本条通过列举方式规定董事会在作出决议前应当经审计委员会全体成员过半数通过的具体事项。该等事项与《上市公司独立董事管理办法》第二十六条相近似,均涉及公司的财务情况。

相关规定

《上市公司独立董事管理办法》

第二十六条 上市公司董事会审计委员会负责审核公司财务信息及其披露、监督及评估内外部审计工作和内部控制,下列事项应当经审计委员会全体成员过半数同意后,提交董事会审议:

(一)披露财务会计报告及定期报告中的财务信息、内部控制评价报告;

(二)聘用或者解聘承办上市公司审计业务的会计师事务所;

(三)聘任或者解聘上市公司财务负责人;

(四)因会计准则变更以外的原因作出会计政策、会计估计变更或者重大会计差错更正;

(五)法律、行政法规、中国证监会规定和公司章程规定的其他事项。

审计委员会每季度至少召开一次会议,两名及以上成员提议,或者召集人认为有必要时,可以召开临时会议。审计委员会会议须有三分之二以上成员出席方可举行。

《关于上市公司独立董事制度改革的意见》

二、主要任务

(二)优化独立董事履职方式。……财务会计报告及其披露等重大事项应当由审计委员会事前认可后,再提交董事会审议。

第一百三十八条

【上市公司董事会秘书职责】上市公司设董事会秘书，负责公司股东会和董事会会议的筹备、文件保管以及公司股东资料的管理，办理信息披露事务等事宜。

条文解读

本条是关于上市公司董事会秘书的设立与职责的规定。

第一，上市公司设董事会秘书。董事会秘书是上市公司的高级管理人员，主要指掌管董事会文书并协助董事会成员处理日常事务的人员。

第二，关于董事会秘书的职责。董事会秘书需要承担相关法规、公司章程所规定的义务，并享有相关职权、获得相应报酬。

相关规定

《上市公司章程指引》

第十一条 本章程所称其他高级管理人员是指公司的副经理、董事会秘书、财务负责人。

《上市公司独立董事管理办法》

第三十五条第二款 董事会秘书应当确保独立董事与其他董事、高级管理人员及其他相关人员之间的信息畅通，确保独立董事履行职责时能够获得足够的资源和必要的专业意见。

第一百三十九条

【上市公司董事关联交易书面报告及回避制度】上市公司董事与董事会会议决议事项所涉及的企业或者个人有关联关系的，该董事应当及时向董事会书面报告。有关联关系的董事不得对该项决议行使表决权，也不得代理其他董事行使表决权。该董事会会议由过半数的无关联关系董事出席即可举行，董事会会议所作决议须经无关联关系董事过半数通过。出席董事会会议的无关联关系董事人数不足三人的，应当将该事项提交上市公司股东会审议。

条文解读

本条是关于上市公司董事对关联交易回避表决的规定。本条在2018年《公司法》第一百二十四条的基础上，作了进一步细化与调整。

第一，上市公司董事行使表决权的限制。本条在2018年《公司法》第一百二十四条的基础上，进一步将限制董事行使表决权的条件划定为“与董事会会议决议事项所涉及的企业或者个人有关联关系的”，扩大了对关联关系的界定标准。此外，新增上市公司关联董事对于关联事项的报告义务，从而规范关联董事的行为，维护公司和股东的利益。

第二，当限制关联董事表决权时，明确董事会会议的举行与表决规则。在关联董事被限制行使表决权的情况下，根据本条规定，此时董事会会议由过半数的无关联关系董事出席即可举行，董事会会议所作决议须经无关联关系董事过半数通过。

第三,对于出席董事会会议的无关联关系董事人数不足3人的应对方案。当出席董事会的无关联关系董事人数不足3人,董事会会议将难以进行有效表决。故本条规定,此时应将该事项提交上市公司股东会审议,避免董事会被少数人操纵。

相关规定

《上市公司收购管理办法》

第五十一条 ……公司应当聘请符合《证券法》规定的资产评估机构提供公司资产评估报告,本次收购应当经董事会非关联董事作出决议,且取得2/3以上的独立董事同意后,提交公司股东大会审议,经出席股东大会的非关联股东所持表决权过半数通过……

《上市公司重大资产重组管理办法》

第二十四条第二款 上市公司重大资产重组事宜与本公司股东或者其关联人存在关联关系的,股东大会就重大资产重组事项进行表决时,关联股东应当回避表决。

第二十四条第三款 交易对方已经与上市公司控股股东就受让上市公司股权或者向上市公司推荐董事达成协议或者合意,可能导致上市公司的实际控制权发生变化的,上市公司控股股东及其关联人应当回避表决。

第一百四十条

【上市公司信息披露及禁止股票代持】上市公司应当依法披露股东、实际控制人的信息,相关信息应当真实、准确、完整。

禁止违反法律、行政法规的规定代持上市公司股票。

条文解读

本条是关于上市公司披露规则的规定,系本次修订新增条文。为避免控股股东、实际控制人通过非公允关联交易等侵害公司、中小股东、债权人利益,亦为了维护证券市场的交易秩序,本法结合《证券法》等对于上市公司信息披露义务的要求,通过新增第一百四十条的方式,明确上市公司的信息披露规则。

相关规定

《证券法》

第七十八条第二款 信息披露义务人披露的信息,应当真实、准确、完整,简明清晰,通俗易懂,不得有虚假记载、误导性陈述或者重大遗漏。

第八十二条第三款 发行人的董事、监事和高级管理人员应当保证发行人及时、公平地披露信息,所披露的信息真实、准确、完整。

《首次公开发行股票注册管理办法》

第三十六条第二款 发行人控股股东、实际控制人应当在招股说明书上签字、盖章，确认招股说明书的内容真实、准确、完整，不存在虚假记载、误导性陈述或者重大遗漏，按照诚信原则履行承诺，并声明承担相应法律责任。

《上市公司信息披露管理办法》

第二十七条 涉及上市公司的收购、合并、分立、发行股份、回购股份等行为导致上市公司股本总额、股东、实际控制人等发生重大变化的，信息披露义务人应当依法履行报告、公告义务，披露权益变动情况。

第一百四十一条

【禁止交叉持股】上市公司控股子公司不得取得该上市公司的股份。

上市公司控股子公司因公司合并、质权行使等原因持有上市公司股份的，不得行使所持股份对应的表决权，并应当及时处分相关上市公司股份。

条文解读

本条是关于上市公司控股子公司不得取得该上市公司的股份的规定，系本次修订新增条文。为保障公司的正常运行，亦为了避免上市公司经营管理者利用交叉持股等方式架空股东权利，并在公司内部形成绝对控制权，本条结合相关证券监管规定，明确限制上市公司控股子公司取得该上市公司股份的行为，并设置了上市公司控股子公司因特殊情况持有上市公司股份时的处理方式。

相关规定

《北京证券交易所股票上市规则(试行)》

4.1.12 第三款 上市公司控股子公司不得取得该上市公司的股份。确因特殊原因持有股份的,应当在1年内依法消除该情形。前述情形消除前,相关子公司不得行使所持股份对应的表决权,且该部分股份不计入出席股东大会有表决权的股份总数。

《深圳证券交易所股票上市规则》

3.4.15 上市公司控股子公司不得取得该上市公司发行的股份。确因特殊原因持有股份的,应当在一年内消除该情形,在消除前,上市公司控股子公司不得对其持有的股份行使表决权。

《上海证券交易所科创板股票上市规则》

4.3.17 上市公司控股子公司不得取得该上市公司发行的股份。确因特殊原因持有股份的,应当在一年内依法消除该情形。前述情形消除前,相关子公司不得行使所持股份对应的表决权。

CHAPTER 06

第六章

股份有限公司的股份发行和转让

第一节 股份发行

第一百四十二条

【面额股和无面额股】公司的资本划分为股份。公司的全部股份,根据公司章程的规定择一采用面额股或者无面额股。采用面额股的,每一股的金额相等。

公司可以根据公司章程的规定将已发行的面额股全部转换为无面额股或者将无面额股全部转换为面额股。

采用无面额股的,应当将发行股份所得股款的二分之一以上计入注册资本。

条文解读

本条是关于股份和股份的形式的规定。相比2018年《公司法》第一百二十五条第一款,本条增加了无面额股的相关规定。股份是股份有限公司资本最基本的构成单位,以股票作为表现形式。依据股票是否载明票面金额,可将股份分为面额股与无面额股。所谓面额股,是指在股票票面上记载某个货币金额,用以标明其票面金额的股份;所谓无面额股,是指股票票面仅记载所代表的股份数量,而不载明每股的票面金额的股份。依据本条第一款与第二款,公司自主选择采用面额股或者无面额:(1)公司可依据公司章程规定,择一采用面额股或者无面额股;(2)公司可依据公司章程规定,将已发行的面额股与无面额股相互转换。

本条第三款对无面额股的会计处理进行了规定。依据该款,公司采用无面额股的,应当将其发行股份所得股款的1/2以上计入注册资本。若存在未计入注册资本的部分,应将其列入公司的资本公积金。

典型案例 非上市公众公司股东资格的确认

河南一恒贞珠宝股份有限公司与北京金一文化发展股份有限公司股东资格确认纠纷案

案例来源 最高人民法院(2020)最高法民终1178号民事判决书

关 键 词 民事;非上市公众公司;股东资格

裁判要点

已向公司缴纳出资不构成取得非上市公众公司股东资格的充分要件。

基本案情

原告北京金一文化发展股份有限公司(以下简称金一公司)诉称:请求判令金一公司不具有河南一恒贞珠宝股份有限公司(以下简称一恒贞公司)的股东资格。

法院经审理查明：一恒贞公司是在全国股转系统挂牌的非上市公众公司。2016年3月9日，一恒贞公司与金一公司签订《股份认购协议》，约定金一公司认购一恒贞公司发行的无限售条件人民币普通股。本次发行后，金一公司持有公司51%股份，成为公司控股股东。协议签署后如一恒贞公司未取得全国股转公司就本次股票发行出具的股份登记函，则协议解除，一恒贞公司退还金一公司已缴纳的全部认购价款，双方均不承担违约责任。

案涉股份发行未取得全国股转公司出具的股份登记函，未在中国结算进行股份登记。

裁判结果

河南省高级人民法院于2020年5月28日作出(2018)豫民初40号民事判决：金一公司不具有一恒贞公司的股东资格。一恒贞公司提出上诉。最高人民法院于2020年12月24日作出(2020)最高法民终1178号民事判决：驳回上诉，维持原判。

裁判理由

金一公司不具有一恒贞公司的股东资格。理由是：

其一，《股份认购协议》第六条约定该协议签署后如一恒贞公司未取得股份登记函，则该协议解除，一恒贞公司退还金一公司已缴纳的全部认购价款，双方均不承担违约责任。这表明，即使金一公司缴纳股份认购价款，只要一恒贞公司未取得股份登记函，金一公司可以解除协议并退出股份认购。这也表明缴纳股份认购款并不是获得一恒贞公司股东资格的充分条件。另外，《股份认购协议》第一条第六款约定案涉的该次发行后，金一公司持有一恒贞公司51%股份，为一恒贞公司的控股股东。金一公司与一恒贞公司控股股东、共同实际控制人黄飞雪、张斌夫妇签订的《盈利预测补偿协议》中约定发行完成后金一公司持有一恒贞公司51%的股权,成为目标公司控股股东。《一恒贞公司股票发行情况报告书》记载本次股票发行完成后,金一公司成为公司第一大股东;《一恒贞公司收购报告书》记载本次收购完成后,金一公司将成为一恒贞公司的控股股东。这表明,金一公司要成为一恒贞公司的股东,需要案涉定向发行行为完成。在法律法规等规范性文件对定向发行行为存有规定的情况下,应当按照法律法规等规范性文件的规定来审查。

其二,依据在案涉定向发行时中国证监会《非上市公众公司监督管理办法》(2013年修正)第四十五条,同时期全国股转公司《全国中小企业股份转让系统股票发行业务规则(试行)》第二十二条、第二十三条、第二十四条,挂牌公司应当在验资完成后向全国股转公司报送材料履行备案程序,全国股转公司审查后根据审查结果出具股份登记函,主办券商协助挂牌公司持股份登记函向中国结算办理股份登记手续。本案中,全国股转公司的复函载明中国结算进行股份登记并出具股份登记证明文件后,认购方方可行使相关股东权利。这表明,只有一恒贞公司取得股份登记函并在中国结算进行股份登记,金一公司才能行使相关股东权利。在一恒贞公司未取得股份登记函导致金一公司无法行使股东权利的情况下,金一公司的交易目的不能实现,此时,认定案涉定向发行行为完成并且金一公司取得一恒贞公司股东资格,不具有实际意义。

其三,一恒贞公司章程第二十八条、第二十九条、第三十条规定股东是依法持有公司股份的人,股东名册是证明股东持有公司股份的充分依据,公司从事需要确认股东身份的行为时,登记在册的股东为享有相关权益的股东。这表明,登记在股东名册中的人才能被确认为具有一恒贞公司的股东身份或股东资格。一恒贞公司并无证据表明金一公司已被一恒贞公司股东名册记载,金一公司提供的一恒贞公司 2018 年的《证券持有人名册》中并未记载金一公司,一恒贞公司也无证据证明金一公司参加了股东大会。所以一恒贞公司仅以公司章程中关于注册资本及定向增发的上述记载来主张金一公司具有其股东资格,不能成立。另外,一恒贞公司已针对未完成发行行为之事项对注册资本进行了调整。这也表明一恒贞公司认为金一公司不能取得该公司股东资格。

其四,金一公司在官网的记载,只能表明金一公司拟以现金出资的方式参与一恒贞公司定向发行股票,认购股份且交易完成后,成为其控股股东,这不能表明金一公司已经成为一恒贞公司的股东。梁庆祥担任一恒贞公司财务总监系其参与公司财务监管事项,不能表明金一公司行使了股东权利。金一公司发布的公告属于拟认购股票的公告行为,不能据此直接认定金一公司已经成为一恒贞公司的股东。

综上,一恒贞公司主张金一公司具有一恒贞公司股东资格,不应支持。

第一百四十三条

【股份发行原则】股份的发行,实行公平、公正的原则,同类别的每一股份应当具有同等权利。

同次发行的同类别股份,每股的发行条件和价格应当相同;认购人所认购的股份,每股应当支付相同价额。

条文解读

本条是关于股份有限公司股份发行原则的规定。

根据本条的规定,股份的发行,实行公平、公正的原则。公平原则主要体现在如下方面:(1)公司发行的股份所代表的权利相同。即同类别的股份所代表的权利是相同的,但不同类别的股份所代表的权利可以不同。(2)股份发行的条件相同。即在同一次发行中,同类别的每一股份的发行条件应当相同。不同次发行的同类别股份或同一次发行的不同类别股份,不在此限。(3)股份发行的价格相同。即在同一次发行中,同类别的每一股份的发行价格应当相同;认购人所认购的股份,每股应当支付相同价额。不同次发行的同类别股份或同一次发行的不同类别股份,不在此限。公正原则主要体现在对不公正行为的禁止上。即在股份发行的过程中,任何主体不得利用股份发行从事欺诈、内幕交易、操纵市场等行为。

典型案例　股份回购约定与同股同权规则的关系

杜长河、青岛嘉鸿壹号创业投资基金企业等股权转让纠纷案

案例来源　山东省高级人民法院(2022)鲁民终576号民事判决书

关 键 词 民事;同股同权;对赌协议

裁判要点

对赌协议的回购约定不违反同股同权的规定。

基本案情

原告青岛嘉鸿诉称:请求判令被告杜长河购买青岛嘉鸿持有的青岛高校公司的全部股权。

被告杜长河辩称:案涉补充协议作出股份回购安排,属于附加了特殊的入股条件,青岛嘉鸿因此获得其他股东所没有的利益保障,事实上造成股东间的不平等,这违反了我国《公司法》第一百二十六条、《股票发行与交易管理暂行条例》第八条第(二)项关于股份发行公平公正、同股同权的规定,也不符合青岛高校公司章程的相关要求。

法院经审理查明:2018年4月2日,青岛嘉鸿与青岛高校公司签订《股票发行认购合同》,约定青岛嘉鸿以现金方式一次性认购青岛高校公司发行的股票。2018年4月3日,青岛嘉鸿、杜长河、青岛高校公司三方共同签订《补充协议》,约定,当出现"1.1甲方公司未能在2019年12月30日前完成合格上市……1.3甲方公司出现年度亏损"等情形之一时,青岛嘉鸿有权要求杜长河回购青岛嘉鸿所持有青岛高校公司的全部股权。

裁判结果

山东省青岛市中级人民法院作出(2021)鲁02民初1370号民事判决:杜长河于本判决生效之日起10日内购买青岛嘉鸿持有的青岛高校公司的全部股权并支付利息。杜长河提出上诉。山东省高级人民法院于2022年6月20日作出(2022)鲁民终576

号民事判决：驳回上诉，维持原判。

裁判理由

法院生效裁判认为：案涉《股票发行认购合同》约定，青岛嘉鸿认购青岛高校公司发行的股票，青岛嘉鸿已足额支付认购款。案涉《补充协议》对杜长河的回购义务作出了约定，同时约定青岛嘉鸿可以要求杜长河回购全部股权的条件。股份回购条件已达成，杜长河应于2021年1月10日前按时完成全部回购款（包括利息）的支付。因案涉回购约定存在于股东之间，是对投资估值的一种调整方式，约定的是股东与股东之间的权利，回购义务主体是杜长河，杜长河履行回购义务不损害青岛高校公司的利益、不影响公司治理结构的稳定性，亦不损害公司其他投资人的利益，而青岛高校公司并非回购义务主体，且在案涉相关补充协议中并未承担任何义务。据此，原审法院认定案涉协议是对认购股份、回购股份相关事项作出的约定，并未违反法律、行政法规的强制性规定，亦无法律规定的其他合同无效的情形，三份协议真实有效，是各方真实意思的表示，具有法律效力，并无不当。

相关规定

《上市公司章程指引》

第十六条　公司股份的发行，实行公开、公平、公正的原则，同种类的每一股份应当具有同等权利。

存在特别表决权股份的公司，应当在公司章程中规定特别表决权股份的持有人资格、特别表决权股份拥有的表决权数量与普通股份拥有的表决权数量的比例安排、持有人所持特别表决权股份能够参与表决的股东大会事项范围、特别表决权股份锁定安排及转让限制、特别表决权股份与普通股份的转换情形等事项。公司章程有关上述事项的规定,应当符合交易所的有关规定。

同次发行的同种类股票,每股的发行条件和价格应当相同;任何单位或者个人所认购的股份,每股应当支付相同价额。

……

第一百四十四条

【类别股发行规则】公司可以按照公司章程的规定发行下列与普通股权利不同的类别股:

(一)优先或者劣后分配利润或者剩余财产的股份;

(二)每一股的表决权数多于或者少于普通股的股份;

(三)转让须经公司同意等转让受限的股份;

(四)国务院规定的其他类别股。

公开发行股份的公司不得发行前款第二项、第三项规定的类别股;公开发行前已发行的除外。

公司发行本条第一款第二项规定的类别股的,对于监事或者审计委员会成员的选举和更换,类别股与普通股每一股的表决权数相同。

条文解读

本条是关于类别股的原则性规定,系本次修订新增条文,标志着本法引入类别股制度。

类别股包括普通股与特别股两种。所谓特别股，是权利与普通股不同的股份。特别股与普通股属于不同类别的股份，因而两者存在权利差异并不违反本法第一百四十三条的规定。

2018年《公司法》第一百三十一条规定，国务院可以对“公司发行本法规定以外的其他种类的股份”另行作出规定。2013年，国务院出台《关于开展优先股试点的指导意见》，规定符合条件的公司可发行股份持有人优先于普通股股东分配公司利润和剩余财产，但参与公司决策管理等权利受到限制的优先股。在证券实践中，科创板和创业板先后允许符合条件的公司，采用差异化表决权安排。这些探索回应了实践中股东的多元需求。本条吸收已有经验，正式从法律层面确立类别股制度。

依据本条第一款规定，公司有权按照公司章程的规定，发行如下与普通股权利不同的类别股：(1)财产分配型类别股，即在分配利润或者剩余财产的顺位上优先或者劣后普通股的股份；(2)表决权型类别股，即每一股的表决权数多于或者少于普通股的股份；(3)转让受限型类别股，即转让须经公司同意等转让受限的股份；(4)本条授权国务院就“其他类别股”另行规定。

依据本条第二款的规定，公开发行股份的公司不得发行表决权型类别股、转让受限型类别股，但在公开发行前已发行的表决权型类别股、转让受限型类别股可以保留。

表决权型类别股的核心特征是股份的表决权数不同于普通股，但依据本条第三款的规定，对于监事或者审计委员会成员的选举和更换这一决议事项，表决权型类别股的表决权数与普通股的相同。

典型案例 发行优先股的方式

湖南长沙中国城酒店股份有限公司、湖南省中城富通商贸有限公司证券发行纠纷案

案例来源 湖南省长沙市中级人民法院(2017)湘01民终9642号民事判决书

关 键 词 同股同权;优先股;非公开发行

裁判要点

在我国境内发行优先股,应按照国务院《关于开展优先股试点的指导意见》、证监会《优先股试点管理办法》之规定实施。

基本案情

原告(被上诉人)冯朝阳诉称:中国城酒店公司返还股权认购款20万元,支付股息24,000元,中城富通公司和唐友龙承担连带清偿责任。

法院经审理查明:2014年12月30日,中国城酒店公司与冯朝阳订立《非公开发行优先股认购协议书》。约定冯朝阳认购20万股优先股计20万元……经依法办理相关手续成为该公司优先股股东后,可自由转让其股份;双方还对优先股转换为普通股、强制回购优先股等事项进行了约定。2014年12月30日,冯朝阳向中国城酒店公司缴纳了申购优先股的款项20万元,该公司出具了收据。其后,该公司向冯朝阳共支付了4011元股息。

2014年12月18日,湖南股交所作出《关于同意中国城酒店股份有限公司挂牌的通知》。同日,该公司向该所提交了《非公开发行优先股融资方案》。载明:本次募股方案已经2014年12月8

日股东大会审议通过;拟定向募集优先股的数量为3800万股,每股面值1元,该优先股的存续期为5年……优先股持股人不参与公司的经营决策,不享有股东大会的表决权等;本次募股人数不超过190人。同日,湖南股交所作出《接受备案通知书》。载明:已通过该所的完备性核对。

中国城酒店公司提交了2014年11月28日股东会议通过的公司章程。该章程由中城富通公司、杨红卫签字或盖章,唐友龙等五位董事会成员签名。截至一审判决作出前,中国城酒店公司未提交融资方案载明的2014年12月8日股东会决议,也未提交载明优先股内容的公司章程。2017年7月12日,湖南股交所对中国城酒店公司作出了摘牌处理。中国城酒店公司登记的股东实缴出资额为:中城富通公司2970万元占99%,杨红卫出资30万元占1%。唐友龙系中国城酒店公司、中城富通公司登记的法定代表人。

裁判结果

湖南省长沙市芙蓉区人民法院作出(2016)湘0102民初628号民事判决:中国城酒店公司于判决生效之日起5日内向冯朝阳返还优先股认购款20万元,并支付资金占用期间的利息;中城富通公司、唐友龙对上述第一项判决所确定的债务承担连带清偿责任。中国城酒店公司、中城富通公司和唐友龙提出上诉。湖南省长沙市中级人民法院于2018年10月24日作出(2017)湘01民终9642号民事判决:驳回上诉,维持原判。

裁判理由

根据公司法的一般规定,股份公司为同股同权。2013年《公司法》第一百三十一条规定:"国务院可以对公司发行本法规定以外的其他种类的股份,另行作出规定。”国务院《关于开展优先股试点的指导意见》(国发〔2013〕46号)第二条第(八)项规定了发行人范围:公开发行优先股的发行人限于证监会规定的上市公司,非公开发行优先股的发行人限于上市公司(含注册地在境内的境外上市公司)和非上市公众公司。《非上市公众公司监督管理办法》第二条规定,本办法所称非上市公众公司是指有下列情形之一且其股票未在证券交易所上市交易的股份有限公司:(1)股票向特定对象发行或者转让导致股东累计超过200人;(2)股票公开转让。第五条规定,非上市公众公司可以依法进行股权融资、债权融资、资产重组等。非上市公众公司发行优先股等证券品种,应当遵守法律、行政法规和中国证券监督管理委员会的相关规定。中国城酒店公司不是国务院《关于开展优先股试点的指导意见》限定的发行优先股的主体范畴,因此,中国城酒店公司不能发行优先股。中国城酒店公司发行优先股不符合法律强制性规定,故一审判决认定中国城酒店公司与冯朝阳签订的《非公开发行优先股认购协议书》无效,并无不当,本院予以维持。

2014年《证券法》第二十六条规定,国务院证券监督管理机构或者国务院授权的部门对已作出的核准证券发行的决定,发现不符合法定条件或者法定程序,尚未发行证券的,应当予以撤销,停止发行。已经发行尚未上市的,撤销发行核准决定,发行人应当按照发行价并加算银行同期存款利息返还证券持有人;保荐人应当与发行人承担连带责任,但是能够证明自己没有过错的除外;发行人的控股股东、实际控制人有过错的,应当与发行人承担连带责任。本案中,唐友龙是中城富通公司的法定代表人,中城富通公司是中国城酒店公司控股股东。《非公开发行优先股融资方案》《非公开发行优先股认购协议书》明确记载“湖南长沙中国城酒店股份有限公司控股股东及实际控制人负无限连带责任(控股股东:湖南省中城富通商贸有限公司,实际控制人:唐友龙)”。中城富通公司和唐友龙虽然未在上述文件签字盖章,但作为控股股东和实际控制人的中城富通公司和唐友龙对中国城酒店公司非公开发行优先股应是知情的。中国城酒店公司非公开发行优先股因不符合法定条件而无效,中城富通公司和唐友龙对无效发行行为存在过错。故一审判决中城富通公司和唐友龙与中国城酒店公司承担连带责任并无不当,本院予以维持。

相关规定

《关于开展优先股试点的指导意见》

一、优先股股东的权利与义务

(一)优先股的含义。优先股是指依照公司法,在一般规定的普通种类股份之外,另行规定的其他种类股份,其股份持有人优先于普通股股东分配公司利润和剩余财产,但参与公司决策管理等权利受到限制。

除本指导意见另有规定以外,优先股股东的权利、义务以及优先股股份的管理应当符合公司法的规定。试点期间不允许发行在股息分配和剩余财产分配上具有不同优先顺序的优先股,但允许发行在其他条款上具有不同设置的优先股。

(二)优先分配利润。优先股股东按照约定的票面股息率,优先于普通股股东分配公司利润。公司应当以现金的形式向优先股股东支付股息,在完全支付约定的股息之前,不得向普通股股东分配利润。

公司应当在公司章程中明确以下事项:(1)优先股股息率是采用固定股息率还是浮动股息率,并相应明确固定股息率水平或浮动股息率计算方法。(2)公司在有可分配税后利润的情况下是否必须分配利润。(3)如果公司因本会计年度可分配利润不足而未向优先股股东足额派发股息,差额部分是否累积到下一会计年度。(4)优先股股东按照约定的股息率分配股息后,是否有权同普通股股东一起参加剩余利润分配。(5)优先股利润分配涉及的其他事项。

(三)优先分配剩余财产。公司因解散、破产等原因进行清算时,公司财产在按照公司法和破产法有关规定进行清偿后的剩余财产,应当优先向优先股股东支付未派发的股息和公司章程约定的清算金额,不足以支付的按照优先股股东持股比例分配。

……

第一百四十五条

【发行类别股的公司章程应记载的事项】发行类别股的公司,应当在公司章程中载明以下事项:

(一)类别股分配利润或者剩余财产的顺序;

(二)类别股的表决权数;

(三)类别股的转让限制;

(四)保护中小股东权益的措施;

(五)股东会认为需要规定的其他事项。

条文解读

本条是关于类别股的章程记载事项的规定，系本次修订新增条文。

发行类别股的公司，应当在章程中载明与类别股相关的特定事项。依据本条，这些事项包括：类别股分配利润或者剩余财产的顺序、类别股的表决权数、类别股的转让限制、保护中小股东权益的措施。此外，本条授权股东会就“需要规定的其他事项”进行决议。

第一百四十六条

【类别股股东会决议事项】发行类别股的公司，有本法第一百一十六条第三款规定的事项等可能影响类别股股东权利的，除应当依照第一百一十六条第三款的规定经股东会决议外，还应当经出席类别股股东会议的股东所持表决权的三分之二以上通过。

公司章程可以对需经类别股股东会议决议的其他事项作出规定。

条文解读

本条是关于类别股特殊决议事项的规定，系本次修订新增条文。

依据本条第一款的规定，发行类别股的公司有修改公司章程、增加或者减少注册资本、公司合并、分立、解散或者变更公司形式等可能影响类别股股东的决议事项时，应当经双重特殊决议通过:既应当经出席会议的股东所持表决权的2/3以上通过,又经出席类别股股东会的股东所持表决权的2/3以上通过。

本条第二款授权公司章程对"需经类别股股东会议决议的其他事项"作出规定。

相关规定

《关于开展优先股试点的指导意见》

一、优先股股东的权利与义务

……

(五)表决权限制。除以下情况外,优先股股东不出席股东大会会议,所持股份没有表决权:(1)修改公司章程中与优先股相关的内容;(2)一次或累计减少公司注册资本超过百分之十;(3)公司合并、分立、解散或变更公司形式;(4)发行优先股;(5)公司章程规定的其他情形。上述事项的决议,除须经出席会议的普通股股东(含表决权恢复的优先股股东)所持表决权的三分之二以上通过之外,还需经出席会议的优先股股东(不含表决权恢复的优先股股东)所持表决权的三分之二以上通过。

第一百四十七条

【股票】公司的股份采取股票的形式。股票是公司签发的证明股东所持股份的凭证。

公司发行的股票,应当为记名股票。

条文解读

本条是关于股票概念与形式的规定，相比2018年《公司法》第一百二十五条第二款与第一百二十九条，本条明确公司发行的股票应当为记名股票，取消了公司发行无记名股票的权利。依据本条第一款，股票是公司签发的证明股东所持股份的凭证。股票是股份的表现形式，股份是股票的价值内容。

股票可以分为记名股票与无记名股票。所谓记名股票，是指在股票上记载股东姓名或名称的股票；所谓无记名股票，是指在股票上未记载股东姓名或名称的股票。在我国公司实践中，鲜有无记名股票。依据本条第二款，股份有限公司发行的股票，限于记名股票。

第一百四十八条

【股票发行价格要求】面额股股票的发行价格可以按票面金额，也可以超过票面金额，但不得低于票面金额。

条文解读

本条是关于股票发行价格的规定，相比2018年《公司法》第一百二十七条，本条将“股票发行价格”改为了“面额股股票的发行价格”。其原因在于无面额股不存在票面金额，且旧法并未允许发行无面额股，无须强调股票是面额股股票。

依据股票的发行价格与股票票面价格的关系，可将股票发行分为平价发行、溢价发行、折价发行三种。所谓平价发行,是指股票的发行价格与股票票面价格相同。所谓溢价发行,是指股票的发行价格高于股票票面价格。所谓折价发行,是指股票的发行价格低于股票票面价格。依据本条规定,面额股股票的发行只能采用平价发行与溢价发行。

相关规定

《证券法》

第三十二条 股票发行采取溢价发行的,其发行价格由发行人与承销的证券公司协商确定。

第一百四十九条

【股票的形式以及纸面股票记载事项】股票采用纸面形式或者国务院证券监督管理机构规定的其他形式。

股票采用纸面形式的,应当载明下列主要事项:

(一)公司名称;

(二)公司成立日期或者股票发行的时间;

(三)股票种类、票面金额及代表的股份数,发行无面额股的,股票代表的股份数。

股票采用纸面形式的,还应当载明股票的编号,由法定代表人签名,公司盖章。

发起人股票采用纸面形式的,应当标明发起人股票字样。

条文解读

本条是关于股票的形式与纸质股票记载事项的规定，相比2018年《公司法》第一百二十八条，本条的实质变化在于：(1)明确了需要满足本条第二款、第三款、第四款规定的股票为纸质股票。(2)将记载事项中的“公司成立日期”改为“公司成立日期或者股票发行的时间”。(3)对于无面额股的主要记载事项进行了特殊规定。

传统上，股票大多采用纸面形式，以实物方式存在。随着电子技术在证券领域运用，股票经历了无纸化改革，逐渐电子化。如依据证券法规定，在证券交易所或者国务院批准的其他全国性证券交易场所交易的证券，应当全部存管在证券登记结算机构。随着科技的进步，股票可能采用多种形式。本条第一款授权国务院证券监督管理机构对股票的其他形式另行规定。

股票为要式有价证券，其形式与记载事项必须符合法律的规定，才具有相应的法律效力。采取纸面形式的股票，形式与记载事项必须符合本条第二款、第三款的规定。

本条第四款对发起人股票进行了特殊规定，要求发起人股票采用纸面形式的，应当标明发起人股票字样。

相关规定

《证券法》

第三十九条　证券交易当事人买卖的证券可以采用纸面形式或者国务院证券监督管理机构规定的其他形式。

第一百五十条

【股票交付】股份有限公司成立后，即向股东正式交付股票。公司成立前不得向股东交付股票。

条文解读

本条是关于股票交付的规定。

股票是股份的表现形式，属于有价证券，具有流通性，原则上可以自由转让。为了保护交易安全，股票所代表的权利应当是相对确定的。若公司在成立前向股东交付股票，在公司未能成立的情况下，股票所代表的权利并不存在，这会影响交易安全。依据本条规定，股份有限公司成立前，不得交付股票，成立后，应立即交付，不得延迟。

典型案例 股份有限公司的股票交付义务

许昌万里股份公司与韩清焕股东知情权纠纷案

案例来源 河南省许昌市中级人民法院(2014)许民终字第1252号民事判决书

关 键 词 民事；股票

裁判要点

股份有限公司有义务向股东交付股票。

基本案情

原告韩清焕诉称：请求判令被告许昌万里股份公司向原告韩

清焕出具拥有1,146,600元股份的股权凭证。

法院经审理查明：原审查明，许昌万里有限公司为有限责任公司，成立于1996年12月11日。2013年4月5日，许昌万里有限公司变更为股份有限公司，公司名称为许昌万里股份公司，即本案被告。原告韩清焕从公司成立至今一直是被告的股东。被告的工商档案材料显示，目前原告出资1,146,600元，持股比例为1.047%。

裁判结果

魏都区人民法院作出(2014)魏民二初字第00128号民事判决：被告许昌万里股份公司于本判决生效后10日内向原告韩清焕出具拥有1,146,600元股份的股权凭证。许昌万里股份公司提出上诉。河南省许昌市中级人民法院于2014年11月12日作出(2014)许民终字第1252号民事判决：驳回上诉，维持原判。

裁判理由

一审法院认为：股份有限公司成立后，应向股东正式交付股票。许昌万里有限公司变更为许昌万里股份公司后，原告一直是该公司股东，被告应向原告交付股票，故原告要求被告向原告出具拥有1,146,600元股权凭证的诉讼请求合法，本院予以支持。

二审法院认为：2013年《公司法》第一百三十二条规定“股份有限公司成立后，即向股东正式交付股票”。向股东正式交付股票是股份有限公司成立后，应当立即履行的法定义务，也是股份有限公司在设立中、成立之初就应当着手准备的工作。本案上诉人成立于2013年4月5日，距离被上诉人向法院提起诉讼将近一年的时间,从2014年3月28日被上诉人起诉至今也有7个月之久,但上诉人仍未给被上诉人交付股票,从上诉人成立至今一年多的时间里,上诉人未履行法定义务。关于原判10日履行期限,相对于上诉人无视法律规定、漠视股东权益的行为,本院认为一审中不存在不合理的缘由和问题。

第一百五十一条

【公司发行新股决议事项及确定作价方案】公司发行新股,股东会应当对下列事项作出决议:

(一)新股种类及数额;

(二)新股发行价格;

(三)新股发行的起止日期;

(四)向原有股东发行新股的种类及数额;

(五)发行无面额股的,新股发行所得股款计入注册资本的金额。

公司发行新股,可以根据公司经营情况和财务状况,确定其作价方案。

条文解读

本条是关于公司股东会对新股发行决议事项的规定,相比2018年《公司法》第一百三十三条与第一百三十五条,本条的实质变化在于:(1)增加了无面额股决议事项的规定。(2)旧法并未允许公司授权董事会发行股份,而本法第一百五十二条、第一百五十三条允许公司授权董事会发行股份。故而，公司发行新股，原则上由股东会决议，例外情形下也可由董事会决议。

所谓公司发行新股，是指公司成立后再次发行股份的行为。公司成立后，是否发行新股，什么时候发行新股，发行什么种类的新股，发行新股的数额是多少，应由公司根据自身情况结合市场情况决定。

依据本条第一款，原则上由公司股东会对新股发行事项进行决议。具体而言，股东会应当对如下事项进行决议：(1)新股种类及数额，新股发行价格，新股发行的起止日期；(2)向原有股东发行新股的种类及数额；(3)发行无面额股的，新股发行所得股款计入注册资本的金额。

本条第二款对公司确定新股作价方案进行了规定，本款明确公司有权根据自身的经营情况和财务状况，确定新股的作价方案。

第一百五十二条

【授权资本制】公司章程或者股东会可以授权董事会在三年内决定发行不超过已发行股份百分之五十的股份。但以非货币财产作价出资的应当经股东会决议。

董事会依照前款规定决定发行股份导致公司注册资本、已发行股份数发生变化的，对公司章程该项记载事项的修改不需再由股东会表决。

条文解读

本条是关于授权董事会发行股份的规定，系本次修订新增条文，标志着本法引入授权资本制。依据本条，在得到公司授权的前提下，董事会可对公司股份发行进行决议。

依据本条第一款，董事会发行股份受到如下限制：(1)董事会必须得到公司章程或者公司股东会授权；(2)董事会必须在得到授权的3年内，决定发行事宜；(3)董事会可以决定发行的股份，不得超过已发行股份50%；(4)以非货币财产作价出资的，董事会无权决议。

本法第九十五条规定，股份有限公司章程应当载明公司注册资本、已发行的股份数。据此，董事会决定发行股份导致公司注册资本、已发行股份数发生变化的，需要修改公司章程。依据本法第一百一十二条、第五十九条的规定，股份有限公司修改章程，原则上应由股东会表决。本条第二款规定了一种无须股东会表决的例外情形。即董事会依照前款规定决定发行股份导致公司注册资本、已发行股份数发生变化的，对公司章程该项记载事项的修改不需要再由股东会表决。

第一百五十三条

【授权资本表决比例】公司章程或者股东会授权董事会决定发行新股的，董事会决议应当经全体董事三分之二以上通过。

条文解读

本条是关于董事会发行新股的决议方式的规定，系本次修订新增条文。依据本条，董事会决定发行新股的，必须采用特别决议的方式，即经全体董事2/3以上决议通过。

第一百五十四条

【公开募集股份规则】公司向社会公开募集股份，应当经国务院证券监督管理机构注册，公告招股说明书。

招股说明书应当附有公司章程，并载明下列事项：

（一）发行的股份总数；

（二）面额股的票面金额和发行价格或者无面额股的发行价格；

（三）募集资金的用途；

（四）认股人的权利和义务；

（五）股份种类及其权利和义务；

（六）本次募股的起止日期及逾期未募足时认股人可以撤回所认股份的说明。

公司设立时发行股份的，还应当载明发起人认购的股份数。

条文解读

本条是关于公司向社会公开募集股份的规定，相比2018年

《公司法》第八十五条、第一百三十四条第一款、第八十六条，本条的实质变化在于：(1)将向社会公开募集股份的主体由发起人改为公司。(2)删除了认股书的相关规定。(3)将“经国务院证券监督管理机构核准”改为“经国务院证券监督管理机构注册”，与注册制改革相衔接。(4)对招股说明书应载明的事项进行了修改：第一，增加了发行的股份总数这一记载事项；第二，删除了有关无记名股票的记载事项，与本法取消公司发行无记名股票的权利这一修改相衔接；第三，增加了有关无面额股的记载事项，与本法引入无面额股这一修改相衔接；第四，增加了有关股份种类及其权利和义务的记载事项，与本法引入类别股这一修改相衔接；第五，明确应记载“发起人认购的股份数”的场合为公司设立时的股份发行。

依据本条第一款，公司在经国务院证券监督管理机构注册后，才能向社会公开募集股份。公司向社会公开募集股份的，应当向社会公告其招股说明书。招股说明书的法律性质是公司面向社会公众的要约邀请，通过公告招股说明书的方式，可以让社会公众了解公司及其股份，这一方面可以吸引社会公众认购股份，另一方面有助于保护公众投资者的利益。

为了让社会公众了解公司及其股份，以便于公众更好地作出认购与否的决定，招股说明书必须提供相应信息。本条第二款明确招股说明书应当附有公司章程，并对招股说明书应当载明的事项进行了规定。

本条第三款规定，在公司设立时发行股份的，招股说明书在第二款的基础上，还应当载明发起人认购的股份数。

典型案例 公司向社会公开募集股份的条件与方式

张先敏、黄媚合同纠纷案

案例来源 广西壮族自治区南宁市中级人民法院(2020)桂01民终5063号民事判决书

关 键 词 发起人协议;募集设立;招股说明书

裁判要点

招股说明书应当附有发起人制订的公司章程。发起人向社会公开募集股份,应当由依法设立的证券公司承销,签订承销协议。

基本案情

原告何武骏诉称:(1)确认何武骏与优长富公司签订的《金自来有限公司原始股东合同》无效。(2)优长富公司、黄贵恒退还入股资金150,000元,以及支付资金占用费。后原告何武骏申请追加张先敏、李丽为被告,并增加诉讼请求。(3)张先敏退还入股资金150,000元,以及支付资金占用费。(4)李丽对第(3)项诉讼请求承担连带清偿责任。

法院查明如下事实:何武骏分别于2018年8月11日、8月30日向黄贵恒账户转账100,000元、50,000元,两份汇款业务回单记载的摘要均为"入股资金"。优长富公司分别于汇款当日向何武骏出具收据,确认收到何武骏交来的金自来有限公司入股资金100,000元、50,000元。

何武骏称其系与优长富公司的法定代表人李丽进行洽谈,后其于汇款当日在《发起人协议书》上签字,该协议书记载:本公司注册资本为2000万元,平均划分为100股,每股20万元,各发起人以"股"为单位进行认缴。各发起人须将认缴的出资转入为设立本公司所指定的银行账户。各发起人按照出资比例分享利润和承担亏损。此后,张先敏、黄媚、黄盼、张文莉分别在该《发起人协议书》上签字并注明日期为2018年8月6日,其中张文莉在《发起人出资表》中注明出资数额为20万元,张先敏、黄媚、黄盼均未注明出资数额。

张先敏认可黄贵恒收取的案涉款项已实际转至其个人账户。2019年2月13日,陈英骅向何武骏账户转入3000元。李丽、黄贵恒通过微信确认该款项系何武骏的分红。

审理过程中,张先敏称欲采用众筹方式设立金自来有限公司,并提交了《筹备组会议》,内容为决定成立"金自来有限公司",并决定成立临时筹备组,人员为张先敏、黄盼、张文莉、黄媚。

庭审中,各方确认金自来有限公司并未实际登记设立,张先敏提交了其与黄媚、黄盼、张文莉签署的多份会议文件,其中决议书记载四人决议不再设立金自来有限公司。

裁判结果

南宁市青秀区人民法院作出(2019)桂0103民初156号民事判决:确认何武骏签署的《发起人协议书》系无效合同,张先敏、优长富公司向何武骏返还投资款150,000元,驳回何武骏其他诉讼请求。张先敏、黄媚、黄盼、张文莉提出上诉。广西壮族自治区南宁市中级人民法院于2020年6月4日作出(2020)桂01民终5063号民事判决:驳回上诉,维持原判。

裁判理由

根据各方当事人的陈述,本案中拟成立的公司名称为"金自来有限公司”。2018 年《公司法》第二十四条规定:“有限责任公司由五十个以下股东出资设立。”第二十六条第一款规定:“有限责任公司的注册资本为在公司登记机关登记的全体股东认缴的出资额。”但案涉的《发起人协议书》载明,公司注册资本为 2000 万元,该注册资本平均划分为 100 股,每股 20 万元,各发起人以“股”为单位进行认缴。该协议关于注册资本的认购方式及股东人数均不符合有限责任公司的成立条件。根据案涉《发起人协议书》载明公司注册资本的认缴方式,实际是募集方式。而依照 2018 年《公司法》第七十七条、第八十四条、第八十五条、第八十六条、第八十七条的规定,股份有限公司采用募集设立方式的,发起人认购的股份不得少于公司股份总数的 35%;发起人向社会公开募集股份,必须公告招股说明书,并制作认股书。招股说明书应当附有发起人制订的公司章程。发起人向社会公开募集股份,应当由依法设立的证券公司承销,签订承销协议。但本案中除何武骏、张文莉在《发起人出资表》中注明各认购 20 万元外,其余发起人张先敏、黄媚、黄盼等均未注明出资数额,发起人亦未按照公司法的规定制作公司章程、招股说明书、认股书,并委托证券公司承销,而是由发起人自行将公司股权分割为 100 股对外出售。故案涉的《发起人协议书》违反上述法律规定,依法无效。上诉人主张案涉协议有效,何武骏要求退股违约,并请求解除该协议,由何武骏支付 20 万元违约金没有依据,本院不予支持。因协议无效,张先敏依据该协议收取何武骏的 15 万元,应予返还。张先敏主张其不应返还,于法无据,本院不予支持。对一审判决优长富公司与张先敏共同返还何武骏 15 万元,优长富公司并未提起上诉,本院予以维持。

相关规定

《证券法》

第十三条 公司公开发行新股，应当报送募股申请和下列文件：

（一）公司营业执照；

（二）公司章程；

（三）股东大会决议；

（四）招股说明书或者其他公开发行募集文件；

（五）财务会计报告；

（六）代收股款银行的名称及地址。

依照本法规定聘请保荐人的，还应当报送保荐人出具的发行保荐书。依照本法规定实行承销的，还应当报送承销机构名称及有关的协议。

第十四条 公司对公开发行股票所募集资金，必须按照招股说明书或者其他公开发行募集文件所列资金用途使用；改变资金用途，必须经股东大会作出决议。擅自改变用途，未作纠正的，或者未经股东大会认可的，不得公开发行新股。

第一百五十五条

【公开募集股份的方式】公司向社会公开募集股份，应当由依法设立的证券公司承销，签订承销协议。

条文解读

本条是关于公司向社会公开募集股份的方式的规定,相比2018年《公司法》第八十七条,本条将“向社会公开募集股份”的主体由发起人改为公司。

依据本条,公司向社会公开募集股份,只能采取证券公司承销的方式。所谓证券公司承销,是指证券公司在特定的期限内将公司发行的股票销售出去,承销的证券公司按照约定,收取佣金或者报酬的行为。依据《证券法》,承销包括代销或者包销两种方式。

依据本条,公司应当与证券公司签订承销协议。

相关规定

《证券法》

第二十六条　发行人向不特定对象发行的证券,法律、行政法规规定应当由证券公司承销的,发行人应当同证券公司签订承销协议。证券承销业务采取代销或者包销方式。

证券代销是指证券公司代发行人发售证券,在承销期结束时,将未售出的证券全部退还给发行人的承销方式。

证券包销是指证券公司将发行人的证券按照协议全部购入或者在承销期结束时将售后剩余证券全部自行购入的承销方式。

第二十七条　公开发行证券的发行人有权依法自主选择承销的证券公司。

第二十八条　证券公司承销证券,应当同发行人签订代销或者包销协议,载明下列事项:

（一）当事人的名称、住所及法定代表人姓名；

（二）代销、包销证券的种类、数量、金额及发行价格；

（三）代销、包销的期限及起止日期；

（四）代销、包销的付款方式及日期；

（五）代销、包销的费用和结算办法；

（六）违约责任；

（七）国务院证券监督管理机构规定的其他事项。

第三十一条 证券的代销、包销期限最长不得超过九十日。

证券公司在代销、包销期内，对所代销、包销的证券应当保证先行出售给认购人，证券公司不得为本公司预留所代销的证券和预先购入并留存所包销的证券。

第三十三条 股票发行采用代销方式，代销期限届满，向投资者出售的股票数量未达到拟公开发行股票数量百分之七十的，为发行失败。发行人应当按照发行价并加算银行同期存款利息返还股票认购人。

第一百五十六条

【公开募集股份时收取股款的方式】公司向社会公开募集股份，应当同银行签订代收股款协议。

代收股款的银行应当按照协议代收和保存股款，向缴纳股款的认股人出具收款单据，并负有向有关部门出具收款证明的义务。

公司发行股份募足股款后，应予公告。

条文解读

本条是关于公司向社会公开募集股份时收取股款方式的规定，相比2018年《公司法》第八十八条与第一百三十六条，本条将“向社会公开募集股份”的主体由发起人改为了公司，并删除了募足股款后“必须向公司登记机关办理变更登记”的规定。

依据本条第一款的规定，证券公司不得直接收取承销股票所得的股款，而应当通过银行代收。因此，公司向社会公开募集股份，除与证券公司签订承销协议外，还应当与银行签订代收股款协议。

依据本条第二款的规定，代收股款的银行负有如下义务：(1)按照协议代收和保存股款；(2)向缴纳股款的认股人出具收款单据；(3)向有关部门出具收款证明。

依据本条第三款的规定，公司发行股份募足股款后，应当将有关情况予以公告，以便投资者与社会公众了解。

第二节 股份转让

第一百五十七条

【股份有限公司股份转让】股份有限公司的股东持有的股份可以向其他股东转让，也可以向股东以外的人转让；公司章程对股份转让有限制的，其转让按照公司章程的规定进行。

条文解读

本条是关于股份有限公司股份转让的原则性规定，相比2018年《公司法》第一百三十七条，本条的规定更为具体，并明确转让受限的股份依章程转让。股份有限公司的股东原则上可以自由转让其持有的股份。但对于转让受限的特殊股份，其转让的对象、方式等须依据公司章程的规定进行。

经典观点认为，股份有限公司同有限责任公司相比，最大的特征在于股份转让的自由性。股份以自由转让为原则，而限制股份转让的主要理据是保护公司的人合性，即股东间的相互信任关系。这种相互信任关系既可能存在于有限责任公司，也可能存在于股份有限公司。为了保护股份有限公司的人合性。本条允许股份有限公司发行转让受限的股份，并授权公司根据自身的实际情况，对该种股份的转让进行限制。

典型案例 股份有限公司章程可对股权转让进行限制

张家港保税区千兴投资贸易有限公司与梦兰星河能源股份有限公司股东资格确认纠纷案

案例来源 最高人民法院(2020)最高法民终1224号民事判决书

关 键 词 民事;股权转让;章程限制

裁判要点

股份公司股东对外转让股权需要遵循章程中股份转让限制

性条款的规定。

基本案情

原告张家港保税区千兴投资贸易有限公司(以下简称千兴投资公司)诉称:确认千兴投资公司在梦兰星河能源股份有限公司(以下简称梦兰星河公司)的股东身份,并确认千兴投资公司持有梦兰星河公司的股份。

法院经审理查明:2010年7月14日,梦兰集团公司与案外人发起设立梦兰星河公司。梦兰星河公司章程第二十四条规定股东持有的股份可以依法转让。股东向股东之外第三方转让股份的,应事先取得其他股东一致同意,股东向股东之外第三方转让股份的,其他股东享有"优先购买权"与"同售权"。

2018年5月7日,梦兰集团公司持有梦兰星河公司20,276.5万股,占公司股份比例为28.97%。2018年5月7日,梦兰集团公司与千兴投资公司签订《股权转让协议》,约定梦兰集团公司将其持有梦兰星河公司股份转让给千兴投资公司。同年4月28日,梦兰集团公司向梦兰星河公司的其他股东发出《股权转让通知》,告知转让事宜,并告知其他股东如果有意向受让并拟行使优先受让权等公司章程第二十四条规定的权利,应在5个工作日之内通知。同年5月24日,其他股东复函给梦兰集团,认为梦兰集团未能及时偿还梦兰星河公司借款。故在未清偿上述借款前,不应进行股份转让,并在偿还借款本息后,再行研究是否行使优先受让权或行使同售权。

裁判结果

黑龙江省高级人民法院作出(2019)黑民初11号民事判决:

千兴投资公司现要求梦兰星河公司确认其股东身份等主张,理由不成立,对其诉讼请求,不予支持。千兴投资公司提出上诉。最高人民法院于2021年1月19日作出(2020)最高法民终1224号民事判决:驳回上诉,维持原判。

裁判理由

法院生效裁判认为,公司章程第二十四条共有四款:第一款规定了股份可以转让,前提为"依法";第二款规定了股东对外转让股份,应取得其他股东同意,且为"事先""一致";第三款、第四款分别规定其他股东享有"优先购买权"与"同售权"。

首先,梦兰集团公司在对外转让股份前未曾事先与其他股东充分协商,梦兰集团公司在2018年发出《股权转让通知》时直接确定了对外转让价格,其他股东在收到通知后明确回函,考虑到梦兰集团公司向梦兰星河公司借款且该款可能产生抽取其公司注册资本的实质后果,不符合《公司法》关于资本维持原则的基本精神,存在法定障碍,要求梦兰集团清除该障碍,并召开股东大会表决。该理由合理、正当,梦兰集团公司该时点并未解决该问题并及时提请股东大会讨论。其次,《股权转让通知》所称股份受让对象与实际受让主体千兴投资公司不一致,虽然千兴投资公司主张梦兰集团公司曾向其他股东明确主体问题,但其内容属于告知股份转让,并非与其他股东商讨行使优先购买权或同售权,形式并不完备。最后,梦兰集团公司未实质通知到小股东孙文,并不符合公司章程第二十四条规定的"一致"要求。因此,千兴投资公司虽主张其与梦兰集团公司签订的《股权转让协议》已对梦兰星河公司以及公司其他股东发生法律效力,但在现有情况下,其履行情况尚不符合公司章程第二十四条的规定，其可待充分履行章程规定的条件后再行主张权利。

第一百五十八条

【股份转让场所和方式】股东转让其股份，应当在依法设立的证券交易场所进行或者按照国务院规定的其他方式进行。

条文解读

本条是关于股份有限公司股份转让场所的规定。依据本条，股份有限公司转让其股份，主要应在依法设立的证券交易场所进行。这里的证券交易场所，分为证券交易所与场外交易场所两种。若股份转让只能在证券交易场所进行，会限制股份的流通性。为了更好地保障股份的流通性，公司法也允许股份转让以其他方式进行。具体方式由国务院规定。

相关规定

《证券法》

第三十七条　公开发行的证券，应当在依法设立的证券交易所上市交易或者在国务院批准的其他全国性证券交易场所交易。

非公开发行的证券，可以在证券交易所、国务院批准的其他全国性证券交易场所、按照国务院规定设立的区域性股权市场转让。

第三十八条　证券在证券交易所上市交易，应当采用公开的集中交易方式或者国务院证券监督管理机构批准的其他方式。

典型案例 违反股份有限公司股份转让场所规定的股权转让协议的效力

姚骏诉许振芳股权转让纠纷案

案例来源 江苏省无锡市中级人民法院(2021)苏02民终4456号民事判决书

关 键 词 民事;股权转让

裁判要点

违反《公司法》关于股份有限公司股份转让场所规定、违反《公司法》关于股份有限公司股份转让限制规定的股权转让协议无效。

基本案情

原告姚骏诉称:被告许振芳立即支付股权转让款。

法院经审理查明:万舜公司为股份有限公司。2015年到2019年,万舜公司的股票在全国中小企业股份转让系统挂牌交易。

万舜公司2014年登记备案的章程载明:公司董事、监事、高管在任职期间应定期申报其所持有的公司股份及变动情况,在任职期间每年转让的股份不得超过其所持有的公司股份总数的25%。万舜公司2014年股东会决议,选举姚骏为第一届董事会董事,任期自2014年11月18日至2017年11月18日。

2017年5月21日,姚骏与许振芳签订股份转让协议,约定:

许振芳同意受让姚骏在万舜公司的股份。鉴于实际情况，许振芳需由姚骏代持上述公司股份并向公司承担责任。

2017年6月15日，姚骏向万舜公司提交辞职报告，请求辞去公司人事经理职务并解除与公司劳动合同关系。后万舜公司选举姚骏为第二届董事会董事，任期自2018年1月31日至2021年1月31日。

裁判结果

无锡市滨湖区人民法院作出(2020)苏0211民初5008号民事判决：驳回姚骏对许振芳的诉讼请求。姚骏提出上诉。江苏省无锡市中级人民法院于2021年9月29日作出(2021)苏02民终4456号民事判决：维持"驳回姚骏对许振芳的诉讼请求"的原判。

裁判理由

法院生效裁判认为：姚骏与许振芳之间的股权转让协议无效。理由为：第一，2018年《公司法》第一百三十八条规定，股东转让其股份，应当在依法设立的证券交易场所进行或者按照国务院规定的其他方式进行。全国股份转让系统是经国务院批准、依据证券法设立的全国性证券交易场所。2018年《公司法》第一百四十一条规定，公司董事、监事、高级管理人员在任职期间每年转让的股份不得超过其所持有本公司股份总数的25%。上述法律规范对股份转让方式及份额作出的限制性规定，是基于规范公司的组织和行为，调整公司与股东之间的关系，从股份转让动态上确保股票交易中公众投资者权益，实现金融市场的公平与秩序，故从立法本意和宗旨分析，应认定为效力性禁止性规定。另外，万舜公司章程明确载明，公司董事在任职期间每年转让的股份不得超过其所持有的公司股份总数的25%,根据法律规定,该规定对作为万舜公司股东及董事的姚骏和许振芳具有约束力。

第二,万舜公司股票在全国中小企业股份转让系统交易的挂牌时间为2015年5月6日至2019年3月15日,该期间万舜公司纳入非上市公众公司监管。姚骏于2017年5月21日与许振芳签订股份转让协议,明显违反了前述《公司法》及万舜公司章程关于股权转让方式及份额的禁止性规定,干扰了金融市场秩序、危及不特定股票投资者的利益,应认定无效,且系绝对无效。

第一百五十九条

【股票转让方式】股票的转让,由股东以背书方式或者法律、行政法规规定的其他方式进行;转让后由公司将受让人的姓名或者名称及住所记载于股东名册。

股东会会议召开前二十日内或者公司决定分配股利的基准日前五日内,不得变更股东名册。法律、行政法规或者国务院证券监督管理机构对上市公司股东名册变更另有规定的,从其规定。

条文解读

本条是关于股票转让方式与股东名册变更的规定,相比2018年《公司法》第一百三十九条,本条的实质性变化在于:(1)将转让的对象由"记名股票"改为"股票"。原因在于,本法取消了公司发行无记名股票的权利,并删除了无记名股票的相关规定。在此基础上,股票与记名股票的范围等同,无须再对“记名”进行强调。(2)旧法条中,对上市公司股东名册另有规定的主体限于“法律”,本条将其扩张为“法律、行政法规或者国务院证券监督管理机构”。这种扩张有助于公司法更好地与证券法律相衔接。

背书转让,是有价证券转让的一种法定形式。股票的背书转让,即转让人作为背书人,在股票上签章,并在股票背面或股票所附的粘单上将受让人记载为被背书人,以将股票所代表的股权转让给受让人的行为。背书转让原则上以股票存在实物载体为前提。随着无纸化改革,实践中许多股份有限公司的股票并不存在实物载体。这些股票的转让,以其他方式进行。具体方式由法律、行政法规规定。股东名册是股东身份的依据,也是股东行使股东权利的依据。故股票转让后,需要将受让人的姓名或者名称及住所记载于股东名册。本条同时明确,公司为有权记载的主体。

本法第一百一十五条规定,公司召开股东会会议,应当将会议召开的时间、地点和审议的事项于会议召开 20 日前通知各股东。确定通知对象是准确通知的前提。股东名册是股东身份的依据,因而也成为公司确定通知对象的依据。为保障股东会会议的顺利召开,本条第二款规定,股东会会议召开前 20 日内不得变更股东名册。类似地,公司在确定利润分配方案时,也需要保持股东的确定。因而,本条第二款规定,公司决定分配股利的基准日前 5 日内,不得变更股东名册。在股东名册不得变更的时间内,股票即使发生了转让,也仍然由转让人作为股东参加股东会会议或接受股利分配。基于上市公司股票转让的特殊性,本条规定,法律、行政法规或者国务院证券监督管理机构对上市公司股东名册变更另有规定的,从其规定。

典型案例 股份有限公司股权权属转移的时点

云南滇资生物产业有限公司与孙梅案外人执行异议之诉

案例来源 最高人民法院(2020)最高法民再324号民事判决书

关 键 词 民事;股权转让;股东名册

裁判要点

非上市股份有限公司股份权属的转移,应当自背书完成或记载于股东名册时即发生效力。

基本案情

原告滇资公司诉称:确认标的股份为滇资公司所有。

被告孙梅辩称:案涉股权未完成交易过户,仍登记在临丰公司名下。未完成登记依法不能对抗第三人。

法院经审理查明:2017年4月1日,原告滇资公司与凌丰公司签订了股权转让协议,受让凌丰公司在临沧临翔沪农商行的普通股200万股。2017年4月13日,滇资公司向凌丰公司转账支付了转让款。2017年4月22日,临沧临翔沪农商行向滇资公司出具了股权证,在临沧临翔沪农商行2017年度股东名册中记载滇资公司持有其200万股股份。临沧临翔沪农商行的国家企业信用信息公示系统显示滇资公司股权变更日期为2017年4月22日,公示时间为2017年10月19日。因被告孙梅与凌丰公司民间借贷纠纷,法院根据孙梅申请作出民事裁定,裁定查封、扣押、冻结凌丰公司的财产,并向云南省临沧市工商局发出协助执行通知书,冻结了滇资公司所有的临沧临翔沪农商行的股份。滇资公司以其为标的股份所有人为由,向法院提出执行异议,请求中止执行标的股份,法院作出执行裁定,驳回滇资公司的异议请求,滇资公司遂提起本案诉讼。

裁判结果

云南省昆明市中级人民法院于2019年3月18日作出(2018)云01民初731号民事判决:驳回原告滇资公司的诉讼请求。滇资公司提出上诉。云南省高级人民法院于2019年10月18日作出(2019)云民终872号民事判决:驳回上诉,维持原判。滇资公司申请再审。最高人民法院于2020年12月24日作出(2020)最高法民再324号民事判决:撤销云南省高级人民法院(2019)云民终872号民事判决以及云南省昆明市中级人民法院(2018)云01民初731号民事判决,确认股份归滇资公司所有。

裁判理由

法院生效裁判认为:案涉股份已经完成权属转移,滇资公司也已实际行使股东权利。股份系股东对公司享有各种权利的集合,主要权利为基于股东资格所获得的对公司享有的财产利益和管理权利。2018年《公司法》第一百三十九条第一款规定:"记名股票,由股东以背书方式或者法律、行政法规规定的其他方式转让;转让后由公司将受让人的姓名或者名称及住所记载于股东名册。"第一百三十条第一款规定:"公司发行记名股票的,应当置备股东名册,记载下列事项:(一)股东的姓名或者名称及住所;(二)各股东所持股份数;(三)各股东所持股票的编号;(四)各股东取得股份的日期。”因此,非上市股份有限公司股份权属的转移,应当自背书完成或记载于股东名册时即发生效力。

就本案而言,临沧临翔沪农商行的股份持有采取了股权证形式,股权证是证明股东持有该行股份的书面凭证,在案涉强制执行措施作出前的2017年4月22日,临沧临翔沪农商行已经向滇资公司出具了股权证,临沧临翔沪农商行2017年度股东名册也记载滇资公司持有其股份,案涉股份的权利已经转移给滇资公司。而且,案涉股份权利转移后不久,临沧临翔沪农商行即提出由滇资公司法定代表人黄宇飞担任该行监事的建议,结合滇资公司参加股东大会及行使表决权的事实,应当认定临沧临翔沪农商行已认可滇资公司的股东身份,滇资公司也完成了法律所要求的案涉股份权属转移的要件,合法继受取得了案涉股份。

相关规定

《上市公司章程指引》

第三十一条 公司依据证券登记机构提供的凭证建立股东名册,股东名册是证明股东持有公司股份的充分证据。股东按其所持有股份的种类享有权利,承担义务;持有同一种类股份的股东,享有同等权利,承担同种义务。

第三十二条 公司召开股东大会、分配股利、清算及从事其他需要确认股东身份的行为时,由董事会或股东大会召集人确定股权登记日,股权登记日收市后登记在册的股东为享有相关权益的股东。

第一百六十条

【股份转让限制】公司公开发行股份前已发行的股份，自公司股票在证券交易所上市交易之日起一年内不得转让。法律、行政法规或者国务院证券监督管理机构对上市公司的股东、实际控制人转让其所持有的本公司股份另有规定的，从其规定。

公司董事、监事、高级管理人员应当向公司申报所持有的本公司的股份及其变动情况，在就任时确定的任职期间每年转让的股份不得超过其所持有本公司股份总数的百分之二十五；所持本公司股份自公司股票上市交易之日起一年内不得转让。上述人员离职后半年内，不得转让其所持有的本公司股份。公司章程可以对公司董事、监事、高级管理人员转让其所持有的本公司股份作出其他限制性规定。

股份在法律、行政法规规定的限制转让期限内出质的，质权人不得在限制转让期限内行使质权。

条文解读

本条是关于股份有限公司股份转让限制的规定，相比 2018 年《公司法》第一百四十一条，本条的实质性变化在于：(1) 删除了“发起人持有的本公司股份，自公司成立之日起一年内不得转让”的规定，回应了实践中发起人转让股份的正当需求。(2) 吸收了既有的证券交易所规则，将每年转让的股份不得超过其所持有本公司股份总数的 25% 的期间由“在任职期间”改为“在就任时确定的任职期间”。在旧法规定中,董事、监事、高级管理人可能通过任期届满前离职的方式缩短限制转让期限。本次改动能够更好地规制此种行为。(3)增加了限制转让期内股份出质的规定。

股份有限公司的股票在证券交易所上市后,其价格通常会比上市前高。这导致不少主体低价抢购公司公开发行股份前已发行的股份,再在公司上市后高价抛售,扰乱了证券市场秩序,也不利于公司正常经营的稳定。因此,本条第一款规定,公司公开发行股份前已发行的股份,自公司股票在证券交易所上市交易之日起一年内不得转让。公司的经营、治理与其股东、实际控制人密切相关,上市公司的股东、实际控制人转让股份,可能导致公司经营方针、投资计划发生改变,不利于公司正常经营的稳定。因此,法律、行政法规或者国务院证券监督管理机构会对上市公司股东、实际控制人的股份转让进行限制。本法第一款“从其规定”实质上是对此种限制的认可,有助于公司法更好地回应证券市场实践。

为了加强董事、监事、高级管理人员与公司的联系,以及防止董事、监事、高级管理人员利用掌握的公司信息进行内幕交易,需要对这些主体转让其所持有的公司股份进行限制。依据本条第二款,公司董事、监事、高级管理人员应当向公司申报其所持有的公司股份及其变动情况。在此基础上,本条对公司董事、监事、高级管理人所持有的公司股份转让进行了如下限制:(1)在就任时确定的任职期间每年转让的股份不得超过其所持有本公司股份总数的25%。(2)所持本公司股份自公司股票上市交易之日起一年内不得转让。(3)离职后半年内,不得转让其所持有的本公司股份。(4)授权公司通过公司章程的方式对转让进行其他限制。

本条第三款一方面明确了股东可以在限制转让期限内将股份出质,另一方面限制了质权人在限制转让期限内行使质权,以防止股东通过出质的方式规避转让限制。

相关规定

《证券法》

第三十六条 依法发行的证券,《中华人民共和国公司法》和其他法律对其转让期限有限制性规定的,在限定的期限内不得转让。

上市公司持有百分之五以上股份的股东、实际控制人、董事、监事、高级管理人员,以及其他持有发行人首次公开发行前发行的股份或者上市公司向特定对象发行的股份的股东,转让其持有的本公司股份的,不得违反法律、行政法规和国务院证券监督管理机构关于持有期限、卖出时间、卖出数量、卖出方式、信息披露等规定,并应当遵守证券交易所的业务规则。

第一百六十一条

【异议股东可以请求公司回购其股份的情形】有下列情形之一的,对股东会该项决议投反对票的股东可以请求公司按照合理的价格收购其股份,公开发行股份的公司除外:

(一)公司连续五年不向股东分配利润,而公司该五年连续盈利,并且符合本法规定的分配利润条件;

（二）公司转让主要财产；

（三）公司章程规定的营业期限届满或者章程规定的其他解散事由出现，股东会通过决议修改章程使公司存续。

自股东会决议作出之日起六十日内，股东与公司不能达成股份收购协议的，股东可以自股东会决议作出之日起九十日内向人民法院提起诉讼。

公司因本条第一款规定的情形收购的本公司股份，应当在六个月内依法转让或者注销。

条文解读

本条是关于股份有限公司股东在特殊情况下可以请求公司收购其股份而退出公司的规定，系本次修订新增条文。在实践中，相当数量的股份有限公司同有限责任公司一样，股份交易市场较小，股东难以通过转让股份的方式退出公司。在这些公司中，也可能存在多数股东利用资本多数决损害少数股东利益的情形。新增本条规定，有助于对这些公司中的股东进行救济。

公司收购股份是股份转让的特殊方式。相较一般的股份转让，公司收购自身的股份，会存在便利不当股份交易、强化公司内部人控制权等问题。因此，公司法原则上不允许股份有限公司收购自身的股份。但当出现多数股东利用资本多数决损害少数股东利益，且少数股东难以退出公司的情形时，有必要通过赋予少数股东股份收购请求权的方式，实现其退出公司的目的，让少数股东得到救济。

依据本条,股东行使股份收购请求权需要满足如下条件限制:(1)公司不属于公开发行股份的股份有限公司。(2)公司股东会对本条规定的三种事项作出了有效决议。(3)股东对该决议投了反对票,即股东属于股东会决议的异议股东。

为了更好地落实第一款的规定,本条第二款规定了股东要求公司收购股份的协议期限。若异议股东与公司在该期限内不能达成股份收购协议,其有权在法定期限内向人民法院提起诉讼,寻求司法救济。依据本款规定,该法定期限为自股东会决议作出之日起90日。

本条第三款对公司收购股份后的后续处理进行了规定,要求公司应当将收购的股份在6个月内依法转让或者注销。

第一百六十二条

【公司股份回购】公司不得收购本公司股份。但是,有下列情形之一的除外:

(一)减少公司注册资本;

(二)与持有本公司股份的其他公司合并;

(三)将股份用于员工持股计划或者股权激励;

(四)股东因对股东会作出的公司合并、分立决议持异议,要求公司收购其股份;

(五)将股份用于转换公司发行的可转换为股票的公司债券;

(六)上市公司为维护公司价值及股东权益所必需。

公司因前款第一项、第二项规定的情形收购本公司股份的,应当经股东会决议;公司因前款第三项、第五项、第六项规定的情形收购本公司股份的,可以按照公司章程或者股东会的授权,经三分之二以上董事出席的董事会会议决议。

公司依照本条第一款规定收购本公司股份后,属于第一项情形的,应当自收购之日起十日内注销;属于第二项、第四项情形的,应当在六个月内转让或者注销;属于第三项、第五项、第六项情形的,公司合计持有的本公司股份数不得超过本公司已发行股份总数的百分之十,并应当在三年内转让或者注销。

上市公司收购本公司股份的,应当依照《中华人民共和国证券法》的规定履行信息披露义务。上市公司因本条第一款第三项、第五项、第六项规定的情形收购本公司股份的,应当通过公开的集中交易方式进行。

公司不得接受本公司的股份作为质权的标的。

条文解读

本条是关于股份有限公司收购本公司股份的限制性规定,相较2018年《公司法》第一百四十二条,本条将“将股份用于转换上市公司发行的可转换为股票的公司债券”改为“将股份用于转换公司发行的可转换为股票的公司债券”。本法第二百零二条扩张了发行可转换债的公司范围。因此,本条也作了相应修改。

公司收购自身的股份,会产生许多问题。故而,公司法原则上禁止股份有限公司收购本公司股份,仅在例外情形下允许。本条第一款规定了股份有限公司可以收购本公司股份的例外情形。

本条第二款对收购本公司股份的公司机构决议程序进行了规定。对于“减少公司注册资本”“与持有本公司股份的其他公司合并”这两种例外情形,应当经股东会决议,不得授权董事会决议。对于“将股份用于员工持股计划或者股权激励”“将股份用于转换公司发行的可转换为股票的公司债券”“上市公司为维护公司价值及股东权益所必需”这三种例外情形,可以由董事会决议。董事会决议的前提是得到了公司章程或股东会的授权,作出决议的董事会会议需要满足2/3以上董事出席这一条件。

本条第三款对公司收购股份后的后续处理进行了规定。本款针对不同的例外情形,规定了差异化的处理期限与处理方式。且针对“将股份用于员工持股计划或者股权激励”“将股份用于转换公司发行的可转换为股票的公司债券”“上市公司为维护公司价值及股东权益所必需”这三种例外情形,本款还规定了数额限制,即“公司合计持有的本公司股份数不得超过本公司已发行股份总数的百分之十”。

本条第四款对上市公司收购本公司股份的信息披露义务与交易方式进行了规定。

本条第五款对股份有限公司不得接受本公司的股份作为质权的标的进行了规定。质权人在实现质权时,有权将质权的标的折价或以变卖、拍卖质权的标的所得的价款优先受偿。因此,若股份有限公司接受本公司的股份作为质权的标的,就可能取得本公司股份。而依据本条第一款,公司原则上不得取得本公司股份。

典型案例 公司回购自身股份行为的效力

湖南长大建设集团股份有限公司等诉王应球等案外人执行异议之诉

案例来源 湖南省长沙市中级人民法院(2016)湘01民终7991号民事判决书

关 键 词 民事;股权回购

裁判要点

除2013年《公司法》第一百四十二条规定的例外情形外,公司收购本公司股份的行为无效。

基本案情

原告长大公司诉称:确认原属李新其持有的长大公司股份所有权归属于长大公司。

法院经审理查明:长大公司系非上市股份有限公司,李新其及长大公司工会系长大公司的发起人股东之一,所持股份为记名股票。因李新其拖欠长大公司借款,长大公司与李新其签订了股权转让协议,约定李新其将其持有长大公司股权转让给长大公司,以抵扣李新其的欠款。后长大公司通过企业信用信息公示系统网站公示了李新其持有的长大公司股份已全部转让给长大公司工会的股权变更信息。

裁判结果

湖南省长沙市天心区人民法院作出(2015)天民初字第03342民事判决:驳回原告长大公司的诉讼请求。长大公司提出上诉。湖南省长沙市中级人民法院于2016年12月26日作出(2016)湘

01 民终 7991 号民事判决：驳回上诉，维持原判。

裁判理由

法院生效裁判认为：根据 2013 年《公司法》第一百四十二条规定，“公司不得收购本公司股份。但是，有下列情形之一的除外：(一)减少公司注册资本；(二)与持有本公司股份的其他公司合并；(三)将股份奖励给本公司职工；(四)股东因对股东大会作出的公司合并、分立决议持异议，要求公司收购其股份的”。长大公司作为一家股份有限公司仅在前述规定的四种法定情形下可以收购本公司股份。在本案中，长大公司以股抵债收购李新其在长大公司的全部股份，将该股份归于长大公司工会名下的行为实际上就是一种变相的股份回购行为，不符合前述《公司法》第一百四十二条规定中的任何一种情形，故长大公司以股抵债收购李新其在长大公司的全部股份的行为无效。

第一百六十三条

【禁止财务资助】公司不得为他人取得本公司或者其母公司的股份提供赠与、借款、担保以及其他财务资助，公司实施员工持股计划的除外。

为公司利益，经股东会决议，或者董事会按照公司章程或者股东会的授权作出决议，公司可以为他人取得本公司或者其母公司的股份提供财务资助，但财务资助的累计总额不得超过已发行股本总额的百分之十。董事会作出决议应当经全体董事的三分之二以上通过。

违反前两款规定,给公司造成损失的,负有责任的董事、监事、高级管理人员应当承担赔偿责任。

条文解读

本条是关于股份有限公司为他人取得本公司股份进行财务资助行为的规定,系本次修订新增条文。

为他人取得本公司股份的财务资助行为,会导致公司资产向股东或潜在股东流出。实践中,公司的控制者经常利用财务资助行为为股东或潜在股东进行不正当的利益输送。在证券法律实践中,证券监管部门对财务资助行为有着较为完善的规范,本条将财务资助的法律规范提高到了公司法层面。

依据本条第一款,公司法原则上禁止公司实施财务资助行为,仅允许在“实施员工持股计划”这一例外情形下进行财务资助。

本条第二款规定了不针对具体情形的一般例外。依据本款,一般例外需要满足如下条件:(1)实施财务资助是为了公司利益(目的条件)。(2)财务资助行为经股东会决议或者董事会决议(程序条件)。其中,董事会决议的前提是得到了公司章程或股东会的授权。董事会作出决议的方式为特别决议,即需要由全体董事的2/3以上同意。(3)财务资助的累计总额不得超过已发行股本总额的10%(数额条件)。

本条第三款规定了违法财务资助的民事责任。该损害赔偿责任的责任主体是负有责任的董事、监事、高级管理人员。

相关规定

《上市公司章程指引》

第二十一条 公司或公司的子公司(包括公司的附属企业)不得以赠与、垫资、担保、补偿或贷款等形式,对购买或者拟购买公司股份的人提供任何资助。

第一百六十四条

【股票被盗、遗失或者灭失的救济途径】股票被盗、遗失或者灭失,股东可以依照《中华人民共和国民事诉讼法》规定的公示催告程序,请求人民法院宣告该股票失效。人民法院宣告该股票失效后,股东可以向公司申请补发股票。

条文解读

本条是关于股票被盗、遗失或者灭失的处理规定,相较2018年《公司法》第一百四十三条,本条的变化在于:将被盗、遗失或者灭失的对象由“记名股票”改为“股票”。原因在于,本法取消了公司发行无记名股票的权利,并删除了无记名股票的相关规定。在此基础上,股票与记名股票的范围等同,无须再对“记名”进行强调。

公示催告程序是指,人民法院依据权利人的申请,以公告的方式向不确定的利害关系人进行告知,并催促其在法定期间内申报权利。逾期无人申报的,人民法院作出宣告票据无效的程序。公示催告程序属于《民事诉讼法》规定的非诉程序。股东在股票被盗、遗失或者灭失后,可以依照《民事诉讼法》关于公示催告程序的规定,请求人民法院宣告该股票失效。人民法院通过公示催告程序宣告该股票失效后,股东依据本条,可请求公司向其补发股票。

相关规定

《民事诉讼法》

第二百二十九条第一款 按照规定可以背书转让的票据持有人,因票据被盗、遗失或者灭失,可以向票据支付地的基层人民法院申请公示催告。依照法律规定可以申请公示催告的其他事项,适用本章规定。

第二百三十条 人民法院决定受理申请,应当同时通知支付人停止支付,并在三日内发出公告,催促利害关系人申报权利。公示催告的期间,由人民法院根据情况决定,但不得少于六十日。

第二百三十一条 支付人收到人民法院停止支付的通知,应当停止支付,至公示催告程序终结。

公示催告期间,转让票据权利的行为无效。

第二百三十二条 利害关系人应当在公示催告期间向人民法院申报。

人民法院收到利害关系人的申报后,应当裁定终结公示催告程序,并通知申请人和支付人。

申请人或者申报人可以向人民法院起诉。

第二百三十三条 没有人申报的,人民法院应当根据申请人的申请,作出判决,宣告票据无效。判决应当公告,并通知支付人。自判决公告之日起,申请人有权向支付人请求支付。

第二百三十四条 利害关系人因正当理由不能在判决前向人民法院申报的,自知道或者应当知道判决公告之日起一年内,可以向作出判决的人民法院起诉。

第一百六十五条

【上市公司股票交易】上市公司的股票,依照有关法律、行政法规及证券交易所交易规则上市交易。

条文解读

本条是关于上市公司股票交易的原则规定。上市公司,是指其股票在证券交易所上市交易的股份有限公司。依据证券法的规定,申请股票等证券上市交易,应当向证券交易所提出申请,由证券交易所依法审核同意,并由双方签订上市协议。申请上市交易,应当符合证券交易所上市规则规定的上市条件。证券法律制度对上市公司股票的上市交易进行了全面规范,包括交易的具体方式、禁止的交易行为等。如证券法规定,上市公司的股票在证券交易所上市交易,应当采用公开的集中交易方式或者国务院证券监督管理机构批准的其他方式。

第一百六十六条

【上市公司信息披露】上市公司应当依照法律、行政法规的规定披露相关信息。

条文解读

本条是关于上市公司披露其有关信息的规定。

上市公司负有及时依法履行信息披露的义务。为了方便投资者进行决策,保护投资者的合法权益,上市公司应当依照法律、行政法规的规定,将公司的有关情况及时披露。本条对应2018年《公司法》第一百四十五条,该条规定的披露内容更为具体,即上市公司必须“公开其财务状况、经营情况及重大诉讼,在每会计年度内半年公布一次财务会计报告”。《证券法》对上市公司的信息披露有着更为全面、详尽、具体的规定。本条采取对上市公司信息披露义务进行概括规定的做法,能更好地与《证券法》相衔接。

第一百六十七条

【股份有限公司自然人股东的股东资格继承】自然人股东死亡后,其合法继承人可以继承股东资格;但是,股份转让受限的股份有限公司的章程另有规定的除外。

条文解读

本条是关于股份有限公司的自然人股东死亡后,其合法继承人对股东资格的继承的规定。

依据继承法的规定,自然人股东死亡后,其合法继承人继承其遗产。股权既包括财产权部分,又包括基于财产权产生的身份权部分,即股东资格。股权的财产权部分,作为遗产,可以被合法继承人继承。股权的身份权部分,原则上应当随其财产权部分一同转让。“合法继承人可以继承股东资格”的规定,符合一同转让的原则。但对于股份转让受限的股份有限公司而言,股东间的相互信任关系非常重要,而其他股东可能并不信任股东的继承人。为了保护此类公司股东间的相互信任关系,本条授权此类公司根据自身的实际情况,通过公司章程规定的形式,处理其股东资格的继承问题。

CHAPTER 07

第 七 章

国家出资公司组织机构的特别规定

第一百六十八条

【国家出资公司】国家出资公司的组织机构，适用本章规定；本章没有规定的，适用本法其他规定。

本法所称国家出资公司，是指国家出资的国有独资公司、国有资本控股公司，包括国家出资的有限责任公司、股份有限公司。

条文解读

本条是关于国家出资公司概念的规定。《公司法》此次修订前，以“国有独资公司”作为规范对象，将“国有独资公司”作为有限责任公司的一种特殊形式——国家作为唯一股东的有限责任公司，在原“第二章　有限责任公司的设立和组织机构”中设“国有独资公司的特别规定”一节进行专门规定。与本条相对应的规定是第六十四条。国有企业制度经过多年的改革和实践，特别是党的十八大以来，围绕党中央、国务院的顶层设计，探索形成了诸多可借鉴、可复制、可推广的经验做法。本次《公司法》修订，贯彻党中央关于深化国有企业改革重大决策部署要求，将新一轮国企改革的成果通过法律形式加以固定,对完善中国特色现代企业制度具有重要意义。新修订的《公司法》设立专章,专门规定"国家出资公司",将规范对象从国有独资公司扩大到国有独资、国有资本控股的有限责任公司、股份有限公司。近年来,国有企业改革不断深化,特别是股权多元化改革和混合所有制改革的实践持续推进,国家出资的许多公司已不再属于国有独资公司,《公司法》对适用范围的调整可以说与国有企业改革的实践成果相适应。需要说明的是,2009 年 5 月 1 日开始施行的《企业国有资产法》已经将国有独资公司、国有资本控股公司等国家出资公司归入国家出资企业的范畴,但是国家出资企业外延更广,包括"国家出资的国有独资企业、国有独资公司,以及国有资本控股公司、国有资本参股公司"——组织形式上,无论是公司还是其他企业组织形式,只要有国家出资,均应纳入《企业国有资产法》的调整范围;仅就公司这一企业组织形态而言,股权(份)份额无论是控股还是参股,只要有国家出资,也应当纳入《企业国有资产法》的调整范围。相比之下,此次修订后《公司法》所调整的"国家出资公司",企业组织形式必须是公司(有限责任公司或股份有限公司),股权(份)份额必须是独资或控股。

相关规定

《企业国有资产法》

第五条 本法所称国家出资企业,是指国家出资的国有独资企业、国有独资公司,以及国有资本控股公司、国有资本参股公司。

第一百六十九条

【履行国家出资公司出资人职责的主体】国家出资公司，由国务院或者地方人民政府分别代表国家依法履行出资人职责，享有出资人权益。国务院或者地方人民政府可以授权国有资产监督管理机构或者其他部门、机构代表本级人民政府对国家出资公司履行出资人职责。

代表本级人民政府履行出资人职责的机构、部门，以下统称为履行出资人职责的机构。

条文解读

本条是关于国家出资公司管理机构的规定。《公司法》此次修订前，对应的条文是第六十四条第二款，该款仅规定国务院或地方人民政府授权本级人民政府国有资产监督管理机构履行出资人职责，及国务院或地方各级国资委履行出资人职责。2009年5月1日开始施行的《企业国有资产法》第十一条在规定国务院和地方人民政府的国有资产监督管理机构代表本级人民政府对国家出资企业履行出资人职责的基础上，规定国务院和地方人民政府可以授权其他部门、机构代表本级人民政府对国家出资企业履行出资人职责。在国有企业实践中，存在国资、财政、文化、高校等方面的机构履行出资人职责管理国有资产——国家出资公司。此次《公司法》修订，巩固和深化国企制度改革实践成果，以完善中国特色现代企业制度为导向，在本条第一款将国务院和地方人民政府授权的其他部门、机构同国有资产监督管理机构（国资委）并列，一同纳入代表本级人民政府对国家出资公司履行出资人职责的机构之中。此外，本条第二款借鉴《企业国有资产法》的成熟立法经验，以统一的“履行出资人职责的机构”概念指代本级人民政府履行出资人职责的机构、部门。

相关规定

《企业国有资产法》

第十一条　国务院国有资产监督管理机构和地方人民政府按照国务院的规定设立的国有资产监督管理机构，根据本级人民政府的授权，代表本级人民政府对国家出资企业履行出资人职责。

国务院和地方人民政府根据需要，可以授权其他部门、机构代表本级人民政府对国家出资企业履行出资人职责。

代表本级人民政府履行出资人职责的机构、部门，以下统称履行出资人职责的机构。

第一百七十条

【国家出资公司党组织的领导作用】国家出资公司中中国共产党的组织，按照中国共产党章程的规定发挥领导作用，研究讨论公司重大经营管理事项，支持公司的组织机构依法行使职权。

条文解读

本条是关于党组织在国家出资公司治理中领导作用的规定，

系本次修订新增条文。将党的领导融入国家出资公司治理结构之中,以法律的形式明确党组织对国家出资公司重大事项的管理权,强调党组织对国家出资公司组织机构依法行使职权的支持,确保党和国家方针政策、重大决策部署的贯彻执行,是建立健全中国特色现代国有企业制度的题中之义。明确和落实党组织在国家出资公司治理结构中的法定地位,有助于把加强党的领导和完善公司治理统一起来,充分发挥党组织把方向、管大局、保落实的作用。

第一百七十一条

【国有独资公司章程制定】国有独资公司章程由履行出资人职责的机构制定。

条文解读

本条是关于国有独资公司章程的规定。此次《公司法》修订前,与本条对应的条文是第六十五条。本条所作调整主要有:一是本次《公司法》修订将代表本级人民政府履行出资人职责的机构、部门统称为履行出资人职责的机构,本条使用履行出资人职责的机构这一概念替换2018年《公司法》对应条文中的国有资产监督管理机构概念。二是2018年《公司法》对应条文中允许国有独资公司董事会制订公司章程后报国有资产监督管理机构批准,此次《公司法》修订后不再保留上述规定,国有独资公司章程只能由履行出资人职责的机构制定,强化了履行出资人职责的机构对国有独资公司的监督管理职权。

第一百七十二条

【国有独资公司重大事项的决定】国有独资公司不设股东会，由履行出资人职责的机构行使股东会职权。履行出资人职责的机构可以授权公司董事会行使股东会的部分职权，但公司章程的制定和修改，公司的合并、分立、解散、申请破产，增加或者减少注册资本，分配利润，应当由履行出资人职责的机构决定。

条文解读

本条是关于国有独资公司股东权行使的规定。此次《公司法》修订前，与本条对应的条文是第六十六条，本条所作调整主要有：一是统一使用履行出资人职责的机构概念替换国有资产监督管理机构概念。二是允许一般授权、重大事项除外，即允许履行出资人职责的机构授权公司董事会行使股东会部分职权，但是公司章程的制定和修改，公司合并、分立、解散、申请破产，增加或者减少注册资本，分配利润等事项的决策权只能由履行出资人职责的机构行使。相较而言，2018 年《公司法》第六十六条在一般授权部分有“决定公司的重大事项”表述，在必须由国资监管机构决策的事项中有“发行公司债券”，上述两者均在此次修订中予以删除。2018 年《公司法》第六十六条还要求重要的国有独资公司合并、分立、解散、申请破产必须在国资监管机构审核后报本级人民政府批准，此次修订不再使用“重要的国有独资公司”概念，取消了相关事项报本级人民政府批准的规定，提升了作出相关决策的效率，缓解了代理成本问题。同时，在必须报履行出资人职责的机构决定的事项中增加了增减注册资本和利润分配两个事项，提高了规定的全面性、完整性。

第一百七十三条

【国有独资公司董事会】国有独资公司的董事会依照本法规定行使职权。

国有独资公司的董事会成员中，应当过半数为外部董事，并应当有公司职工代表。

董事会成员由履行出资人职责的机构委派；但是，董事会成员中的职工代表由公司职工代表大会选举产生。

董事会设董事长一人，可以设副董事长。董事长、副董事长由履行出资人职责的机构从董事会成员中指定。

条文解读

本条是关于国有独资公司董事会的规定。此次《公司法》修订前，与本条对应的条文是第六十七条，本条所作调整主要有：一是增加一款作为第一款，概括规定国有独资公司董事会依照公司法规定行使职权。二是统一使用履行出资人职责的机构概念替换国有资产监督管理机构概念。三是删除原有董事每届任期的规定，不再对董事任期提出要求。四是提出“外部董事”

概念,要求国有独资公司董事会成员过半数应当为“外部董事”,以此加强履行出资人职责的机构对国有独资公司的监督和管理。

第一百七十四条

【国有独资公司经理聘任、解聘和兼任】国有独资公司的经理由董事会聘任或者解聘。

经履行出资人职责的机构同意,董事会成员可以兼任经理。

条文解读

本条是关于国有独资公司经理的规定。此次《公司法》修订前,与本条对应的条文是第六十八条,本条所作调整主要是使用履行出资人职责的机构概念替换国有资产监督管理机构概念,同时精简了条文表述。

第一百七十五条

【国有独资公司董事、高级管理人员禁止兼职】国有独资公司的董事、高级管理人员,未经履行出资人职责的机构同意,不得在其他有限责任公司、股份有限公司或者其他经济组织兼职。

条文解读

本条是关于国有独资公司高层人员兼职禁止的规定。此次《公司法》修订前，与本条对应的条文是第六十九条，本条所作调整主要是使用履行出资人职责的机构概念替换国有资产监督管理机构概念，同时精简了条文表述。

第一百七十六条

【国有独资公司监事会设置例外】国有独资公司在董事会中设置由董事组成的审计委员会行使本法规定的监事会职权的，不设监事会或者监事。

条文解读

本条是关于国有独资公司审计委员会的规定。2018年《公司法》第七十条对国有独资公司监事会设置、组成及职权等进行了专门规定。本次《公司法》修订，删除了国有独资公司监事会的专门规定，同时在本条特别规定设审计委员会的国有独资公司不设监事会或监事，体现了《深化党和国家机构改革方案》“不再设立国有重点大型企业监事会”的要求，吸收了党的十八大以来国有企业改革和国有资本管理体制改革的成功经验，反映了相关领域的改革成果。

第一百七十七条

【国家出资公司合规管理】国家出资公司应当依法建立健全内部监督管理和风险控制制度,加强内部合规管理。

条文解读

本条是关于国有独资公司内部合规管理的规定,系本次修订新增条文。本条规定吸收了党的十八大以来国有企业改革和国有资本管理体制改革的成功经验,反映了相关领域的改革成果。

CHAPTER 08

第八章

公司董事、监事、高级管理人员的资格和义务

第一百七十八条

【董事、监事、高级管理人员消极资格】有下列情形之一的，不得担任公司的董事、监事、高级管理人员：

（一）无民事行为能力或者限制民事行为能力；

（二）因贪污、贿赂、侵占财产、挪用财产或者破坏社会主义市场经济秩序，被判处刑罚，或者因犯罪被剥夺政治权利，执行期满未逾五年，被宣告缓刑的，自缓刑考验期满之日起未逾二年；

（三）担任破产清算的公司、企业的董事或者厂长、经理，对该公司、企业的破产负有个人责任的，自该公司、企业破产清算完结之日起未逾三年；

（四）担任因违法被吊销营业执照、责令关闭的公司、企业的法定代表人，并负有个人责任的，自该公司、企业被吊销营业执照、责令关闭之日起未逾三年；

（五）个人因所负数额较大债务到期未清偿被人民法院列为失信被执行人。

违反前款规定选举、委派董事、监事或者聘任高级管理人员的,该选举、委派或者聘任无效。

董事、监事、高级管理人员在任职期间出现本条第一款所列情形的,公司应当解除其职务。

条文解读

本条是关于公司董事、监事、高级管理人员任职资格的限制性规定,本次修订增加"被宣告缓刑的,自缓刑考验期满之日起未逾二年""责令关闭""被人民法院列为失信被执行人"等相关规定,更为完善、合理,其他无变化。公司董事、监事、高级管理人员作为公司机关的管理人员,其品行和能力对公司正常运营及公司内外相关主体合法权益保障均具有重要影响。因此,对公司董事、监事、高级管理人员任职资格作出限制性规定,系各国通行做法。本条第一款列举了诸多不得担任公司董事、监事、高级管理人员的情形,需要注意的是,本次修订增加的"被宣告缓刑的,自缓刑考验期满之日起未逾二年"和"责令关闭"规定,使相关规定更为全面、完整,增加"被人民法院列为失信被执行人"作为个人负数额较大债务到期未清偿的限定,更为科学、合理。本条第二款对违反法律规定选举、委派董事、监事或者聘任高级管理人员的,明确其为无效,不产生法律效力。本条第三款对于董事、监事、高级管理人员在任职期间出现法律规定的任职资格限制性情形的,规定公司应解除其职务。公司违法未解除者,相关人员将依法承担相应的法律责任。

第一百七十九条

【董事、监事、高级管理人员守法义务】董事、监事、高级管理人员应当遵守法律、行政法规和公司章程。

条文解读

本条是关于公司董事、监事、高级管理人员遵守法律、行政法规和公司章程的规定,本次修订将其单列条文,内容无变化。遵守法律、行政法规是每一个社会主体的法定义务,公司董事、监事、高级管理人员自然亦不能例外。另据《公司法》第五条规定,公司章程对公司董事、监事、高级管理人员具有约束力,其当然应当遵守公司章程。就此而言,本条规定似不言自明,甚至无须规定。但客观地讲,2018 年《公司法》将该内容与董事、监事、高级管理人员的忠实义务和勤勉义务规定在一个法条中,在一定程度上淡化了该内容的重要性,公司实践中董事、监事、高级管理人员遵守法律、行政法规和公司章程的情况也并不理想,特别是《公司法》本次修订增加了董事、高级管理人员对第三人赔偿责任的规定,单列本条规定董事、监事、高级管理人员应当遵守法律、行政法规和公司章程,具有重要意义。

第一百八十条

【董事、监事、高级管理人员忠实和勤勉义务】董事、监事、高级管理人员对公司负有忠实义务,应当采取措施避免自身利益与公司利益冲突,不得利用职权牟取不正当利益。

董事、监事、高级管理人员对公司负有勤勉义务,执行职务应当为公司的最大利益尽到管理者通常应有的合理注意。

公司的控股股东、实际控制人不担任公司董事但实际执行公司事务的,适用前两款规定。

条文解读

本条是关于公司董事、监事、高级管理人员忠实义务和勤勉义务的规定,本次修订在2018年《公司法》基础上对忠实义务和勤勉义务进行补充完善,并对不担任公司董事但实际执行公司事务的公司控股股东和实际控制人同等对待。一般认为,董事、监事、高级管理人员的忠实义务和勤勉义务,来自信托法中受托人的受信义务或信义义务。忠实义务是关于董事、监事、高级管理人员"道德"的消极义务,本条第一款明确董事、监事、高级管理人对公司的忠实义务的核心在于不得利用职权牟取不正当利益,应当采取措施避免自身利益与公司利益冲突,不得将个人利益凌驾于公司利益之上,不得采取任何方式追求个人利益而损害公司利益。勤勉义务亦称注意义务,是关于董事、监事、高级管理人员"能力"的积极义务,本条第二款要求董事、监事、高级管理人执行职务应当为公司的最大利益尽到管理者通常应有的合理注意,通说认为以"客观标准为主、主观标准为辅"作为判断是否履行勤勉义务的标准:客观上必须表现出一个处于类似地位的普通谨慎之人在相似的情形下所应具备的勤勉、技能和注意,善意地、合理地为追求公司的最大利益而行事;主观上,如果有证据充分证明其具有的知识、技能和经验等明显高出客观标准,应以其是否诚实地运用其全部知识、技能与注意作为衡量其是否履行注意义务的标准。对于在公司中不担任职务但实际执行公司事务的公司控股股东、实际控制人,即学理上的"事实董事",本次修订增加第三款,明确公司的控股股东、实际控制人不担任公司董事但实际执行公司事务的,适用关于董事、监事、高级管理人忠实义务和勤勉义务的法律规定,强化了对公司控股股东、实际控制人的法律规制。需要注意的是,本款明确的是"不担任公司董事但实际执行公司事务",对于"不担任高级管理人员但实际执行公司事务"则未予规定,可能构成法律漏洞。

第一百八十一条

【董事、监事、高级管理人员的禁止行为】董事、监事、高级管理人员不得有下列行为:

(一)侵占公司财产、挪用公司资金;

(二)将公司资金以其个人名义或者以其他个人名义开立账户存储;

(三)利用职权贿赂或者收受其他非法收入;

(四)接受他人与公司交易的佣金归为己有;

(五)擅自披露公司秘密;

(六)违反对公司忠实义务的其他行为。

条文解读

本条是关于禁止公司董事、监事、高级管理人员从事违反忠实义务行为的规定，本次修订的变化主要有四：一是增加“监事”作为适用主体，与《公司法》第一百八十条监事对公司亦负有忠实义务保持一致，规定更为全面、合理。二是将2018年《公司法》第一百四十七条第二款“侵占公司的财产”“利用职权收受贿赂或者其他非法收入”整合进本条。颇值得注意的是，本次修订改为“利用职权贿赂或者收受其他非法收入”，“利用职权收受贿赂”与“利用职权贿赂”存在不同。三是删除关于“违反公司章程的规定，未经股东会、股东大会或者董事会同意，将公司资金借贷给他人或者以公司财产为他人提供担保”的规定。四是将与公司交易、利用公司商业机会、竞业禁止等另行单列条文规定，法律规制更为集中、完整。公司实践中，董事、监事、高级管理人员可能通过多种方式违反忠实义务损害公司以及公司股东的合法权益，本条在前条关于董事、监事、高级管理人员对公司负有忠实义务的基础上，细化列举了诸多违反忠实义务的行为，对于引导董事、监事、高级管理人员履行忠实义务具有重要意义。

第一百八十二条

【董事、监事、高级管理人员及其关联人关联交易报告】董事、监事、高级管理人员，直接或者间接与本公司订立合同或者进行交易，应当就与订立合同或者进行交易有关的事项向董事会或者股东会报告，并按照公司章程的规定经董事会或者股东会决议通过。

董事、监事、高级管理人员的近亲属,董事、监事、高级管理人员或者其近亲属直接或者间接控制的企业,以及与董事、监事、高级管理人员有其他关联关系的关联人,与公司订立合同或者进行交易,适用前款规定。

条文解读

本条是关于公司董事、监事、高级管理人员关联交易的规定,本次修订单列条文,变化主要有三:一是增加"监事"作为适用主体,规定更为全面、合理;二是扩充关联交易的范围,本条第一款规定"直接或者间接"与本公司订立合同或者进行交易,均属之,本条第二款规定董事、监事、高级管理人员的近亲属,董事、监事、高级管理人员或者其近亲属直接或者间接控制的企业,以及与董事、监事、高级管理人员有其他关联关系的关联人,与公司订立合同或者进行交易,亦属之;三是完善了关联交易的报告和批准制度。关联交易可谓利弊共存,既可能降低交易成本、提高交易效率,也存在利用关联关系损害公司利益的极大可能,本条第一款要求董事、监事、高级管理人员应当就关联交易有关事项向董事会或股东会报告,并按照公司章程的规定经董事会或者股东会决议通过,实际上授权公司章程对关联交易的通过机关进行自主安排,并就关联交易在充分知情的前提下权衡利弊进而作出通过与否的决定,更为科学、合理。

典型案例 董事自我交易的认定

冷佳峰与谢虎与公司有关的纠纷案

案例来源 重庆市高级人民法院(2020)渝民终543号民事判决书

关 键 词 董事;自我交易;非法收入

裁判要点

公司董事、高级管理人员除依法经同意外,不得与本公司订立合同或者进行交易,否则其因此获得非法收入归公司所有。

基本案情

重庆云创置业发展有限公司(以下简称云创公司)于2015年1月4日注册成立,注册资本为2000万元,股东为谢虎(持股50%)、冷佳峰(持股50%)。冷佳峰为云创公司的法定代表人,任执行董事兼总经理,谢虎任云创公司的监事。2016年1月至3月,云创公司因资金困难需要对外贷款,冷佳峰将自有资金假借"夏小平""陶俊"(两人不存在)、李正容的名义借给云创公司使用。其中,"夏小平"名下540万元,"陶俊"、李正容名下700万元,合计1240万元。法院审理中,云创公司举示云创公司领(借)款申请单和费用报销单等证据,证明云创公司按照借条约定,向"夏小平"、"陶俊"、李正容偿还借款全部本金和利息。支付利息共计14,840,435元。谢虎以云创公司监事身份起诉,认为冷佳峰进行自我交易,应当返还非法利息收入。

裁判结果

重庆市第五中级人民法院作出(2019)渝05民初112号民事

判决书,判决冷佳峰向云创公司返还非法利息收入。冷佳峰不服提起上诉。重庆市高级人民法院作出(2020)渝民终543号民事判决书判决:驳回上诉,维持原判。

裁判理由

法院生效裁判认为:根据公司法规定,董事、高级管理人员除公司章程规定或者股东会同意外,不得与本公司订立合同或者进行交易。该规定是为了保障董事、高级管理人员对公司的忠实义务的有效履行,必须严格遵守。本案中,冷佳峰作为云创公司的执行董事兼总经理,属于高级管理人员,理应履行对公司的忠实义务。由于云创公司章程中没有允许董事、高级管理人员同本公司订立合同或者进行交易的明确规定,且冷佳峰假借他人的名义与云创公司订立借款合同,出借资金给云创公司,并未经股东会同意或得到另一股东谢虎的同意。根据公司法规定,冷佳峰从云创公司所获得的利息收入应当归公司所有。

第一百八十三条

【董事、监事、高级管理人员合法谋取商业机会】董事、监事、高级管理人员,不得利用职务便利为自己或者他人谋取属于公司的商业机会。但是,有下列情形之一的除外:

(一)向董事会或者股东会报告,并按照公司章程的规定经董事会或者股东会决议通过;

(二)根据法律、行政法规或者公司章程的规定,公司不能利用该商业机会。

条文解读

本条是关于公司董事、监事、高级管理人员利用公司商业机会的规定,本次修订单列条文,变化主要有二:一是增加“监事”作为适用主体,规定更为全面、合理;二是完善了公司董事、监事、高级管理人员利用公司商业机会的例外制度。公司商业机会本质上属于公司的业务资源,应由公司进行利用以追求营利目标,故本条首先作出董事、监事、高级管理人员不得利用职务便利为自己或者他人谋取公司商业机会的原则性规定。但实践中,公司可能因业务发展、经营决策等主客观原因,无法或不愿利用商业机会,此时仍禁止董事、监事、高级管理人员利用商业机会,则显属过苛,亦不利于社会资源的充分利用。故本条补充完善了公司商业机会的例外利用规则:其一,要求董事、监事、高级管理人员向董事会或股东会报告,并按照公司章程的规定经董事会或者股东会决议通过;其二,根据法律、行政法规或者公司章程的规定,公司不能利用该商业机会。

第一百八十四条

【董事、监事、高级管理人员的竞业禁止义务】董事、监事、高级管理人员未向董事会或者股东会报告,并按照公司章程的规定经董事会或者股东会决议通过,不得自营或者为他人经营与其任职公司同类的业务。

条文解读

本条是关于公司董事、监事、高级管理人员竞业禁止的规定，本次修订单列条文，变化主要有二：一是增加“监事”作为适用主体，规定更为全面、合理；二是完善了公司董事、监事、高级管理人员与公司竞业的报告与批准制度。公司董事、监事、高级管理人员自营或者为他人经营与其任职公司同类的业务，不仅与其自身身份不符，也极可能与公司利益形成对立冲突，损害公司合法权益。故本条作出董事、监事、高级管理人员不得自营或者为他人经营与其任职公司同类的业务即竞业禁止的原则性规定。但实践中，公司业务性质、经营地点等因素各有不同，董事、监事、高级管理人员的具体职责、履职要求也存在差异，一律要求竞业禁止可能与公司及董事、监事、高级管理人员的真实利益并不一致。因此，本条也补充完善了允许竞业的例外规则，要求董事、监事、高级管理人员向董事会或股东会报告，并按照公司章程的规定经董事会或者股东会决议通过，实际上授权公司章程对允许竞业的通过机关进行自主安排，并就竞业情况在充分知情的前提下权衡利弊进而作出通过与否的决定，更为科学、合理。

第一百八十五条

【董事关联交易回避制度】董事会对本法第一百八十二条至第一百八十四条规定的事项决议时，关联董事不得参与表决，其表决权不计入表决权总数。出席董事会会议的无关联关系董事人数不足三人的，应当将该事项提交股东会审议。

条文解读

本条是关于关联董事表决回避的规定，系本次修订新增条文。在公司董事会对关联交易、利用公司商业机会和开展竞业进行表决以决定通过与否时，关联董事因其存在利害关系而不能依法客观、中立予以判断并进行表决，故本条规定关联董事不得参与表决，其表决权亦不计入表决权总数。同时，为防止无关联关系董事人数过少无法作出有效决议的情况，本条进一步规定，出席董事会会议的无关联关系董事人数不足三人的，应当将该事项提交股东会审议。本条规定对于保证公司关于关联交易、利用公司商业机会和开展竞业的决定的公平性、合法性具有重要意义。

第一百八十六条

【公司归入权】董事、监事、高级管理人员违反本法第一百八十一条至第一百八十四条规定所得的收入应当归公司所有。

条文解读

本条是关于公司董事、监事、高级管理人员归入权的规定，本次修订的变化主要是增加“监事”作为适用主体，规定更为全面、合理。归入权，是指公司董事、监事、高级管理人员从事违反忠实义务的行为所获得的不当利益，应当归公司所有。公司董事、监事、高级管理人员违反忠实义务所获得的不当利益，与公司营业利益密切相关，实质上给公司造成了损害，故法律规定此种利益归公司所有。归入权是公司董事、监事、高级管理人员违反忠实义务的法定后果之一，相对而言也是公司的法定权利，这也要求公司其他相关人员应依法履行职责，代表公司主张权利。

相关规定

《证券法》

第四十四条 上市公司、股票在国务院批准的其他全国性证券交易场所交易的公司持有百分之五以上股份的股东、董事、监事、高级管理人员，将其持有的该公司的股票或者其他具有股权性质的证券在买入后六个月内卖出，或者在卖出后六个月内又买入，由此所得收益归该公司所有，公司董事会应当收回其所得收益。但是，证券公司因购入包销售后剩余股票而持有百分之五以上股份，以及有国务院证券监督管理机构规定的其他情形的除外。

前款所称董事、监事、高级管理人员、自然人股东持有的股票或者其他具有股权性质的证券，包括其配偶、父母、子女持有的及利用他人账户持有的股票或者其他具有股权性质的证券。

公司董事会不按照第一款规定执行的，股东有权要求董事会在三十日内执行。公司董事会未在上述期限内执行的，股东有权为了公司的利益以自己的名义直接向人民法院提起诉讼。

公司董事会不按照第一款的规定执行的，负有责任的董事依法承担连带责任。

第一百八十七条

【董事、监事、高级管理人员列席股东会并接受股东质询】股东会要求董事、监事、高级管理人员列席会议的，董事、监事、高级管理人员应当列席并接受股东的质询。

条文解读

本条是关于公司董事、监事、高级管理人员列席会议并接受质询的规定，本次修订除以“股东会”替换“股东会或者股东大会”外，其他无变化。公司董事、监事、高级管理人员接受委派、选任、聘用而成为公司经营管理者，双方之间实质上是一种信任委托关系。公司董事、监事、高级管理人员接受委托、行使经营管理职权并获取相应报酬，其必须按照法律、行政法规和公司章程的规定认真履职，努力实现公司目的。因此，作为由公司出资人组成的股东会有权要求董事、监事、高级管理人列席会议，董事、监事、高级管理人员也可以通过列席会议了解股东会决议及公司发展规划等。同时，对于董事、监事、高级管理人员的履职情况及其对公司产生的影响等，股东可以对其进行质询，这有利于双方沟通了解，以促进公司发展。董事、监事、高级管理人员无正当理由不得拒绝列席会议并接受质询，否则将依法承担相应的法律责任。

第一百八十八条

【董事、监事、高级管理人员对公司的赔偿责任】董事、监事、高级管理人员执行职务违反法律、行政法规或者公司章程的规定，给公司造成损失的，应当承担赔偿责任。

条文解读

本条是关于公司董事、监事、高级管理人员执行职务违反规定给公司造成损失应承担赔偿责任的规定。公司董事、监事、高级管理人员接受委派、选任、聘用而成为公司经营管理者,其行使经营管理职权必须遵守法律、行政法规和公司章程的规定,认真履职,努力实现公司目的。董事、监事、高级管理人员执行职务违反法律、行政法规或者公司章程的规定,给公司造成损失,自然需要承担赔偿责任。唯此,方能促使董事、监事、高级管理人员依法履职,维护公司及股东的合法权益。按照本条规定,董事、监事、高级管理人员对公司承担赔偿责任的条件有三:一是执行公司职务,二是违反法律、行政法规或者公司章程的规定,三是给公司造成损失。

第一百八十九条

【股东代表诉讼】董事、高级管理人员有前条规定的情形的,有限责任公司的股东、股份有限公司连续一百八十日以上单独或者合计持有公司百分之一以上股份的股东,可以书面请求监事会向人民法院提起诉讼;监事有前条规定的情形的,前述股东可以书面请求董事会向人民法院提起诉讼。

监事会或者董事会收到前款规定的股东书面请求后拒绝提起诉讼,或者自收到请求之日起三十日内未提起诉讼,或者情况紧急、不立即提起诉讼将会使公司利益受到难以弥补的损害的,前款规定的股东有权为公司利益以自己的名义直接向人民法院提起诉讼。

他人侵犯公司合法权益，给公司造成损失的，本条第一款规定的股东可以依照前两款的规定向人民法院提起诉讼。

公司全资子公司的董事、监事、高级管理人员有前条规定情形，或者他人侵犯公司全资子公司合法权益造成损失的，有限责任公司的股东、股份有限公司连续一百八十日以上单独或者合计持有公司百分之一以上股份的股东，可以依照前三款规定书面请求全资子公司的监事会、董事会向人民法院提起诉讼或者以自己的名义直接向人民法院提起诉讼。

条文解读

本条是关于股东代表诉讼的规定，本次修订主要有二：一是删除“不设监事会的有限责任公司的监事”“不设董事会的有限责任公司的执行董事”等与本次《公司法》修订存在扞格的表述；二是将股东代表诉讼制度延伸适用于公司全资子公司，以维护母公司特别是母公司中小股东合法权益。本条第一款、第二款、第三款实质内容与2018年《公司法》无变化，公司董事、监事、高级管理人员执行职务违反规定给公司造成损失应承担赔偿责任时，符合法定条件的股东可以请求负有法定职责的公司机构提起诉讼；在出现法定情形时，符合条件的股东有权为公司利益以自己的名义直接向法院提起诉讼；他人侵犯公司合法权益给公司造成损失的，符合法定条件的股东可以依法向法院提起诉讼。本条第四款系新增款，规定公司全资子公司的董事、监事、高级管理人员执行职务违反规定造成损失应承担赔偿责任或者他人侵犯公司全资子公司合法权益造成损失的，符合法定条件的股东可以依法请求负有法定职责的公司机构提起诉讼，或者以自己的名义直接向法院提起诉讼，即学界所称双重股东代表诉讼，契合公司集团实践需求，对规范控股股东、实际控制人及公司经营管理者的行为，维护公司特别是中小股东的合法权益，具有重要意义。

第一百九十条

【股东直接诉讼】董事、高级管理人员违反法律、行政法规或者公司章程的规定，损害股东利益的，股东可以向人民法院提起诉讼。

条文解读

本条是关于公司董事、高级管理人员违反规定损害股东利益时股东如何维权的规定，本次修订无变化。公司董事、高级管理人员接受委派、选任、聘用而成为公司经营管理者，其在行使经营管理职权时，既可能因违反法律、行政法规或者公司章程的规定，给公司造成损失，亦可能因违反法律、行政法规或者公司章程的规定，损害股东利益。对于给公司造成损失的，《公司法》第一百八十八条、第一百八十九条作出了明确的规定；对于损害股东利益的，本条赋予股东起诉权，股东可依法提起诉讼，诉讼依据为法律、行政法规或者公司章程的规定，诉讼主张包括承担赔偿责任等。

第一百九十一条

【董事、高级管理人员致人损害的赔偿责任】董事、高级管理人员执行职务，给他人造成损害的，公司应当承担赔偿责任；董事、高级管理人员存在故意或者重大过失的，也应当承担赔偿责任。

条文解读

本条是关于公司董事、高级管理人员执行职务给他人造成损害时赔偿责任承担的规定，系本次修订新增条文。公司董事、高级管理人员接受委派、选任、聘用而成为公司经营管理者，其执行职务代表公司对外开展活动产生的法律后果，依法应由公司承担；给他人造成损害的，亦应由公司承担赔偿责任。但在董事、高级管理人员存在严重过错时，仅要求公司承担赔偿责任，一方面可能因公司清偿能力不足导致受害人损害不能得到充分赔偿，另一方面也将使董事、高级管理人员的严重过错得不到应有的惩戒。因此，尽管存在一定的争议，为促使董事、高级管理人员依法履职，严格规范自身行为，充分保护第三人合法权益，本次修订增加关于董事、高级管理人员对第三人承担赔偿责任的规定，其条件有四：一是董事、高级管理人员的身份，二是执行公司职务行为，三是给他人造成损害，四是主观上存在故意或者重大过失。

典型案例 证券虚假陈述中"董监高"的责任

任鸿虎、林旭楠等与李淑芬证券虚假陈述责任纠纷案

案例来源 上海市高级人民法院(2020)沪民终550号民事判决书

关 键 词 董事;监事;证券虚假陈述;过错

裁判要点

上市公司对其虚假陈述给投资人造成的损失承担民事赔偿责任,上市公司负有责任的董事、监事和经理等高级管理人员承担连带赔偿责任。个案中通过考察董事、监事、高级管理人员任职和履职情况、参与信息披露文件的程度等确定其有无过错及法律责任。

基本案情

本案系投资者诉上海中毅达股份有限公司(以下简称中毅达公司)虚假陈述责任纠纷案的平行案件,该系列案件的示范判决已生效。根据示范判决,被告中毅达公司在2015年第三季度报告中虚增营业收入和利润的行为,构成证券市场虚假陈述,该行为的实施日为2015年10月28日,揭露日为2016年4月16日,中毅达A股基准日为2016年4月28日,中毅达B股基准日为2017年7月19日。被告中毅达公司对虚假陈述导致的投资者损失应当赔偿。原告李淑芬在案涉期间只有A股普通证券账户存在交易记录,其在2015年10月27日持有中毅达股票数量为0,于2015年11月23日买入中毅达股票行为是其"第一笔有效买入",截至2016年4月16日,原告持有中毅达股票78,800股,并

一直持有至2016年4月28日。另查明,林旭楠、任鸿虎、吴邦兴、秦健智、陈国中在中毅达公司虚假报告披露期间,分别担任中毅达公司的董事、监事。李淑芬起诉要求中毅达公司承担赔偿责任,林旭楠、任鸿虎、吴邦兴、秦健智、陈国中承担连带清偿责任。

裁判结果

上海金融法院(2018)沪74民初767号民事判决书,判决任鸿虎、林旭楠、陈国中、秦健智、吴邦兴对上海中毅达股份有限公司依法所负的义务承担连带清偿责任。任鸿虎、林旭楠、秦健智、吴邦兴不服提起上诉。上海市高级人民法院(2020)沪民终550号民事判决书判决:驳回上诉,维持原判。

裁判理由

法院生效裁判认为:根据法律规定,上市公司对其虚假陈述给投资人造成的损失承担民事赔偿责任。上市公司负有责任的董事、监事和经理等高级管理人员承担连带赔偿责任,但有证据证明无过错的,应予免责。本案中,中毅达公司在2015年第三季度报告中虚增营业收入和利润的行为,系由任鸿虎决策,由林旭楠等人具体实施,其过错明显,应当对投资者损失承担连带赔偿责任。陈国中、秦健智虽未参与虚假陈述,但作为中毅达公司时任董事和监事,负有保证上市公司所披露的信息真实、准确、完整的法定义务。作为应持续关注公司经营情况的董事、监事,陈国中、秦健智应当对财务报表中的业务异常增长情况保持合理注意,并通过询问、调查等方式进一步核实信息披露文件中的异常之处,从而发现并阻止信息披露违法行为的发生。陈国中、秦健智均未举证证明其在审议中毅达公司2015年第三季度报告时曾就异常数据提出异议并进一步核实，属于“应当知道虚假陈述而未明确表示反对”情形，亦应当对投资者损失承担连带赔偿责任。在涉及财务数据造假的2015年第三季度，吴邦兴一直担任中毅达公司的董事长，且中毅达公司发表2015年第三季度报告时，吴邦兴仍为公司工商登记的法定代表人。吴邦兴作为公司负责人承诺保证季度报告中财务报表的真实、准确、完整，亦应对违反承诺行为承担相应的侵权责任。

相关规定

《民法典》

第一千一百九十一条第一款 用人单位的工作人员因执行工作任务造成他人损害的，由用人单位承担侵权责任。用人单位承担侵权责任后，可以向有故意或者重大过失的工作人员追偿。

《证券法》

第八十五条 信息披露义务人未按照规定披露信息，或者公告的证券发行文件、定期报告、临时报告及其他信息披露资料存在虚假记载、误导性陈述或者重大遗漏，致使投资者在证券交易中遭受损失的，信息披露义务人应当承担赔偿责任；发行人的控股股东、实际控制人、董事、监事、高级管理人员和其他直接责任人员以及保荐人、承销的证券公司及其直接责任人员，应当与发行人承担连带赔偿责任，但是能够证明自己没有过错的除外。

第一百九十二条

【控股股东、实际控制人的连带责任】公司的控股股东、实际控制人指示董事、高级管理人员从事损害公司或者股东利益的行为的，与该董事、高级管理人员承担连带责任。

条文解读

本条是关于公司控股股东、实际控制人与董事、高级管理人员承担连带责任的规定，系本次修订新增条文。公司控股股东、实际控制人尽管不担任公司董事、高级管理人员的具体职务，但因其在公司中的支配力或影响力，而可能对公司及公司董事、高级管理人员等形成一定的控制，为防止其滥用这种控制，必须对其进行有效规制。按照本条规定，公司控股股东、实际控制人指示董事、高级管理人员从事损害公司或者股东利益的行为的，与该董事、高级管理人员承担连带责任，此即学者所称的“影子董事”。指示，一般指上级对下级说明处理某个问题的原则和方法。在发生本条规定的“指示”情形时，公司控股股东、实际控制人与董事、高级管理人员对于给公司或者股东利益造成的损害，具有共同过错，故要求其承担连带责任。这对于充分保障受害人合法权益，规范控股股东、实际控制人行为，具有特别意义。

相关规定

《民法典》

第一千一百六十九条第一款　教唆、帮助他人实施侵权行为的，应当与行为人承担连带责任。

第一百九十三条

【董事责任保险】公司可以在董事任职期间为董事因执行公司职务承担的赔偿责任投保责任保险。

公司为董事投保责任保险或者续保后，董事会应当向股东会报告责任保险的投保金额、承保范围及保险费率等内容。

条文解读

本条是关于公司董事责任保险的规定，系本次修订新增条文。近年来，严监管、强责任逐渐成为社会主流认识，本次《公司法》修订亦在诸多方面强化了公司董事责任。但一味地强化责任，可能并不利于有识、有能之士担任公司董事，也不利于公司董事放开手脚专心经营，因此本条将我国资本市场中关于上市公司董事责任保险的做法推广至所有公司。本条第一款规定，公司可以在董事任职期间为董事因执行公司职务承担的赔偿责任投保责任保险，以分散董事因工作疏忽、不当行为等履职行为所致个人赔偿责任的风险。同时，为规范公司为董事投保责任保险，本条第二款要求公司为董事投保责任保险或者续保后，董事会应当向股东会报告责任保险的投保金额、承保范围及保险费率等内容，以避免可能出现的失范或不当行为。

相关规定

《上市公司独立董事管理办法》

第四十条 上市公司可以建立独立董事责任保险制度,降低独立董事正常履行职责可能引致的风险。

《上市公司治理准则》

第二十四条 经股东大会批准,上市公司可以为董事购买责任保险。责任保险范围由合同约定,但董事因违反法律法规和公司章程规定而导致的责任除外。

CHAPTER 09

第九章

公司债券

第一百九十四条

【公司债券】本法所称公司债券，是指公司发行的约定按期还本付息的有价证券。

公司债券可以公开发行，也可以非公开发行。

公司债券的发行和交易应当符合《中华人民共和国证券法》等法律、行政法规的规定。

条文解读

本条是关于公司债券的定义和发行、交易的规定。

本条关于公司债券发行方式的规定，属于新增规范。公司债券，是指公司发行的约定按期还本付息的有价证券。本条所称"公司"包括《公司法》规定的股份有限公司和有限责任公司，其他企业对外发行的债权性权利凭证，不属于公司法上的公司债券，不适用本条规定。所谓有价证券，是指设定和证明特定财产权利并且能够流通的书面凭证。有价证券的范围广泛，种类繁多，并不表示特定资格或身份，也不限于特定目的使用。

公司债券根据发行方式不同,可以分为公开发行的公司债券和非公开发行的公司债券。所谓公开发行,是指向不特定对象发行或者向特定对象发行证券累计超过200人,以及法律、行政法规规定的其他发行行为。公开发行以外的属于非公开发行,非公开发行证券不得采用广告、公开劝诱和变相公开方式。2018年《公司法》第一百五十三条仅规定公司债券的发行应当符合《证券法》规定的发行条件,本条规定公司债券的交易行为也需遵守《证券法》等法律、行政法规的规定,以便与《证券法》第二条相衔接。

典型案例 公司债券未按期还本付息的民事责任

中欧基金与利源精制公司公司债券交易纠纷案

案例来源 上海市高级人民法院(2018)沪民初82号民事判决书

关 键 词 公司债券交易纠纷;债券持有人;募集说明书

裁判要点

被告发行的自己到期还本付息的公司债券属于有价证券、债权债券、自付证券。该公司债券系由被告以发行方式创设,由被告依法定方式与程序,记载必要事项,并以负担证券记载的义务为内容。有价证券的发行依发行人的单方意思即可,没有相对人,证券亦能作成。发行人作成证券后,可基于买卖、赠与等原因将证券交付认购人、受领人。

基本案情

原告中欧基金诉请:(1)确认双方达成的《吉林利源精制股份

有限公司公开发行公司债券募集书》于2018年9月25日解除；(2)返还原告管理的七个资产管理计划持有的“14利源债”全部本金，并判令被告赔偿损失；(3)赔偿律师费、财产保全保险费。

被告利源精制公司辩称：(1)原告不是持券人，不是适格的诉讼主体；(2)因为约定的还本日期尚未届满，被告仅是一期利息支付义务未履行，故没有归还本金的义务；(3)被告对解除存在异议，不能发生解除效力；(4)原告要求对额外的律师费和保全保险费进行赔偿，缺乏法律依据。

法院经审理查明：2014年9月18日，被告发布《吉林利源精制股份有限公司公开发行公司债券募集书》公开发行公司债券10亿元，债券名称为吉林利源精制股份有限公司2014年公司债券，即“14利源债”。该募集说明书就违约责任规定，若发行人未按时支付本次债券本金和/或利息，对于逾期未付的利息或者本金，公司将根据逾期天数按逾期利率向债券持有人支付逾期利息，逾期利息为本次债券票面利率上浮30%。2018年9月25日，被告发布《“14利源债”无法按时付息的公告》称，本次付息日为2018年9月25日，因资金周转困难，不能按期支付利息，本次债券构成实质违约，并申请公司债券停牌。2018年9月25日，原告向本院提起诉讼，起诉状上记载解除合同系其首次通知被告解除合同事宜。

裁判结果

上海市高级人民法院作出(2018)沪民初82号民事判决：被告利源精制公司应于本判决生效之日起10日内归还原告中欧基金管理的六个资产管理计划所持有“14利源债”对应的本金和对

应的利息,以及逾期支付利息和逾期归还本金的损失。

裁判理由

法院生效裁判认为:双方当事人的主要争议在于原告可否提起诉讼、解除合同、提前还本。(1)原告的诉权和权利归属问题。系争公司债券的实际持有人为资产管理计划。根据《投资基金法》相关规定,此种资产管理计划的本质属于信托。管理计划、信托不是具有民事权利能力的自然人、法人和非法人组织,也不能作为民事诉讼的当事人。在司法实践中,一般均由基金、信托的管理人作为当事人提起诉讼。是故,原告以管理人身份提起本次诉讼,并无不当。但本次诉讼最终产生的实体权利和义务,归属于资产管理计划,不得归入受托人、基金管理人的固有财产。(2)原告的解除权问题。本案中,被告作成公司债券后,认购人交付资金并取得证券,双方因此形成法律关系。但此种法律关系是以交付证券为标的的合同关系,而不是由认购人单独就每一份债券与发行人签订了借款合同。该证券上市交易后,证券卖出方和买入方之间买卖证券的合同关系,也是以证券本身为买卖标的物,而不是卖出方将借款合同转让给买受人。因此,原告管理的资产管理计划不论是认购抑或买入的债券,其主要义务都是一方支付证券对应的价金,发行人或出卖人的义务则是交付证券本身。证券、资金交割结算完毕后,合同双方的权利义务也就全部履行完毕。因该合同已经全部履行完毕,被告在履行交付证券义务时也没有违约行为,原告也就无权解除上述合同。(3)还本付息问题。本案审理中,兑付日已经届满,被告即有义务按期归还本金,原告有关还本的诉讼请求,本院予以支持。被告不履行上述按期还本义务的,应当根据合同约定自2019年9月23日起以欠付的本金为基数按逾期利率支付逾期利息。(4)原告律师费的损失赔偿。原告为实现受托的七个资产管理计划的权利,委托律师进行诉讼,确有损失。但其要求在约定的逾期利息之外再对律师费损失进行单独赔偿,就应当举证证明其实际损失大于上述约定计算所得逾期利息。现原告没有任何证据证明因逾期付息导致遭受了律师费、保险费、资金占用损失以外的其他实际损失,且实际损失大于约定的逾期利息,故其要求本院在约定逾期利息之外增加赔偿的诉讼请求,本院不予支持。(5)原告的财产保全保险费的损失赔偿。按原告的观点,财产保险费属实现债权产生的费用,与前述律师费类似。因债券已经记载了逾期利息,在没有证据证明实际损失大于逾期利息的情况下,原告该部分诉讼请求本院不予支持。

相关规定

《证券法》

第二条第一款 在中华人民共和国境内,股票、公司债券、存托凭证和国务院依法认定的其他证券的发行和交易,适用本法;本法未规定的,适用《中华人民共和国公司法》和其他法律、行政法规的规定。

第九条 公开发行证券,必须符合法律、行政法规规定的条件,并依法报经国务院证券监督管理机构或者国务院授权的部门注册。未经依法注册,任何单位和个人不得公开发行证券。证券发行注册制的具体范围、实施步骤,由国务院规定。

有下列情形之一的,为公开发行:

（一）向不特定对象发行证券；

（二）向特定对象发行证券累计超过二百人，但依法实施员工持股计划的员工人数不计算在内；

（三）法律、行政法规规定的其他发行行为。

非公开发行证券，不得采用广告、公开劝诱和变相公开方式。

第十五条 公开发行公司债券，应当符合下列条件：

（一）具备健全且运行良好的组织机构；

（二）最近三年平均可分配利润足以支付公司债券一年的利息；

（三）国务院规定的其他条件。

公开发行公司债券筹集的资金，必须按照公司债券募集办法所列资金用途使用；改变资金用途，必须经债券持有人会议作出决议。公开发行公司债券筹集的资金，不得用于弥补亏损和非生产性支出。

上市公司发行可转换为股票的公司债券，除应当符合第一款规定的条件外，还应当遵守本法第十二条第二款的规定。但是，按照公司债券募集办法，上市公司通过收购本公司股份的方式进行公司债券转换的除外。

第三十七条 公开发行的证券，应当在依法设立的证券交易所上市交易或者在国务院批准的其他全国性证券交易场所交易。

非公开发行的证券，可以在证券交易所、国务院批准的其他全国性证券交易场所、按照国务院规定设立的区域性股权市场转让。

第一百九十五条

【公司债券募集办法的公告及应载明事项】公开发行公司债券，应当经国务院证券监督管理机构注册，公告公司债券募集办法。

公司债券募集办法应当载明下列主要事项：

（一）公司名称；

（二）债券募集资金的用途；

（三）债券总额和债券的票面金额；

（四）债券利率的确定方式；

（五）还本付息的期限和方式；

（六）债券担保情况；

（七）债券的发行价格、发行的起止日期；

（八）公司净资产额；

（九）已发行的尚未到期的公司债券总额；

（十）公司债券的承销机构。

条文解读

本条是关于公司债券募集办法的规定。本条规定根据2023年中共中央、国务院印发的《党和国家机构改革方案》的规定，将国家发展和改革委的企业债券发行审核职责划入中国证监会，删去国务院授权的部门对公开发行债券注册的规定。随着证券发行注册制成为我国证券发行的基本制度，长期采用的证券发行核准制彻底退出。在注册制下，证券交易所负责具体的证券发行审核事务，经过证券交易所审核通过的证券发行申请需要报经中国证监会履行注册手续。中国证监会经过复核作出准予注册的决定后，证券发行申请正式获得审核通过，此时应当依法公开公司债券募集办法，以便向市场充分、公平地披露投资者作出价值判断和投资决策所必需的信息，有序开展公司债券发行活动。

公司债券募集办法的公告，必须采用法定的公开披露方式，并将该文件置备于指定场所供公众查阅。发行证券的信息依法公开前，任何知情人不得公开或者泄露该信息。只有依法公告公司债券募集办法之后，发行人才能开展公司债券发行活动。

典型案例 公司债券违约的损害赔偿范围

华泰公司与天弘公司公司债券交易纠纷案

案例来源 北京市高级人民法院（2021）京民终 172 号民事判决书

关 键 词 公司债券；募集说明书；律师费

裁判要点

尽管《募集说明书》没有明确约定律师费的负担，但本案律师费的产生是因华泰公司不履行合同、天弘公司为维护其债权额外支出的费用。案涉律师费 40,000 元是天弘公司为实现其债权而支出的必要费用，且在合理范围内。因此，华泰公司的上诉请求不能成立。

基本案情

华泰公司上诉请求：(1)请求法院判令华泰公司无须支付天弘公司的律师费损失40,000元；(2)本案诉讼费由天弘公司承担。

天弘公司辩称：华泰公司未依约履行回售债券的付款义务，构成实质违约。天弘公司为此支出的律师费用为市场合理价格，属于实现债权的合理支出，华泰公司应当赔偿天弘公司为提起诉讼所产生的律师费损失40,000元。

法院经审理查明：2016年10月24日，华泰公司发布《募集说明书》，主要内容为：经中国证券监督管理委员会核准，华泰公司获准公开发行公司债券“16华泰03”。2019年9月9日，华泰公司发布《华泰汽车集团有限公司关于“16华泰03”公司债券回售实施的公告》，主要内容为：根据《募集说明书》中设定的投资者回售选择权，投资者有权选择在投资者回售登记期内进行登记，将持有的本期债券按面值全部或部分回售给发行人，或选择继续持有本期债券。2019年9月10日，天弘公司申请回售其所持全部“16华泰03”债券。2020年8月20日，天弘公司与北京大成律师事务所就本案诉讼签订《委托代理协议》，支付律师费40,000元。

裁判结果

北京市第二中级人民法院作出(2020)京02民初618号民事判决：华泰公司于判决生效之日起10日内向天弘公司支付债券回售本金和逾期利息，并赔偿天弘公司律师费损失40,000元，驳回天弘公司的其他诉讼请求。北京市高级人民法院作出(2021)京民终172号民事判决：驳回上诉，维持原判。

裁判理由

法院生效裁判认为:华泰公司与天弘公司之间形成公司债券买卖合同关系,华泰公司与天弘公司均应依约履行各自义务。根据华泰公司发布的《募集说明书》,天弘公司作为“16 华泰 03”债券的投资者享有回售选择权,如天弘公司选择行使回售权,华泰公司应于规定时间向天弘公司兑付天弘公司所持“16 华泰 03”债券本金及欠付利息。而华泰公司于 2019 年 9 月 9 日发布《回售实施公告》后,并未按照《回售实施公告》约定的时间向天弘公司兑付“16 华泰 03”债券本金及欠付利息,构成违约。据此,华泰公司应依约向天弘公司支付相应逾期利息。现华泰公司未依约履行付款义务,构成违约。尽管《募集说明书》没有明确约定律师费的负担,但本案律师费的产生是因华泰公司不履行合同、天弘公司为维护其债权额外支出的费用。案涉律师费 40,000 元是天弘公司为实现其债权而支出的必要费用,且在合理范围内。因此,华泰公司应当赔偿天弘公司因本案诉讼所产生的律师费损失 40,000 元。

相关规定

《证券法》

第二十三条　证券发行申请经注册后,发行人应当依照法律、行政法规的规定,在证券公开发行前公告公开发行募集文件,并将该文件置备于指定场所供公众查阅。

发行证券的信息依法公开前,任何知情人不得公开或者泄露该信息。

发行人不得在公告公开发行募集文件前发行证券。

第一百九十六条

【实物债券票面法定载明事项】公司以纸面形式发行公司债券的，应当在债券上载明公司名称、债券票面金额、利率、偿还期限等事项，并由法定代表人签名，公司盖章。

条文解读

本条是关于以实物券方式发行公司债券时记载事项的规定。

公司债券是公司向公司债券认购人出具的债务凭证，是公司债券持有人向公司行使债权的依据。公司债券以实物券方式发行的，应当对表明公司与债券持有人之间债权债务关系的内容作出清楚明确的记载，以便于债券持有人行使权利。公司以实物券方式发行公司债券的，应当在债券上载明公司名称、债券票面金额、利率、偿还期限等事项，并由法定代表人签名，公司盖章。债券所载事项构成发行人与债券持有人之间合同关系的基本内容，对发行人具有法律约束力。债券上载明的事项应当依据公司股东会或者董事会所作决议，和公司债券募集办法、公司债券存根簿上记载的内容保持一致。

第一百九十七条

【记名债券】公司债券应当为记名债券。

条文解读

本条是关于公司债券类型的规定。2018 年《公司法》第一百五十六条规定:“公司债券,可以为记名债券,也可以为无记名债券。”本条对原有规定作出更改,公司债券只能是记名债券,而不再包含无记名债券。记名债券,是指在券面上记载权利人姓名或者名称的公司债券,债券权利只能由记载的权利人行使。当公司债券持有人是自然人时,记名债券记载的是该自然人的姓名。当公司债券持有人是公司或者其他法人时,记名债券记载的就是法人的名称。

第一百九十八条

【债券持有人名册的置备及应载明事项】公司发行公司债券应当置备公司债券持有人名册。

发行公司债券的,应当在公司债券持有人名册上载明下列事项:

(一)债券持有人的姓名或者名称及住所;

(二)债券持有人取得债券的日期及债券的编号;

(三)债券总额,债券的票面金额、利率、还本付息的期限和方式;

(四)债券的发行日期。

条文解读

本条是关于公司债券持有人名册的置备和记载事项的规定。

本条规定适应公司债券无纸化的实践发展，将公司应当备置的债券存根簿改为债券持有人名册。公司债券持有人名册是记载全体债券持有人姓名或者名称以及住所的簿册，是确定债券持有人身份和权利的基本依据。《公司法》要求公司发行公司债券必须置备公司债券持有人名册，并载明以下事项：(1)债券持有人的姓名或者名称及住所；(2)债券持有人取得债券的日期及债券的编号；(3)债券总额，债券的票面金额、利率、还本付息的期限和方式；(4)债券的发行日期。公开发行公司债券并在全国性的证券交易场所上市交易的公司，可以依法向中国证券登记结算有限责任公司查询公司债券持有人名册。发行人应当按照有关规定建立持有人名册置备、管理制度，对持有人名册日常保管、使用、查阅等事宜进行明确规定。公司债券持有人出于正当理由向证券发行人申请查阅持有人名册的，发行人应按照有关规定向其提供。发行人、公司债券持有人等相关主体获取持有人名册后应当妥善保管，并在法律、法规允许的范围内使用。任何单位和个人不得伪造、篡改持有人名册，不得向任何第三方提供持有人名册包含的任何信息。

第一百九十九条

【公司债券登记结算机构的制度要求】公司债券的登记结算机构应当建立债券登记、存管、付息、兑付等相关制度。

条文解读

本条是关于公司债券登记结算制度的规定。

证券登记结算机构为证券交易提供集中登记、存管与结算服务,不以营利为目的,依法登记,取得法人资格。证券登记结算机构履行下列职能:(1)证券账户、结算账户的设立;(2)证券的存管和过户;(3)证券持有人名册登记;(4)证券交易的清算和交收;(5)受发行人的委托派发证券权益;(6)办理与上述业务有关的查询、信息服务;(7)国务院证券监督管理机构批准的其他业务。在证券交易所和国务院批准的其他全国性证券交易场所交易的证券的登记结算,应当采取全国集中统一的运营方式。前述规定以外的证券,其登记、结算可以委托证券登记结算机构或者其他依法从事证券登记、结算业务的机构办理。在证券交易所或者国务院批准的其他全国性证券交易场所交易的证券,应当全部存管在证券登记结算机构。

相关规定

《证券法》

第一百四十五条 证券登记结算机构为证券交易提供集中登记、存管与结算服务,不以营利为目的,依法登记,取得法人资格。

设立证券登记结算机构必须经国务院证券监督管理机构批准。

第一百四十七条 证券登记结算机构履行下列职能:

(一)证券账户、结算账户的设立;

(二)证券的存管和过户;

(三)证券持有人名册登记;

（四）证券交易的清算和交收；

（五）受发行人的委托派发证券权益；

（六）办理与上述业务有关的查询、信息服务；

（七）国务院证券监督管理机构批准的其他业务。

第二百条

【公司债券转让】公司债券可以转让，转让价格由转让人与受让人约定。

公司债券的转让应当符合法律、行政法规的规定。

条文解读

本条是关于公司债券转让的规定。

公司债券依法可以进行自由转让。根据债券发行方式的不同，公司债券的转让方式存在区别。公开发行的公司债券，应当在依法设立的证券交易所上市交易或者在国务院批准的其他全国性证券交易场所交易。公司债券在证券交易所上市交易，应当采用公开的集中交易方式或者国务院证券监督管理机构批准的其他方式，公司债券的价格就是按照集中竞价机制形成的市场价格。非公开发行的公司债券，可以在证券交易所、国务院批准的其他全国性证券交易场所、按照国务院规定设立的区域性股权市场转让，转让人可以和受让人协商确定公司债券的交易价格。

相关规定

《证券法》

第三十七条 公开发行的证券，应当在依法设立的证券交易所上市交易或者在国务院批准的其他全国性证券交易场所交易。

非公开发行的证券，可以在证券交易所、国务院批准的其他全国性证券交易场所、按照国务院规定设立的区域性股权市场转让。

第三十八条 证券在证券交易所上市交易，应当采用公开的集中交易方式或者国务院证券监督管理机构批准的其他方式。

第二百零一条

【公司债券转让方式】公司债券由债券持有人以背书方式或者法律、行政法规规定的其他方式转让；转让后由公司将受让人的姓名或者名称及住所记载于公司债券持有人名册。

条文解读

本条是关于公司债券转让方式的规定。

《公司法》规定的公司债券均为记名债券，需要以背书方式或者法律、行政法规规定的其他方式转让，受让公司债券的人为继受权利人。背书方式通常适用于转让人和受让人协议转让公司债券的场合，而在公司债券公开发行并上市交易的情况下，公司债券必须在法定的证券交易场所通过集中竞价交易等法定方式进行转让。公司债券转让后，受让人可以请求公司变更债券持有人名册，将受让人的姓名或者名称及住所记载于公司债券持有人名册。公司债券转让后，受让人成为新的公司债券持有人，可以依法享有和承担公司债券持有人的权利和义务。

第二百零二条

【可转换债券的发行及载明事项】股份有限公司经股东会决议，或者经公司章程、股东会授权由董事会决议，可以发行可转换为股票的公司债券，并规定具体的转换办法。上市公司发行可转换为股票的公司债券，应当经国务院证券监督管理机构注册。

发行可转换为股票的公司债券，应当在债券上标明可转换公司债券字样，并在公司债券持有人名册上载明可转换公司债券的数额。

条文解读

本条是关于发行可转换公司债券的规定。

可转换为股票的公司债券(以下简称可转债)，是指公司依法发行、在一定期间内依据约定的条件可以转换为本公司股票的公司债券，属于《证券法》规定的具有股权性质的证券。可转债作为一种兼具“股性”和“债性”的混合证券品种，为企业募集资金提供了多样化的选择，在提高直接融资比重、优化融资结构、增强金融服务实体经济能力等方面发挥了积极作用。股份有限公司发行可转债可以由股东会作出决议，也可以经公司章程、股东会授权由董事会决议，决议应当明确可转债转化为公司股票的具体办法。上市公司公开发行公司债券，应当符合下列条件：(1)具备健全且运行良好的组织机构；(2)最近3年平均可分配利润足以支付公司债券1年的利息；(3)国务院规定的其他条件。同时，上市公司发行可转债，应当依法向中国证监会履行注册程序。但是，按照公司债券募集办法，上市公司通过收购本公司股份的方式进行公司债券转换的除外。公司以实物券方式发行可转债的，应当在债券上标明可转换公司债券字样，并在公司债券持有人名册上载明可转换公司债券的数额。

相关规定

《北京证券交易所上市公司证券发行注册管理办法》

第十三条 上市公司发行可转债，应当符合下列规定：

(一)具备健全且运行良好的组织机构；

(二)最近三年平均可分配利润足以支付公司债券一年的利息；

(三)具有合理的资产负债结构和正常的现金流量；

(四)交易所主板上市公司向不特定对象发行可转债的，应当最近三个会计年度盈利，且最近三个会计年度加权平均净资产收益率平均不低于百分之六；净利润以扣除非经常性损益前后孰低者为计算依据。

除前款规定条件外，上市公司向不特定对象发行可转债，还应当遵守本办法第九条第(二)项至第(五)项、第十条的规定;向特定对象发行可转债,还应当遵守本办法第十一条的规定。但是,按照公司债券募集办法,上市公司通过收购本公司股份的方式进行公司债券转换的除外。

第二百零三条

【债券持有人对可转换债券享有选择权】发行可转换为股票的公司债券的,公司应当按照其转换办法向债券持有人换发股票,但债券持有人对转换股票或者不转换股票有选择权。法律、行政法规另有规定的除外。

条文解读

本条是关于可转换公司债券转换规则的规定。

公司发行可转债时,应当根据债券持有人的选择,按照转换办法向债券持有人换发股票。本条在2018年《公司法》规定的基础上,增加"法律、行政法规另有规定的除外",允许其他法律、行政法规对于可转换公司债券的转换规则作出不同于《公司法》的规定。按照中国证监会的规定,在证券交易所或者国务院批准的其他全国性证券交易场所交易、转让可转债的,可转债自发行结束之日起不少于6个月后方可转换为公司股票,转股期限由公司根据可转债的存续期限及公司财务状况确定。可转债持有人对转股或者不转股有选择权,并于转股的次日成为发行人股东。

相关规定

《可转换公司债券管理办法》

第八条 可转债自发行结束之日起不少于六个月后方可转换为公司股票,转股期限由公司根据可转债的存续期限及公司财务状况确定。

可转债持有人对转股或者不转股有选择权,并于转股的次日成为发行人股东。

第九条 上市公司向不特定对象发行可转债的转股价格应当不低于募集说明书公告日前二十个交易日发行人股票交易均价和前一个交易日均价,且不得向上修正。

上市公司向特定对象发行可转债的转股价格应当不低于认购邀请书发出前二十个交易日发行人股票交易均价和前一个交易日均价,且不得向下修正。

第二百零四条

【债券持有人会议】公开发行公司债券的,应当为同期债券持有人设立债券持有人会议,并在债券募集办法中对债券持有人会议的召集程序、会议规则和其他重要事项作出规定。债券持有人会议可以对与债券持有人有利害关系的事项作出决议。

除公司债券募集办法另有约定外,债券持有人会议决议对同期全体债券持有人发生效力。

条文解读

本条是关于公司债券持有人会议的规定。

公司选择公开发行公司债券的，必须为同期债券持有人设立债券持有人会议，在募集说明书中说明债券持有人会议的召集程序、会议规则和其他重要事项。债券持有人会议规则应当公平、合理，明确规定债券持有人通过债券持有人会议行使权利的范围，债券持有人会议的召集、通知、决议生效条件与决议程序、决议效力范围和其他重要事项。债券持有人会议依据法律和会议规则的程序要求所形成的决议对同期全体债券持有人有约束力，债券募集办法另有约定的除外。

相关规定

《证券法》

第九十二条第一款 公开发行公司债券的，应当设立债券持有人会议，并应当在募集说明书中说明债券持有人会议的召集程序、会议规则和其他重要事项。

第二百零五条

【债券受托管理人的聘请和管理职权】公开发行公司债券的，发行人应当为债券持有人聘请债券受托管理人，由其为债券持有人办理受领清偿、债权保全、与债券相关的诉讼以及参与债务人破产程序等事项。

条文解读

本条是关于公司债券受托管理人职责的规定。

公开发行公司债券的,发行人应当为债券持有人聘请债券受托管理人,并订立债券受托管理协议;非公开发行公司债券的,发行人应当在募集说明书中约定债券受托管理事项。债券受托管理人由债券发行的承销机构或其他经中国证监会认可的机构担任。债券受托管理人应当为中国证券业协会会员。为债券发行提供担保的机构不得担任本次债券发行的受托管理人。

在债券存续期限内,由债券受托管理人按照规定或协议约定维护债券持有人的利益。发行人应当在债券募集说明书中约定,投资者认购或持有本期公司债券视作同意债券受托管理协议、债券持有人会议规则及债券募集说明书中其他有关发行人、债券持有人权利义务的相关约定。受托管理人为履行受托管理职责,有权代表债券持有人查询债券持有人名册及相关登记信息、专项账户中募集资金的存储与划转情况,证券登记结算机构应当予以配合。

相关规定

《证券法》

第九十二条第二款和第三款 公开发行公司债券的,发行人应当为债券持有人聘请债券受托管理人,并订立债券受托管理协议。受托管理人应当由本次发行的承销机构或者其他经国务院证券监督管理机构认可的机构担任，债券持有人会议可以决议变更债券受托管理人。债券受托管理人应当勤勉尽责，公正履行受托管理职责，不得损害债券持有人利益。

债券发行人未能按期兑付债券本息的，债券受托管理人可以接受全部或者部分债券持有人的委托，以自己名义代表债券持有人提起、参加民事诉讼或者清算程序。

第二百零六条

【债券受托管理人义务、变更及损害赔偿责任】债券受托管理人应当勤勉尽责，公正履行受托管理职责，不得损害债券持有人利益。

受托管理人与债券持有人存在利益冲突可能损害债券持有人利益的，债券持有人会议可以决议变更债券受托管理人。

债券受托管理人违反法律、行政法规或者债券持有人会议决议，损害债券持有人利益的，应当承担赔偿责任。

条文解读

本条是关于公司债券受托管理人履职要求的规定。

债券受托管理人应当为实现债券持有人利益，按照法律规定和合同约定勤勉尽责地履行受托管理职责，不得滥用债券持有人的授权实施利益冲突行为。为了确保债券受托管理人忠实、勤勉地履行受托管理职责，法律对债券受托管理人的任职资格作出限制：债券受托管理人由债券发行的承销机构或其他经中国证监会认可的机构担任，必须是中国证券业协会会员。为债券发行提供担保的机构不得担任债券发行的受托管理人。对于债券受托管理人在履行受托管理职责时可能存在的利益冲突，应当建立相应的风险防范和解决机制，在债券募集说明书及债券存续期间的信息披露文件中予以充分披露，并同时在债券受托管理协议中载明。

相关规定

《公司债券发行与交易管理办法》

第五十八条 债券受托管理人由本次发行的承销机构或其他经中国证监会认可的机构担任。债券受托管理人应当为中国证券业协会会员。为本次发行提供担保的机构不得担任本次债券发行的受托管理人。债券受托管理人应当勤勉尽责，公正履行受托管理职责，不得损害债券持有人利益。对于债券受托管理人在履行受托管理职责时可能存在的利益冲突情形及相关风险防范、解决机制，发行人应当在债券募集说明书及债券存续期间的信息披露文件中予以充分披露，并同时在债券受托管理协议中载明。

第五十九条 公开发行公司债券的受托管理人应当按规定或约定履行下列职责：

（一）持续关注发行人和保证人的资信状况、担保物状况、增信措施及偿债保障措施的实施情况，出现可能影响债券持有人重大权益的事项时，召集债券持有人会议；

（二）在债券存续期内监督发行人募集资金的使用情况；

（三）对发行人的偿债能力和增信措施的有效性进行全面调查和持续关注，并至少每年向市场公告一次受托管理事务报告；

（四）在债券存续期内持续督导发行人履行信息披露义务；

（五）预计发行人不能偿还债务时，要求发行人追加担保，并可以依法申请法定机关采取财产保全措施；

（六）在债券存续期内勤勉处理债券持有人与发行人之间的谈判或者诉讼事务；

（七）发行人为债券设定担保的，债券受托管理人应在债券发行前或债券募集说明书约定的时间内取得担保的权利证明或其他有关文件，并在增信措施有效期内妥善保管；

（八）发行人不能按期兑付债券本息或出现募集说明书约定的其他违约事件的，可以接受全部或部分债券持有人的委托，以自己名义代表债券持有人提起、参加民事诉讼或者破产等法律程序，或者代表债券持有人申请处置抵质押物。

CHAPTER 10

第十章

公司财务、会计

第二百零七条

【公司建立财务、会计制度的依据】公司应当依照法律、行政法规和国务院财政部门的规定建立本公司的财务、会计制度。

条文解读

本条是关于公司建立财务、会计制度的规定。

公司应当确定内部财务管理体制，建立健全财务管理制度，控制财务风险，从而合理筹集资金，有效营运资产，控制成本费用。公司应当建立包括财务决策制度、财务风险管理制度、财务预算管理制度等在内的财务管理体制，做到资本权属清晰、财务关系明确、符合法人治理结构要求。公司必须根据实际发生的经济业务事项进行会计核算，填制会计凭证，登记会计账簿，编制财务会计报告。公司必须根据实际发生的经济业务事项进行会计核算，填制会计凭证，登记会计账簿，编制财务会计报告。

典型案例 公司财务会计制度不健全的法律责任

李某等与灿坤公司股东损害公司债权人利益责任纠纷案

案例来源 上海市第二中级人民法院(2022)沪02民终10918号民事判决书

关 键 词 清算;损害公司债权人利益;财务资料

裁判要点

有限责任公司的股东以认缴的出资为限对公司债务承担责任是公司法的应有之义,但股东的有限责任建立在公司财产独立的基础上。《公司法》规定,公司在出现解散事由后应在15日内组织清算,就是为了厘清公司财产,及时解决债权债务关系,以保护公司债权人利益。本案中,唐海公司被吊销营业执照后,李某、于某作为公司股东,直至3年后才进行了非实质清算,也未通知灿坤公司,并未对公司资产去向作出说明,无法证明公司财产的独立性。

基本案情

上诉人李某、于某诉称:灿坤公司主张的赔偿于法无据。

被上诉人灿坤公司辩称:李某、于某未依法限时清算的行为造成灿坤公司债权无法受偿的事实,二人应对灿坤公司未实现的债权承担连带赔偿责任。

法院经审理查明:灿坤公司与唐海公司于2011年12月28日签订《厂房租赁合同》。唐海公司向灿坤公司交付了租赁押金36万元,并自2013年8月起每月向灿坤公司支付32万元租金至2015年1月10日。2018年11月15日,嘉定区市监局作出行政处罚决定书，因查明唐海公司成立后无正当理由超过6个月未开业，或者开业后自行停业连续6个月以上，故作出吊销营业执照的行政处罚。2021年11月9日，《法制日报》刊发了唐海公司解散公告。李某、于某作为唐海公司股东，未能在唐海公司吊销营业执照即法定解散事由出现的15日内成立清算组并开始清算，且未提交唐海公司财务账册、审计报告等足以证实公司资产负债情况的证据。本案的争议焦点为李某、于某应否对唐海公司的债务承担赔偿责任？

裁判结果

上海市嘉定区人民法院作出(2022)沪0114民初2095号民事判决：李某、于某对仲裁裁决书中确定的唐海公司对灿坤公司应负的债务承担赔偿责任。上海市第二中级人民法院作出(2022)沪02民终10918号民事判决：驳回上诉，维持原判。

裁判理由

法院生效裁判认为：唐海公司于2021年11月9日才开始自行清算，距离该公司于2018年11月15日被吊销营业执照已过3年，远远超过公司法规定的清算时间；自行清算期间，清算组并未书面通知作为已知债权人的灿坤公司，程序上存在瑕疵；目前李某、于某提供的2022年10月21日出具的清算审计报告所依据的审计资料也极为简单，审计资料仅有资产负债表和利润汇总表共2页，报告并未对公司资产清理情况及债权债务情况作出具体说明；且清算审计报告用途载明为“仅供贵公司破产申请、注销登记使用”，无法证明该自行清算是实质清算，更无法证明唐海公司的真实资产负债情况。本案中，唐海公司被吊销营业执照后，李某、于某作为公司股东,直至3年后才进行了非实质清算,也未通知灿坤公司,并未对公司资产去向作出说明,无法证明公司财产的独立性,故一审法院依《公司法》第一百八十条及《公司法解释(二)》第十八条第一款的规定判令李某、于某承担赔偿责任并无不当。况且,李某、于某在一审中明确表示无法提供账册等财务资料,而在破产程序中却向管理人提供了部分账册、财务凭证等清算资料,李某、于某显然缺乏诚信。另外,唐海公司在破产程序中提供的财务资料的完整性以及财产能否查明尚不得知,无法证明李某、于某作为股东的诚实守信。基于上述理由,本院认为李某、于某应当对唐海公司的债务承担赔偿责任。

相关规定

《会计法》

第九条 各单位必须根据实际发生的经济业务事项进行会计核算,填制会计凭证,登记会计帐簿,编制财务会计报告。

任何单位不得以虚假的经济业务事项或者资料进行会计核算。

第二百零八条

【财务会计报告编制要求】公司应当在每一会计年度终了时编制财务会计报告,并依法经会计师事务所审计。

财务会计报告应当依照法律、行政法规和国务院财政部门的规定制作。

条文解读

本条是关于公司编制年度财务会计报告的规定。

企业应当编制财务会计报告。财务会计报告,是指企业对外提供的反映企业某一特定日期财务状况和某一会计期间经营成果、现金流量的文件。财务会计报告的目标是向财务会计报告使用者提供与企业财务状况、经营成果和现金流量等有关的会计信息,反映企业管理层受托责任履行情况,有助于财务会计报告使用者作出经济决策。财务会计报告使用者包括投资者、债权人、政府及其有关部门和社会公众等。财务会计报告应当根据经过审核的会计账簿记录和有关资料编制,并符合《会计法》和国家统一的会计制度关于财务会计报告的编制要求、提供对象和提供期限的规定。财务会计报告由会计报表、会计报表附注和财务情况说明书组成。向不同的会计资料使用者提供的财务会计报告,其编制依据应当一致。有关法律、行政法规规定会计报表、会计报表附注和财务情况说明书须经注册会计师审计的,注册会计师及其所在的会计师事务所出具的审计报告应当随同财务会计报告一并提供。

相关规定

《会计法》

第二十条 财务会计报告应当根据经过审核的会计帐簿记录和有关资料编制,并符合本法和国家统一的会计制度关于财务会计报告的编制要求、提供对象和提供期限的规定;其他法律、行政法规另有规定的，从其规定。

财务会计报告由会计报表、会计报表附注和财务情况说明书组成。向不同的会计资料使用者提供的财务会计报告，其编制依据应当一致。有关法律、行政法规规定会计报表、会计报表附注和财务情况说明书须经注册会计师审计的，注册会计师及其所在的会计师事务所出具的审计报告应当随同财务会计报告一并提供。

第二十一条 财务会计报告应当由单位负责人和主管会计工作的负责人、会计机构负责人（会计主管人员）签名并盖章；设置总会计师的单位，还须由总会计师签名并盖章。

单位负责人应当保证财务会计报告真实、完整。

第二百零九条

【财务会计报告送交股东及公告】有限责任公司应当按照公司章程规定的期限将财务会计报告送交各股东。

股份有限公司的财务会计报告应当在召开股东会年会的二十日前置备于本公司，供股东查阅；公开发行股份的股份有限公司应当公告其财务会计报告。

条文解读

本条是关于公司向股东公开财务会计报告的规定。

公司应当依照法律、行政法规和国家统一的会计制度对有关财务会计报告提供期限的规定，及时对外提供财务会计报告。《公司法》根据公司的不同类型，对于公司财务会计报告公开的范围和方式设置了不同的要求:第一,对于有限责任公司来说,应当按照公司章程规定的期限向股东送交财务会计报告;第二,对非公开发行股票的股份有限公司来说,应当在召开股东会年会的20日前置备于本公司,供股东查阅;第三,对公开发行股票的股份有限公司来说,应当将其财务会计报告予以公告。而且,财务会计报告须经注册会计师审计的,公司应当将注册会计师及其会计师事务所出具的审计报告随同财务会计报告一并对外提供。

典型案例 股东知情权的行使范围

郭某与盛源公司股东知情权纠纷案

案例来源 吉林省高级人民法院(2021)吉民申121号民事裁定书

关 键 词 财务会计报告;会计账簿;知情权

裁判要点

股东的知情权受法律保护,但股东的知情权必须在法律规定的范围内在行使,超出规定即不能得到法律的保护。

基本案情

原告郭某诉称:要求盛源公司向其送交2002年成立至今的财务会计报告。

被告盛源公司辩称:郭某请求公司向其送交复印的会计报表,没有法律依据。

法院经审理查明:郭某系盛源公司股东之一。2018年3月8日,郭某以股东知情权纠纷为由提起诉讼,要求盛源公司向其送交公司2002年成立至今的财务会计报告暨会计报表。

裁判结果

吉林省通化市东昌区人民法院作出(2019)吉0502民初2590号民事判决:判决驳回郭某的诉讼请求。吉林省通化市中级人民法院作出(2020)吉05民终177号民事判决:驳回上诉,维持原判。

裁判理由

法院生效裁判认为:郭某请求复制的盛源公司的月、季、年度财务报表属于财务会计报告的内容,不需要向盛源公司提出书面请求,一审认为郭某应先向盛源公司提出书面请求不当。郭某于2018年起诉盛源公司股东知情权纠纷一案中,其请求事项为要求查阅盛源公司的相关财务资料,而本次诉讼是请求复制盛源公司的月、季、年度财务报表,并不属于重复诉讼。《公司法》对股东知情权的保护及知情权的范围即规定在第三十三条当中,郭某要求法院按照第一百六十五条的规定保护其知情权,属于对知情权保护的错误理解。郭某在一审、二审中均明确要求由盛源公司为其复制财务报表,但《公司法》第三十三条仅规定股东有权复制,而并没有规定公司为股东复制。股东的知情权受法律保护,但股东的知情权必须在法律规定的范围内行使,超出规定即不能得到法律的保护。

第二百一十条

【公司税后利润分配】公司分配当年税后利润时,应当提取利润的百分之十列入公司法定公积金。公司法定公积金累计额为公司注册资本的百分之五十以上的,可以不再提取。

公司的法定公积金不足以弥补以前年度亏损的，在依照前款规定提取法定公积金之前，应当先用当年利润弥补亏损。

公司从税后利润中提取法定公积金后，经股东会决议，还可以从税后利润中提取任意公积金。

公司弥补亏损和提取公积金后所余税后利润，有限责任公司按照股东实缴的出资比例分配利润，全体股东约定不按照出资比例分配利润的除外；股份有限公司按照股东所持有的股份比例分配利润，公司章程另有规定的除外。

公司持有的本公司股份不得分配利润。

条文解读

本条是关于公司提取公积金和税后利润分配的规定。

公司年度净利润按照以下顺序分配：(1)弥补以前年度亏损。(2)提取10%法定公积金。法定公积金累计额达到注册资本50%以后，可以不再提取。(3)提取任意公积金，任意公积金提取比例由股东会决议。(4)向股东分配利润。公司以前年度未分配的利润，并入本年度利润，在充分考虑现金流量状况后，向股东分配。公司弥补以前年度亏损和提取盈余公积后，当年没有可供分配的利润时，不得向股东分配利润，但法律、行政法规另有规定的除外。国有企业可以将任意公积金与法定公积金合并提取。股份有限公司依法回购后暂未转让或者注销的股份，不得参与利润分配；以回购股份对经营者及其他职工实施股权激励的，在拟订利润分配方案时，应当预留回购股份所需利润。

典型案例 违法使用公积金的返还责任

银基公司与丽港公司公司增资纠纷案

案例来源 最高人民法院(2018)最高法民终393号民事判决书

关 键 词 公司增资;资本公积金;抽逃出资

裁判要点

资本公积金不仅是企业所有者权益的组成部分,亦是公司资产的重要构成,而公司资产在很大程度上代表着公司的资信能力、偿债能力、发展能力,在保障债权人利益、保证公司正常发展、维护交易安全方面起着重要作用。公司作为企业法人,具有独立人格和独立财产,而独立财产又是独立人格的物质基础。出资股东可以按照章程规定或协议约定主张所有者权益,但其无正当理由不得随意取回出资侵害公司财产权益。

基本案情

原告丽港公司诉称:(1)银基公司立即向丽港公司返还增资款1.5亿元;(2)银基公司向丽港公司支付因为拖延给付增资款产生的违约金;(3)银基公司承担本案的全部诉讼和保全费用。

被告银基公司辩称:(1)案涉1.5亿元系丽港公司履行《资金往来框架协议》自行转出而非银基公司取回;(2)《资金往来框架协议》真实有效且存在基础交易关系,1.5亿元还款义务不应由银基公司承担;(3)《债权转让协议》真实存在且已经告知债务人。

法院经审理查明:银基公司与丽港公司原股东协商,以3亿元作为丽港公司基准价进行增资,即银基公司向丽港公司增资2亿元,持有丽港公司40%股权,其中2000万元进入丽港公司注册资本,1.8亿元进入资本公积金。合同签订后,丽港公司、银基公司及两家公司的关联公司之间存在大量的资金流转。丽港公司认可其及关联公司收到案涉款项,但认为该款项系银基公司主导的走账行为,款项到丽港公司及其关联公司账户后随即被银基公司主导转往银基公司的关联公司且并未返还。

裁判结果

江苏省高级人民法院作出(2019)苏民初34号民事判决:银基公司于判决生效之日起10日内返还丽港公司1.5亿元,并支付相应利息。最高人民法院作出(2018)最高法民终393号民事判决:驳回上诉,维持原判。最高人民法院作出(2019)最高法民申2605号民事裁定:驳回银基公司的再审申请。

裁判理由

法院生效裁判认为:《资金往来框架协议》约定丽港公司方转出1.5亿元不是为丽港公司商贸合作而为之,也不是为实现《增资合同》中丽港公司生产线技术改造或增加丽港公司流动资金等的需要而为之,而是按照银基公司的要求,为银基公司的利益而特别设定,且1.5亿元款项转出后仍处于银基公司实际控制之下;《债权转让协议》亦不能证明转出的资本公积金已经实际归还;1.5亿元资本公积金实际亦未用于丽港公司的生产发展。因此,银基公司关于丽港公司根据《资金往来框架协议》自行转出款项与己无关,自己不存在擅自取回出资的主张不能成立。银基公司无合法正当理由转出其支付给丽港公司的1.5亿元资本公积金。

无论从公司法还是合同法角度分析,案涉被转出的1.5亿元资本公积金均应返还丽港公司。作为目标公司的丽港公司可以依据公司法相关规定提起诉讼主张权利，而作为《增资合同》当事人的李某、狄某亦可依据合同法相关规定提起诉讼主张权利，究竟适用公司法还是合同法并不实质影响本案纠纷的处理。银基公司基于《资金往来框架协议》主张本案应适用合同法而不应适用公司法的主张，没有事实和法律依据。另外，银基公司本身是《增资合同》中的出资义务人，本案所谓的《资金往来框架协议》实际是按照银基公司的要求，为银基公司的利益而设定，该1.5亿元资本公积金转出后仍处于银基公司的实际控制之下。因此，银基公司应当作为返还主体。

相关规定

《证券法》

第九十一条 上市公司应当在章程中明确分配现金股利的具体安排和决策程序，依法保障股东的资产收益权。

上市公司当年税后利润，在弥补亏损及提取法定公积金后有盈余的，应当按照公司章程的规定分配现金股利。

第二百一十一条

【违法分配利润的处理】公司违反本法规定向股东分配利润的，股东应当将违反规定分配的利润退还公司；给公司造成损失的，股东及负有责任的董事、监事、高级管理人员应当承担赔偿责任。

条文解读

本条是关于公司违法向股东分配利润的法律责任的规定。

《公司法》规定公司的税后利润必须用于弥补公司亏损、提取法定公积金之后，才能向股东分配股利。公司税后利润的分配顺序属于《公司法》的强制性规定，公司不能自行变更分配顺序。法律通过强制性规范限制公司税后利润的分配顺序，能够维护公司注册资本的充实，防止股东借分配股利之名行抽逃出资之实。公司在弥补亏损和提取法定公积金之后若没有剩余利润，则不能向股东分配股利。公司违反法律规定分配利润时，股东获得分配的公司利润欠缺合法依据，构成不当得利，应当将违反规定分配的利润退还公司。公司违法分配利润给公司造成损失的，作出利润分配决议的股东以及协助利润分配的董事、监事、高级管理人员应当承担赔偿责任。

典型案例 公司利润分配必须符合法律规定

郭某与京庆公司增资纠纷案

案例来源 最高人民法院(2019)最高法民申6709号民事裁定书

关 键 词 利润分配;公司增资;法定公积金

裁判要点

《公司法》第一百六十六条规定要求公司在弥补亏损和提取法定公积金后仍有利润的情况下才能分配利润。补充合同的利润分配条款既未经股东大会决议通过也不符合《公司法》的规定，郭某不能基于此请求京庆公司对其进行股权或现金补偿。

基本案情

上诉人郭某上诉请求:《增资合同书之补充合同》作为《增资合同书》的补充,是各方当事人的真实意思表示,应当依法认定为有效。京庆公司未按照约定履行合同义务,已经构成违约,应当承担违约责任。

被上诉人京庆公司辩称:《增资合同书之补充合同》并未成立生效,即使认定该协议对京庆公司发生效力,关于现金补偿条款的约定也违反了投资风险共担原则,应属于无效条款。京庆公司已经履行了《增资合同书》的相关义务,没有违约行为。

法院经审理查明:投资方郭某等与标的公司京庆公司及原股东等人共同签订《增资合同书》。一审法院经过查证,认为《增资合同书之补充合同》在郭某与京庆公司之间成立,在郭某与其余24名自然人股东之间不成立。《增资合同书之补充合同》约定,如果京庆公司2011年实际净利润低于3000万元、2012年实际净利润低于4000万元,则郭某有权从京庆公司及其余签约股东处获得补偿,并约定了计算公式。这一约定使郭某的投资可以获得相对固定的收益,该收益脱离了京庆公司的经营业绩,损害了公司利益和公司债权人利益,属于无效条款。

裁判结果

重庆市第一中级人民法院作出(2018)渝01民初68号民事判决:驳回郭某的诉讼请求。重庆市高级人民法院作出(2019)渝民终623号民事判决:驳回上诉,维持原判。最高人民法院作出

(2019)最高法民申6709号民事裁定:驳回郭某的再审申请。

裁判理由

法院生效裁判认为:即使补充合同在京庆公司和郭某之间生效,京庆公司章程第六十六条载明,股东大会决议分为普通决议和特别决议,股东大会作出普通决议应当由出席股东大会的股东所持表决权过半数通过,普通决议事项中包含利润分配方案,且《公司法》第一百六十六条规定要求公司在弥补亏损和提取法定公积金后仍有利润的情况下才能分配利润。补充合同的利润分配条款既未经股东大会决议通过也不符合《公司法》的规定,郭某不能基于此请求京庆公司对其进行股权或现金补偿。

第二百一十二条

【公司利润分配时间】股东会作出分配利润的决议的,董事会应当在股东会决议作出之日起六个月内进行分配。

条文解读

本条是关于公司分配股利的时间限制的规定。

股东享有的股利分配请求权只有在股东会作出利润分配决议、确定各个股东可以实际获取的股利数额之后,才能转化为具体可行使的权利。在公司股东会作出股利分配决议之前,公司在弥补亏损、提取法定公积金后是否还有剩余利润可供分配具有不确定性;公司税后利润具体如何量化为每名股东可以实际获取的金额,同样具有不确定性。因此,在股东会确定公司能够用于股利分配的税后利润数额、确定具体的股利分配方案后，股东享有的股利分配请求权才能成为可行使的具体化权利。对于股东会作出股利分配决议后，公司应当在多长时间内分配完毕，2018年《公司法》未作规定，司法解释则规定分配利润的股东会决议作出后，公司应当在决议载明的时间内完成利润分配。决议没有载明时间的，以公司章程规定的为准。决议、章程中均未规定时间或者时间超过1年的，公司应当自决议作出之日起1年内完成利润分配。本条对于司法解释的规定作出修改，要求股东会作出分配利润的决议的，董事会应当在股东会决议作出之日起6个月内进行分配。

第二百一十三条

【公司资本公积金构成】公司以超过股票票面金额的发行价格发行股份所得的溢价款、发行无面额股所得股款未计入注册资本的金额以及国务院财政部门规定列入资本公积金的其他项目，应当列为公司资本公积金。

条文解读

本条是关于资本公积金的规定。

资本公积金是在公司的生产经营之外，由资本、资产本身及其他原因形成的股东权益收入。资本公积金的主要来源为股票发行的溢价收入、资产增值、因合并而接受其他公司的资产净额等。《公司法》允许股份有限公司发行无面额股，公司的全部股份,根据公司章程的规定择一采用面额股或者无面额股。采用无面额股的,应当将发行股份所得股款的1/2以上计入注册资本。发行无面额股所得股款未计入注册资本的金额,应当列为公司资本公积金。

典型案例 公司接受赠与而增加的资本公积金属于公司所有

兰州神骏物流有限公司与兰州民百(集团)股份有限公司侵权纠纷案

案例来源 最高人民法院(2009)民二终字第75号民事判决书

关 键 词 资本公积金;公司侵权

裁判要点

公司因接受赠与而增加的资本公积金属于公司所有,是公司的资产,股东不能主张该资本公积金中与自己持股比例相对应的部分归属于自己,上市公司股权分置改革中,公司股东大会作出决议将资本公积金向流通股股东转增股份时,公司的流通股股东可以按持股比例获得相应的新增股份,而非流通股股东不能以其持股比例向公司请求支付相应的新增股份。即使该股东大会决议无效,也只是产生流通股股东不能取得新增股份的法律效果,而非流通股股东仍然不能取得该新增的股份。

基本案情

2006年4月21日,兰州民百(集团)股份有限公司(以下简称民百公司)第四届董事会第十六次会议审议并通过了公司《股权分置改革方案》,主要内容是:(1)民百公司第一大非流通股股东红楼集团有限公司(以下简称红楼集团)向公司无偿注入兰州红楼房地产开发有限公司36.6045%股权,根据浙江东方中汇会计师事务所有限公司出具的《审计报告》,截至2005年12月31日,该部分权益经审计的账面价值为3000万元。(2)为使红楼集团注入的兰州红楼房地产开发有限公司36.6045%权益完全由流通股股东享有,民百公司向流通股股东实施资本公积金定向转增28,379,137股,相当于每10股流通股定向转增2.1621股。(3)除红楼集团外的其他非流通股股东向流通股股东支付9,589,497股股份。(4)上述组合方案的总体对价水平相当于每10股流通股股东获得2.89271股。2006年5月29日,民百公司召开股东大会审议通过了该《股权分置改革方案》,并于2006年6月2日刊登了股权分置改革方案实施公告。因兰州神骏物流有限公司(当时名称为兰州神骏医药科技有限公司,2008年10月20日更名,以下简称神骏公司)等非流通股股东未明确表示同意参加本次股权分置改革,由民百公司第一大股东红楼集团代为垫付3,119,196股,第二大股东兰州民百佛慈集团有限公司(以下简称民佛公司)代为垫付542,421股,合计代神骏公司等非流通股股东垫付对价3,661,617股。民百公司2006年第一次临时股东大会暨股权分置改革相关股东会议通过了股权分置改革方案后,神骏公司在法定期限内向兰州市中级人民法院提起了诉讼,请求确认5月29日的临时股东大会关于红楼集团假借无偿赠送权益性资产实为非公开发行新股28,379,138股的决议违法,判决该次股东大会关于以3000万元权益性资产作价增发新股的决议无效等。兰州市中级人民法院以(2006)兰法民二初字第82号民事判决驳回了神骏公司的诉讼请求,神骏公司不服该判决向甘肃省高级人民法院提出上诉。审理中经甘肃省高级人民法院主持调解,神骏公司与民百公司达成了调解,该调解书内容为:神骏公司与民百公司共同确认红楼集团向民百公司无偿赠送的3000万元权益性资产真实合法,在此前提下2006年5月29日召开的民百公司股东大会通过的决议合法有效,不存在侵犯神骏公司合法权益的问题;神骏公司放弃全部诉讼请求;民百公司今后依然尊重神骏公司作为股东的各项权利和利益等。

2007年6月6日,神骏公司向甘肃省高级人民法院提起诉讼,请求民百公司、民佛公司、红楼集团依照民百公司股权分置改革方案,立即安排其向民佛公司、红楼集团偿还代为垫付的对价款项及利息,办理神骏公司持有的民百公司股票流通的手续,排除流通的妨碍。该案在审理中,经甘肃省高级人民法院主持,双方当事人于2007年6月29日达成调解,该调解书载明神骏公司向民佛公司和红楼集团偿还了代垫的股份1,621,479股,民百公司安排神骏公司持有的民百公司限售流通股予以上市流通。

神骏公司认为其已偿还了民百公司第一、第二股东即红楼集团、民佛公司垫付的对价,红楼集团真实合法无偿赠送给民百公司的3000万元权益性资产折合的28,379,137股民百公司股份中,因神骏公司当时在民百公司持股比例为6.18%,所以神骏公司应当按比例享有1,753,800股。故神骏公司向原审法院提起诉讼,要求民百公司赔偿1,753,800股股份,折合赔偿人民币

20,081,010 元(按神骏公司持有民百公司非流通股解禁上市后20个交易日的平均股价每股10元计算)及相应利息,并由民百公司负担案件诉讼费。

裁判结果

一审法院判决:驳回神骏公司的诉讼请求。二审法院判决:驳回上诉,维持原判。

裁判理由

法院生效裁判认为:民百公司《股权分置改革方案》中规定,为使红楼集团注入民百公司的3000万元权益性资产完全由流通股股东享有,由民百公司向流通股股东实施资本公积金定向转增28,379,137股,这表明红楼集团将3000万元权益性资产注入民百公司是为了让流通股股东享受该部分资产的利益。在《股权分置改革方案》通过时,神骏公司是民百公司的非流通股股东,不应享受该部分资产转增而形成的股份。神骏公司主张其应依照同股同权原则与其他流通股股东一样按比例获得该定向转增的股份1,753,800股,因民百公司股东大会决议通过的《股权分置改革方案》明确该定向转增股份由民百公司流通股股东享有,所以神骏公司的主张不符合上述方案的规定,本院不予采纳。对民百公司提出的神骏公司不能就民百公司转增后形成的股份主张权利,本院予以支持。神骏公司提交的《验资事项说明》载明,民百公司定向转增后的28,379,137股新股已经于2006年6月6日记入民百公司流通股股东证券账户,所以神骏公司主张该28,379,137股新股仍然归红楼集团所有,与事实不符,本院不予采信。

民百公司《股权分置改革方案》明确规定了采用资本公积金转增股份，至于民百公司采用何种资本公积金将红楼集团注入的3000万元权益性资产转化为股份由全体流通股股东享有，这属于民百公司内部财务处理事项。民百公司虽然用资本公积金项目下的股本溢价部分为全体流通股股东转增股份，但在此过程中民百公司资产数目并没有发生减损。神骏公司主张民百公司用属于公司所有的公积金转增股份从而神骏公司应当分得相应的股份数额，没有事实和法律依据，本院不予支持。

第二百一十四条

【公积金用途】公司的公积金用于弥补公司的亏损、扩大公司生产经营或者转为增加公司注册资本。

公积金弥补公司亏损，应当先使用任意公积金和法定公积金；仍不能弥补的，可以按照规定使用资本公积金。

法定公积金转为增加注册资本时，所留存的该项公积金不得少于转增前公司注册资本的百分之二十五。

条文解读

本条是关于公司公积金用途的规定。

公司的公积金只有三种用途：一是用于弥补公司的亏损；二是扩大公司生产经营；三是转为增加公司资本。公司的公积金是按照特定目的提留的，只能用于特定目的，以维护公司股东和债权人利益。对公积金的使用限制主要体现于资本公积金的用途受限。2018年《公司法》禁止将资本公积金用于弥补公司亏损，本条规定对此作出修改，允许在任意公积金和法定公积金无法弥补公司亏损的情况下，按照规定使用资本公积金弥补亏损。另外，法定公积金转为资本时，所留存的该项公积金不得少于转增前公司注册资本的25%。

典型案例 公司公积金的法定用途

动信通公司等与刘某执行异议案

案例来源 北京市高级人民法院(2022)京民终619号民事判决书

关 键 词 资本公积金;股东出资

裁判要点

资本公积金属于公司的资产，只能用于扩大公司生产经营或者转为增加公司资本，不能用于填补股东的未出资。

基本案情

上诉人动信通公司上诉请求：动信通公司对于1000万元注册资本均已实缴，不应承担连带责任。

被上诉人刘某辩称：动信通公司仍有30万元出资没有实缴。

法院经审理查明：动信通公司通过公司设立出资、增资、股权转让，曾持有微游公司对应出资额为1000万元的股权：(1)在微游公司设立时出资85万元。(2)微游公司于2014年8月增资至1000万元时，动信通公司认缴增加出资555万元。前述两项均为动信通公司原始取得的股权。(3)动信通公司在2015年4月13

日通过股权转让继受取得艾某、杜某、邓某、武某、贺某5人的股权，对应的出资额为360万元。对于设立时的出资，动信通公司已提供证据证明其足额缴纳，而在微游公司增资时，动信通公司应再向微游公司增加出资555万元。但动信通公司提交的证据显示，从微游公司增资之日起至今，其向微游公司以“入资款”为名转账金额总计525万元，故动信通公司并未提供充分证据证明其足额缴纳出资款，未履行出资义务的金额为30万元。

裁判结果

北京市第二中级人民法院作出(2022)京02民初27号民事判决：(1)动信通公司在未全面出资额30万元的范围内，对微游公司债务不能清偿的部分承担补充赔偿责任；(2)驳回刘某的其他诉讼请求。北京市高级人民法院作出(2022)京民终619号民事判决：驳回上诉，维持原判。

裁判理由

法院生效裁判认为：动信通公司在微游公司增资时，应再向微游公司增加出资555万元，该增资的出资期限为2016年12月31日，但动信通公司在转让股权前仅向微游公司入资525万元，尚有30万元出资款未缴纳。对于该30万元，动信通公司主张已经通过资本公积金转为增资的方式缴纳，并提交了自己留存的审计报告加以证明。对此本院认为，首先，动信通公司提供的证据不足以证明30万元资本公积金转为增资的事实。其次，根据本院查明的事实，武某、杜某、艾某在2014年8月1日微游公司增资时均认购股本90万元，均实际缴纳出资100万元，存在30万元的溢价款。根据《公司法》第一百六十七条规定，

30 万元溢价款应列入微游公司的资本公积金。《公司法》第一百六十八条第一款规定,公司的公积金用于弥补公司的亏损、扩大公司生产经营或者转为增加公司资本。但是,资本公积金不得用于弥补公司的亏损。虽然武某、杜某、艾某所持有的微游公司的相应股份转让给了动信通公司,但是该3名股东缴纳的出资溢价款应列入资本公积金,而资本公积金属于公司的资产,只能用于扩大公司生产经营或者转为增加公司资本,不能用于填补股东的未出资。因此,动信通公司的主张缺乏事实和法律依据,本院不能支持。

第二百一十五条

【公司聘用、解聘会计师事务所】公司聘用、解聘承办公司审计业务的会计师事务所,按照公司章程的规定,由股东会、董事会或者监事会决定。

公司股东会、董事会或者监事会就解聘会计师事务所进行表决时,应当允许会计师事务所陈述意见。

条文解读

本条是关于公司聘用、解聘会计师事务所的规定。

公司聘用、解聘承办公司审计业务的会计师事务所,必须由公司的股东会、董事会或监事会作出决定,其他公司机关或高级管理人员无权决定会计师事务所的选聘和解聘。公司章程应当对具体负责会计师事务所聘用和解聘事项的公司内部机关作出规定。另外，公司解聘会计师事务所应当具有正当事由，并允许会计师事务所在相关会议上陈述意见、进行申辩或说明，以确保股东会、董事会或监事会所作决定的正当性。

第二百一十六条

【公司对会计师事务所的诚实义务】公司应当向聘用的会计师事务所提供真实、完整的会计凭证、会计账簿、财务会计报告及其他会计资料，不得拒绝、隐匿、谎报。

条文解读

本条是关于公司应当配合会计师事务所工作的规定。

公司需要确保向会计师事务所提供的会计凭证、会计账簿、财务会计报告及其他会计资料的真实性、完整性，不得拒绝、隐匿、谎报。会计凭证包括原始凭证和记账凭证。会计机构、会计人员必须按照国家统一的会计制度的规定对原始凭证进行审核，对不真实、不合法的原始凭证有权不予接受，并向单位负责人报告；对记载不准确、不完整的原始凭证予以退回，并要求按照国家统一的会计制度的规定更正、补充。会计账簿登记，必须以经过审核的会计凭证为依据，并符合有关法律、行政法规和国家统一的会计制度的规定。财务会计报告应当根据经过审核的会计账簿记录和有关资料编制，并符合《会计法》和国家统一的会计制度关于财务会计报告的编制要求、提供对象和提供期限的规定。

第二百一十七条

【会计账簿和开立账户的禁止性规定】公司除法定的会计账簿外，不得另立会计账簿。

对公司资金，不得以任何个人名义开立账户存储。

条文解读

本条是关于公司设立会计账簿和开立账户的规定。

会计账簿登记，必须以经过审核的会计凭证为依据，并符合有关法律、行政法规和国家统一的会计制度的规定。会计账簿包括总账、明细账、日记账和其他辅助性账簿。使用电子计算机进行会计核算的，其会计账簿的登记、更正，应当符合国家统一的会计制度的规定。公司法人财产与其成员或者管理人员的个人财产相互独立，不得混同。公司资产必须存储于以公司名义开立的账户，否则将会导致公司与股东之间的财产混同，公司股东可能丧失有限责任制度的保护，同时也不利于对公司资金往来的监管。

CHAPTER 11

第十一章

公司合并、分立、增资、减资

第二百一十八条

【公司合并形式】公司合并可以采取吸收合并或者新设合并。

一个公司吸收其他公司为吸收合并,被吸收的公司解散。两个以上公司合并设立一个新的公司为新设合并,合并各方解散。

条文解读

本条是关于公司合并方式的规定。

公司合并可以通过两种方式进行:一是吸收合并,即一个公司吸收其他公司,被吸收的公司解散。存续的公司应当向公司登记机关办理变更登记手续;被吸收的公司丧失民事主体资格,应向公司登记机关申请办理注销登记。二是新设合并,即两个以上公司合并设立一个新的公司,合并各方解散。新设合并导致参与合并各方的公司法人资格消灭,合并各方需依法向公司登记机关申请办理登记手续。新设公司应当向公司登记机关办理设立登记手续,取得营业执照,营业执照签发日期为公司成立日期。新设合并本质上属于设立新公司,除了需要符合公司合并的法定条件外,还需要符合《公司法》规定的公司设立条件。

第二百一十九条

【公司合并无须股东会决议的情形】公司与其持股百分之九十以上的公司合并,被合并的公司不需经股东会决议,但应当通知其他股东,其他股东有权请求公司按照合理的价格收购其股权或者股份。

公司合并支付的价款不超过本公司净资产百分之十的,可以不经股东会决议;但是,公司章程另有规定的除外。

公司依照前两款规定合并不经股东会决议的,应当经董事会决议。

条文解读

本条是关于公司合并可以不经股东会决议的规定。

公司合并属于公司的重大变更事项,原则上需要由股东会作出决议。2018 年《公司法》要求公司合并必须经过股东会决议才能进行,《公司法》对此作出修改,允许在满足法定条件的情况下,公司合并可以不经股东会决议而由董事会决议进行,以降低公司合并的难度,提高公司合并的效率。本条规定了公司合并可以不经股东会决议的两种情形:(1)公司与其持股 90% 以上的公司合并,被合并的公司不需经股东会决议;(2)公司合并支付的价款不超过本公司净资产 10% 的,可以不经股东会决议。对于前者,公司应当通知其他股东,其他股东有权请求公司按照合理的价格收购其股权或者股份；对于后者，公司章程可以作出除外规定，要求公司合并支付的价款不超过本公司净资产 10% 时仍需履行股东会决议程序。公司合并依法不经股东会决议时，仍应当经过董事会决议。

第二百二十条

【公司合并程序和债权人异议权】公司合并，应当由合并各方签订合并协议，并编制资产负债表及财产清单。公司应当自作出合并决议之日起十日内通知债权人，并于三十日内在报纸上或者国家企业信用信息公示系统公告。债权人自接到通知之日起三十日内，未接到通知的自公告之日起四十五日内，可以要求公司清偿债务或者提供相应的担保。

条文解读

本条是关于公司合并程序的规定。

公司合并会导致公司形式和内部治理结构发生重大变更，直接影响股东利益和债权人利益，因而必须按照《公司法》规定的程序进行：第一，合并各方原则上需要经过股东会决议通过，有限责任公司应当经代表 2/3 以上表决权的股东通过，股份有限公司应当经出席会议的股东所持表决权的 2/3 以上通过，满足法定条件的可以不经股东会决议而由董事会决议通过即可。第二，合并各方签订合并协议，合并协议需要对合并各方的权利义务作出约定，明确合并的形式、条件和相应款项的支付方式。第三，编制资产负债表及财产清单。第四,公司应当自作出合并决议之日起10日内通知债权人,并于30日内在报纸上或者统一的企业信用信息公示系统公告。第五,办理相应的登记手续。采取吸收合并方式的,合并后存续的公司应当在公司合并之后办理变更登记手续,被合并的公司应当申请办理注销登记手续;采取新设合并方式的,合并后新设立的公司应当依法办理设立登记手续,被合并的各方应当依法办理注销登记手续。此外,债权人自接到通知之日起30日内,未接到通知的自公告之日起45日内,可以要求公司清偿债务或者提供相应的担保。

典型案例 公司合并的认定

李某与中洋公司等建设工程施工合同纠纷案

案例来源 河南省高级人民法院(2021)豫民申5400号民事裁定书

关 键 词 公司合并;合并协议

裁判要点

公司合并是指两个或两个以上的公司依照公司法规定的条件和程序,通过订立合并协议,共同组成一个新公司的法律行为。公司合并的程序通常为董事会制订合并方案、签订公司合并协议、编制资产负债表和财产清单、形成合并决议、向债权人通知和公告、向工商登记机关办理合并登记。

基本案情

李某申请再审称:中洋公司应当对绿园公司的债务承担连带

清偿责任。

中洋公司提交意见称：中洋公司与绿园公司的协议约定，建设绿园项目产生的债务由绿园公司承担，中洋公司不承担绿园公司以前的债务。绿园公司与中洋公司为两个独立的经营主体，不存在公司合并，有工商登记为证。

法院经审理查明：2016年5月13日，绿园公司与中洋公司签订《协议书》，协议主要内容为：绿园公司在德亭镇所承建的绿园项目全部转让给中洋公司，转让款分两部分，第一部分为人民币500万元，协议签订之日起10日内支付；第二部分，绿园项目转让给中洋公司后在经营中所产生的纯利润，其中提取49%也作为绿园项目的转让款。绿园公司、中洋公司均为独立法人，签订本协议前绿园公司的原有债务包括建设绿园项目过程中所产生的债务等均由绿园公司独自承担，与绿园项目及中洋公司无关。

裁判结果

河南省高级人民法院作出(2021)豫民申5400号民事裁定：一审判决以公司合并为依据判令中洋公司承担连带清偿责任适用法律错误，二审判决认定绿园公司与中洋公司不存在公司合并认定事实、适用法律并无不当，裁定驳回李某的再审申请。

裁判理由

法院生效裁判认为：公司合并是指两个或两个以上的公司依照公司法规定的条件和程序，通过订立合并协议，共同组成一个新公司的法律行为。公司合并的程序通常为董事会制订合并方案、签订公司合并协议、编制资产负债表和财产清单、合并决议的形成、向债权人通知和公告、向工商登记机关办理合并登记。从案涉协议内容可见,绿园公司与中洋公司签订的协议为资产转让合同。对第一笔转让款500万元,中洋公司提交了支付收款收据予以证明;第二部分转让款为绿园公司对中洋公司的债权。绿园公司与中洋公司之间不存在公司合并的合意,亦不存在公司合并的行为,绿园公司、中洋公司工商登记状况经查仍正常存续,故中洋公司不应对绿园公司的债务承担连带责任。

第二百二十一条

【公司合并时各方的债权、债务承继】公司合并时,合并各方的债权、债务,应当由合并后存续的公司或者新设的公司承继。

条文解读

本条是关于公司合并时各方债权、债务如何承担的规定。

公司合并会导致合并一方或双方的民事主体资格消灭,对于公司合并后被合并公司的债权、债务如何承担,应当区分不同的合并形式分别处理:采吸收合并方式的,由合并后存续的公司承担被吸收公司的债权、债务;采取新设合并方式的,由合并各方组成的新设公司承担合并各方的债权、债务。合并后存续的公司或者新设公司对于合并各方债权、债务的承继属于权利义务的概括继受,公司必须同时继受合并各方的债权、债务,不能进行任意取舍或者只继受权利而拒绝承担义务。

典型案例 公司合并后的债务承担

银龙煤业公司与陈某保民间借贷纠纷案

案例来源 河南省高级人民法院(2021)豫民申3794号民事裁定书

关 键 词 新设合并;兼并重组

裁判要点

东沟煤业公司按政府煤炭资源整合政策要求,接受煤炭企业兼并重组注销。银龙煤业公司在成立后取得了东沟煤业公司的包括采矿权在内的所有财产,取代东沟煤业公司,并在该公司的原业务范围内生产经营。东沟煤业公司的注销及银龙煤业公司成立符合新设合并的特征。而根据有关法律规定,企业新设合并后,被兼并企业的债务应由新设合并后的企业法人承担。

基本案情

银龙煤业公司申请再审称:银龙煤业公司购买了东沟煤业公司包括采矿权在内的全部资产,在本案不存在企业改制和企业新设合并事实的情况下,原判以公司新设合并为由,判决银龙煤业公司承担责任,没有事实根据和法律依据。

陈某保提交意见称:要求银龙煤业公司偿还欠款理所应当,银龙煤业公司以各种借口不愿还款毫无道理。请求驳回银龙煤业公司的再审申请。

法院经审理查明:义马煤业公司与陈某超签订的《煤炭企业兼并重组合作协议》《煤炭企业兼并重组补充协议》,主要内容是义马煤业集公司根据国家煤炭企业整合的政策要求,兼并重组陈某超任法定代表人并实际投资的东沟煤业,其中东沟煤业是被兼并方,说明各方之间是兼并重组的法律关系。

裁判结果

再审法院认为:原审法院判令银龙煤业公司承担还款责任,认定事实清楚,适用法律正确,处理并无不当;银龙煤业公司再审申请不能成立,裁定驳回银龙煤业公司的再审申请。

裁判理由

法院生效裁判认为:银龙煤业公司虽然是新成立的公司,但其是各方履行兼并重组协议的结果,是为了承接兼并重组东沟煤业公司而成立,其与东沟煤业公司签订《资产转让协议》,取得了东沟煤业公司包括采矿权及地上附属物在内的所有有形和无形资产,取代东沟煤业公司,并在东沟煤业公司的业务范围内生产经营,亦系基于兼并重组协议的安排。东沟煤业公司作为被兼并方,已经注销,其注销亦是履行兼并重组协议的结果。因此,银龙煤业公司的成立与东沟煤业公司的注销,符合《最高人民法院关于审理与企业改制相关的民事纠纷若干问题的规定》第三十三条规定的企业新设合并的特征。银龙煤业公司主张其成立不是新设合并,不应承担偿还被兼并企业的债务,依据不足,本院不予支持。

相关规定

《民法典》

第六十七条 法人合并的,其权利和义务由合并后的法人享有和承担。

法人分立的,其权利和义务由分立后的法人享有连带债权,承担连带债务,但是债权人和债务人另有约定的除外。

第二百二十二条

【公司分立时财产分割和分立程序】公司分立,其财产作相应的分割。

公司分立,应当编制资产负债表及财产清单。公司应当自作出分立决议之日起十日内通知债权人,并于三十日内在报纸上或者国家企业信用信息公示系统公告。

条文解读

本条是关于公司分立程序的规定。

公司分立是指公司分设为两个或两个以上公司,具体分为两种形式:一是原公司通过解散的方式分拆为数个新的公司,二是在原公司中分拆出一部分设立新的公司。《公司法》没有规定公司分立的形式,只是要求公司分立时需要对公司财产进行分割。本条虽未规定分立各方必须签订相应的分立协议,但分立各方对于财产分割事项仍应通过书面协议的形式予以约定。公司在分立过程中,必须先由股东会决议通过,有限责任公司应当经代表2/3以上表决权的股东通过,股份有限公司应当经出席会议的股东所持表决权的2/3以上通过,然后由分立各方签订分立协议,并编制资产负债表和财产清单,明确分立各方所应分得的财产数额。由于公司分立将导致原公司的形式发生重大变更,影响公司对外承担责任的能力,所以公司应当自作出分立决议之日起 10 日内通知债权人,并于 30 日内在报纸上或者统一的企业信用信息公示系统公告。最后,原公司解散的应当办理注销登记手续,分立后的公司应当办理设立登记手续。

第二百二十三条

【公司分立前的债务承担】公司分立前的债务由分立后的公司承担连带责任。但是,公司在分立前与债权人就债务清偿达成的书面协议另有约定的除外。

条文解读

本条是关于公司分立前的债务如何承担的规定。

公司分立前的债务首先应按照公司与债权人就债务清偿达成的书面协议处理。没有另行作出约定的,分立后设立的公司应当对原公司的债务承担连带责任,该项规定不得通过公司章程或股东会决议进行修改。《公司法》对于公司分立前的债务承担设置强制性规定,要求分立后的公司承担连带责任,能够避免借助公司分立将债务全部分割给个别不具有足额清偿能力的公司。公司自身无权决定公司分立前的债务如何承担,但公司可以在分立前与债权人就债务清偿达成书面协议,约定分立后的公司不必承担连带责任,而是由分立后的公司承担按份责任或者免除分立后的部分公司的清偿责任。

第二百二十四条

【普通减资程序】公司减少注册资本，应当编制资产负债表及财产清单。

公司应当自股东会作出减少注册资本决议之日起十日内通知债权人，并于三十日内在报纸上或者国家企业信用信息公示系统公告。债权人自接到通知之日起三十日内，未接到通知的自公告之日起四十五日内，有权要求公司清偿债务或者提供相应的担保。

公司减少注册资本，应当按照股东出资或者持有股份的比例相应减少出资额或者股份，法律另有规定、有限责任公司全体股东另有约定或者股份有限公司章程另有规定的除外。

条文解读

本条是关于公司减少注册资本的规定。

公司注册资本额一经确定，就不能随意增减。若要增加或者减少注册资本，必须按照相应的法定程序进行。按照本条规定，公司减资必须按照以下程序进行：第一，公司股东会作出减少注册资本的决议，有限责任公司应当经代表2/3以上表决权的股东通过，股份有限公司应当经出席会议的股东所持表决权的2/3以上通过。第二，编制资产负债表和财产清单。公司减少注册资本的前提是详细了解公司目前的经营状况和财务状况，因此公司进行减资程序时必须编制资产负债表和财产清单。第三，自股东会作出减少注册资本决议之日起10日内通知债权人，并于30日内在报纸上或者统一的企业信用信息公示系统公告。通知和公告的目的是确保公司债权人的知情权,若公司债权人担心公司分立将影响债权的受偿,可以要求公司提前清偿债务或者提供相应的担保。第四,公司应当按照股东出资或者持有股份的比例相应减少出资额或者股份。第五,修改公司章程中关于公司注册资本额和股东出资额的记载。

典型案例 公司减少注册资本必须在法定时间内通知债权人

小康公司与江铜公司买卖合同纠纷案

案例来源 最高人民法院(2020)最高法民申5382号民事裁定书

关 键 词 减资程序;通知债权人

裁判要点

根据《公司法》的规定,公司在减资时应依法采取有效方式通知债权人,以避免因减资行为造成公司偿债能力降低,从而产生损害债权人合法权益的结果。本案中,蒙玛特公司欠付江铜公司的案涉债务在公司减资前即已形成,蒙玛特公司在能够有效联系江铜公司的情形下,未就减资事项直接通知江铜公司,有违减资法定程序,亦使江铜公司未能在其减资前依法行使要求清偿债务或提供相应担保的权利。

基本案情

法院经审理查明:2015年12月31日,江铜公司与蒙玛特公司签订合同。2016年,苏某(抵押人)与江铜公司(抵押权人)签订了第一份《最高额抵押合同》。上述抵押合同签订后，江铜公司与苏某办理了抵押登记。2017年1月，江铜公司（抵押权人）与蒙玛特公司（抵押人）签订了《最高额抵押协议》。2017年2月7日，江铜公司与蒙玛特公司办理了抵押登记。江铜公司与蒙玛特公司签订《2016年度铜材产品销售合同》后，邢某、苏某向江铜公司出具了《担保函》，约定苏某、邢某作为保证人自愿为主债务人在主合同项下向江铜公司及时履行一笔或多笔付款义务，承担连带共同保证责任。

裁判结果

江西省鹰潭市中级人民法院作出（2019）赣06民初32号民事判决：（1）蒙玛特公司在本判决书生效之日起15日内一次性支付给江铜公司货款及逾期付款利息；（2）如蒙玛特公司到期不履行义务，苏某、邢某在担保范围内承担担保责任；（3）小康公司在减资5000万元的范围内对蒙玛特公司的上述债务承担补充赔偿责任；（4）苏某承担抵押担保责任后，邢某、苏某承担保证责任后，均有权向蒙玛特公司追偿；（5）驳回江铜公司的其他诉讼请求。江西省高级人民法院作出（2020）赣民终404号民事判决：驳回上诉，维持原判。最高人民法院作出（2020）最高法民申5382号民事裁定：驳回小康公司的再审申请。

裁判理由

法院生效裁判认为：根据《公司法》规定，公司在减资时应依法采取有效方式通知债权人，以避免因减资行为造成公司偿债能力降低，从而产生损害债权人合法权益的结果。本案中，蒙玛特公司欠付江铜公司的案涉债务在公司减资前即已形成，蒙玛特公司在能够有效联系江铜公司的情形下，未就减资事项直接通知江铜公司，有违减资法定程序，亦使江铜公司未能在其减资前依法行使要求清偿债务或提供相应担保的权利。本案中，蒙玛特公司于2017年11月28日向江铜公司出具《还款计划》和《关于延期点价申请》，确认蒙玛特公司尚欠江铜公司2016年11月25日已点价的货款和已提货未点价铜杆数量，同时申请对上述未点价铜杆延期点价。此时，小康公司仍系蒙玛特公司认缴出资占注册资本60%的股东，对双方确认的上述债权债务和还款计划应当明确知晓，但在此情形下小康公司仍通过股东会决议减资退出公司，且未依法履行通知义务，客观上降低了蒙玛特公司的偿债能力，有损江铜公司所享有的债权。根据蒙玛特公司此后向江铜公司出具的《还款计划及延期点价、延期交货计划》《关于对已提货未点价铜杆进行点价的通知函》，蒙玛特公司确认截至2009年3月10日尚欠江铜公司货款未付。二审法院结合蒙玛特公司确认的尚欠货款和延期点价给江铜公司造成损失的客观事实，认为小康公司减资行为本质上造成与股东抽逃出资相同的法律后果，参照《公司法解释(三)》第十四条第二款规定判决小康公司在减资5000万元范围内对蒙玛特公司所负上述债务承担补充赔偿责任，符合案涉实际，不存在认定基本事实缺乏证据证明的问题。补充赔偿责任属顺位责任，原审法院亦明确了小康公司享有对蒙玛特公司进行强制执行之前拒绝承担责任的抗辩权，小康公司关于原审判决其承担补充赔偿责任错误和未列明清偿顺序的再审申请理由不能成立。

第二百二十五条

【简易减资程序】公司依照本法第二百一十四条第二款的规定弥补亏损后，仍有亏损的，可以减少注册资本弥补亏损。减少注册资本弥补亏损的，公司不得向股东分配，也不得免除股东缴纳出资或者股款的义务。

依照前款规定减少注册资本的，不适用前条第二款的规定，但应当自股东会作出减少注册资本决议之日起三十日内在报纸上或者国家企业信用信息公示系统公告。

公司依照前两款的规定减少注册资本后，在法定公积金和任意公积金累计额达到公司注册资本百分之五十前，不得分配利润。

条文解读

本条是关于公司通过减少注册资本弥补亏损的规定，系本次修订新增条文。

公司使用公积金弥补公司亏损时，应当先使用任意公积金和法定公积金；仍不能弥补的，可以按照规定使用资本公积金。使用资本公积金仍不足以弥补公司亏损的，可以减少注册资本弥补亏损，但不得向股东分配，也不得免除股东缴纳出资或者股款的义务。公司通过减少注册资本弥补亏损的，无须在股东会作出减资决议后通知债权人，债权人也无权要求公司清偿债务或者提供相应的担保，但应当在报纸上或者统一的企业信用信息公示系统公告。公司通过减少注册资本弥补亏损后，在法定公积金累计额达到公司注册资本50%前,不得分配利润。

第二百二十六条

【违法减少注册资本的法律责任】违反本法规定减少注册资本的,股东应当退还其收到的资金,减免股东出资的应当恢复原状;给公司造成损失的,股东及负有责任的董事、监事、高级管理人员应当承担赔偿责任。

条文解读

本条是关于公司违法减资的法律责任的规定,系本次修订新增条文,明确了公司违法减资的法律后果。公司减少注册资本时需要按照股东出资或者持有股份的比例减少出资额或者股份,相应地要把减少的出资额或者股份所对应的价款返还于股东。公司违法减资会导致减资行为无效,自始不发生法律效力,公司负有恢复原状的义务,应当将公司注册资本恢复至减资前的状态。由于公司减资行为违法,股东因公司减资取得的资金丧失合法依据,应当返还不当得利,退还其收到的资金。若违法减资行为给公司造成损失,股东以及负有责任的董事、监事、高级管理人员应当承担赔偿责任。公司实施违法减资行为通常是出于抽逃出资等非法目的,违法行为人和获益人主要是公司股东,董事、监事、高级管理人员在主动协助或者疏忽怠责的情况下会被认定为存在过错,需要对违法减资行为给公司造成的损失承担赔偿责任。

第二百二十七条

【股东优先认购权】有限责任公司增加注册资本时，股东在同等条件下有权优先按照实缴的出资比例认缴出资。但是，全体股东约定不按照出资比例优先认缴出资的除外。

股份有限公司为增加注册资本发行新股时，股东不享有优先认购权，公司章程另有规定或者股东会决议决定股东享有优先认购权的除外。

条文解读

本条是关于公司股东优先认股权的规定。

股东权益会因为他人认缴公司新增资本或者认购公司新股而被稀释，《公司法》为了使现存股东的股权利益不被稀释，赋予其优先认股权，即优先于外部投资者先行认缴或认购公司新增资本的权利，以维持股东在公司中原有的持股比例。优先认股权作为股东所享有的一项权利，并非必须行使，股东可以放弃行使优先认股权，或者将优先认股权进行转让，由他人取得优先购买公司新增资本的权利。

《公司法》针对公司的不同类型，设置了差异化的优先认股权行使规则。有限责任公司股东原则上享有法定的优先认股权，但全体股东可以约定排除；股份有限公司股东原则上不享有优先认股权，但公司章程或者股东会决议可以赋予股东优先认股权。《公司法》针对有限责任公司和股份有限公司作出不同规定的原因是，优先认股权的设置可能降低股份发行效率，所以股份有限公司股东并未被直接赋予优先认股权。股份有限公司的股东若有需要,可以通过公司章程或者股东会决议赋予股东优先认股权。

第二百二十八条

【公司增加注册资本】有限责任公司增加注册资本时,股东认缴新增资本的出资,依照本法设立有限责任公司缴纳出资的有关规定执行。

股份有限公司为增加注册资本发行新股时,股东认购新股,依照本法设立股份有限公司缴纳股款的有关规定执行。

条文解读

本条是关于公司增加注册资本的规定。

公司增加注册资本时,股东认缴新增资本的出资或者股东认购新股的规则,与公司设立时缴纳出资或缴纳股款的规定相同。有限责任公司增加注册资本时,股东认缴新增资本的出资应依照设立有限责任公司缴纳出资的有关规定执行。例如,股东认缴新增资本的出资由股东按照公司章程的规定自公司成立之日起5年内缴足;股东可以用货币出资,也可以用实物、知识产权、土地使用权、股权、债权等可以用货币估价并可以依法转让的非货币财产作价出资;股东应当按期足额缴纳公司章程规定的各自所认缴的出资额;等等。股份有限公司为增加注册资本发行新股,股东认购新股时,应当依照设立股份有限公司缴纳股款的有关规定执行。例如,在发起人认购的股份缴足前,不得向他人募集股份;发起人应当按照其认购的股份足额缴纳股款;发起人向社会公开募集股份,应当公告招股说明书,并制作认股书;向社会公开募集股份的股款缴足后,应当经依法设立的验资机构验资并出具证明。

CHAPTER 12

第十二章

公司解散和清算

第二百二十九条

【公司解散原因及事由公示】公司因下列原因解散：

（一）公司章程规定的营业期限届满或者公司章程规定的其他解散事由出现；

（二）股东会决议解散；

（三）因公司合并或者分立需要解散；

（四）依法被吊销营业执照、责令关闭或者被撤销；

（五）人民法院依照本法第二百三十一条的规定予以解散。

公司出现前款规定的解散事由，应当在十日内将解散事由通过国家企业信用信息公示系统予以公示。

条文解读

本条是关于公司解散原因的规定。

公司解散是指合法成立的公司因为出现公司章程或法律规定的事由而停止经营活动，并开始进入清算程序直至终止法人资格的法律行为。通常情况下，公司终止经营活动退出市场，需要经历决议解散、清算分配和注销登记三个过程。公司解散并不会导致法人资格消灭,而是需要经过清算程序,清理公司的债权债务关系,办理注销登记后才会导致公司法人资格消灭。在公司清算期间,公司的法人资格仍然存续,只是公司的行为能力被限定于清算目的范围内,不得开展与清算无关的活动。

公司解散的原因可以分为自愿解散和强制解散,强制解散又可进一步分为行政解散和司法解散。本条规定中第 1 ~ 3 项属于自愿解散,第 4 项属于行政解散,第 5 项属于司法解散。自愿解散,是指基于公司或股东的意愿而导致的公司解散。自愿解散包括三种情形:(1)公司章程规定的营业期限届满或者公司章程规定的其他解散事由出现;(2)股东会决议解散;(3)因公司合并或者分立需要解散。

强制解散,是指非依公司或股东自己的意愿,而是基于政府有关机关的决定命令或法院的裁决而发生的解散,通常分为行政决定解散与司法判决解散。行政决定解散,是指公司因其行为违反了法律法规而损害社会公共利益或公共秩序,从而被行政主管机关依职权责令解散的情形,包括依法被吊销营业执照、责令关闭或者被撤销。司法判决解散,是指因公司经营管理发生严重困难,继续存续会使股东利益受到重大损失,通过其他途径不能解决的,持有公司全部股东表决权 10% 以上的股东向人民法院提起解散公司诉讼,请求人民法院解散。

本条第 2 款系本次《公司法》修改新增规定,即公司出现法律或者公司章程规定的解散事由,应当在企业信用信息公示系统公示其具体的解散事由。

典型案例 公司解散必须基于法定事由

陕西汽车实业有限公司、陕西万方汽车销售服务有限公司申请公司清算案

案例来源 最高人民法院(2021)最高法民申2310号民事裁定书

关 键 词 清算;解散;营业期限

裁判要点

公司解散清算是公司清算机关以终止公司法律人格为目的而依法进行的具有确定法律后果的行为。虽然根据陕西万方汽车销售服务有限公司章程的规定,该公司的营业期限已经届满,但是双方当事人认可该公司治理机构及治理状态均属正常,公司内部对是否延长经营期限、是否解散并未形成决议。陕西万方汽车销售服务有限公司亦不存在被吊销企业法人营业执照、责令关闭或者被撤销的解散事由。

基本案情

申请人陕西汽车实业有限公司诉称:申请人以公司二股东均无要求公司继续存续的意思表示为由,要求对公司进行清算,并由被申请人承担本案受理费及相关清算费用。

被申请人陕西万方汽车销售服务有限公司辩称:(1)被申请人对申请人提出的公司经营期限5年存有异议;(2)被申请人与第三人均有公司继续存在的意思表示;(3)按照一般清算程序,公司应先解散,然后再进行清算。现在解散还未完成,因此不能进行清算。

法院经审理查明:被申请人陕西万方汽车销售服务有限公司成立于2013年7月26日,注册资本1000万元,分别由申请人陕西汽车实业有限公司和第三人西安市东方农牧科技发展有限公司作为股东投资设立。申请人出资490万元,占股49%,第三人出资510万元,占股51%。被申请人陕西万方汽车销售服务有限公司章程虽然规定公司经营期限为5年,即自2013年7月26日至2018年7月26日,但被申请人在工商部门取得的营业执照上载明公司经营期限为长期。

裁判结果

陕西省西安市中级人民法院作出(2019)陕01清申16号民事裁定:不予受理申请人陕西汽车实业有限公司申请本院成立清算组,对被申请人陕西万方汽车销售服务有限公司的资产进行清算的申请。陕西省高级人民法院作出(2019)陕清终2号民事裁定:驳回上诉,维持原裁定。最高人民法院作出(2021)最高法民申2310号民事裁定:驳回陕西汽车实业有限公司的再审申请。

裁判理由

法院生效裁判认为:公司解散清算是公司清算机关以终止公司法律人格为目的而依法进行的具有确定法律后果的行为。虽然根据陕西万方汽车销售服务有限公司章程的规定,该公司的营业期限已经届满,但是双方当事人认可该公司治理机构及治理状态均属正常,公司内部对是否延长经营期限、是否解散并未形成决议。该公司亦不存在被吊销企业法人营业执照、责令关闭或者被撤销的解散事由。根据《公司法解释(二)》和《最高人民法院关于审理公司强制清算案件工作座谈会纪要》的相关规定,人民法院受理公司清算案件的前提是公司已经解散并怠于清算,因本案中并无陕西万方汽车销售服务有限公司解散的法律事实,二审法院裁定不予受理陕汽公司的清算申请并无不当。

相关规定

《民法典》

第六十九条 有下列情形之一的,法人解散:

(一)法人章程规定的存续期间届满或者法人章程规定的其他解散事由出现;

(二)法人的权力机构决议解散;

(三)因法人合并或者分立需要解散;

(四)法人依法被吊销营业执照、登记证书,被责令关闭或者被撤销;

(五)法律规定的其他情形。

第二百三十条

【使公司存续的表决规则】公司有前条第一款第一项、第二项情形,且尚未向股东分配财产的,可以通过修改公司章程或者经股东会决议而存续。

依照前款规定修改公司章程或者经股东会决议,有限责任公司须经持有三分之二以上表决权的股东通过,股份有限公司须经出席股东会会议的股东所持表决权的三分之二以上通过。

条文解读

本条是关于通过修改公司章程或者经股东会决议而使公司存续的规定。

公司因章程规定的营业期限届满或者公司章程规定的其他解散事由出现而解散,或者股东会决议解散的,如果尚未向股东分配财产,公司可以通过修改公司章程或者经股东会决议而存续。公司章程是公司内部的自治规范,对于公司、股东、董事、监事、高级管理人员具有约束力。通过修改章程使公司继续存续,事实上修改了公司章程原来规定的解散事由。股东会决议解散公司,通过嗣后作出的股东会决议使公司继续存续,实际上是以后续决议推翻了之前决议的效力。因此,公司在章程规定的解散事由出现或者股东会决议解散后,可以通过修改章程或者作出新的股东会决议修改公司解散事由,使公司继续存续。

公司修改公司章程应当由股东会特别决议通过,一直是公司法的基本规定。但是,公司经股东会决议决定继续存续的,也需经股东会的特别决议通过,则属于本次《公司法》修订新增加的规则。据此,除了《公司法》第66条和第116条规定的采用绝对多数决原则的事项外,股东会通过决议而使公司继续存续的,也属于法律规定的需要采用绝对多数决原则的事项。

第二百三十一条

【**强制解散**】公司经营管理发生严重困难,继续存续会使股东利益受到重大损失,通过其他途径不能解决的,持有公司百分之十以上表决权的股东,可以请求人民法院解散公司。

条文解读

本条是关于人民法院强制解散公司的规定。

公司经营管理发生严重困难,是指公司在存续过程中,由于股东之间、董事之间或者股东与董事之间矛盾激化而处于僵持状态,股东会、董事会等公司内部机关不能按照法定程序作出有效决议,导致公司内部治理机制陷入瘫痪状态,这种情况也被称为公司僵局。公司经营管理发生严重困难,主要体现为以下方面:(1)公司持续两年以上无法召开股东会或者股东大会;(2)股东表决时无法达到法定或者公司章程规定的比例,持续两年以上不能作出有效的股东会或者股东大会决议;(3)公司董事长期冲突,且无法通过股东会或者股东大会解决;(4)经营管理发生严重困难的其他情形。公司陷入僵局后通过其他途径不能解决,继续存续会使股东利益受到重大损失的,只能通过司法强制解散的方式化解冲突。

由于司法强制解散将会导致公司法人资格消灭,若公司僵局能够通过调解、仲裁等其他手段解决,不应采用司法强制解散这一极端措施。因此,司法强制解散属于化解公司僵局的最后方案,只有当通过其他途径不能化解公司僵局,且公司继续存续会使股东利益受到重大损失时,才能由持有公司10%以上表决权的股东请求人民法院解散公司。

典型案例　强制解散的适用标准

林方清诉凯莱公司、戴小明公司解散纠纷案

案例来源　最高人民法院第二批指导性案例之指导案例8号(2012年)

关 键 词　民事;公司解散;经营管理严重困难;公司僵局

裁判要点

2005年《公司法》第一百八十三条将“公司经营管理发生严重困难”作为股东提起解散公司之诉的条件之一。判断“公司经营管理是否发生严重困难”,应从公司组织机构的运行状态进行综合分析。公司虽处于盈利状态,但其股东会机制长期失灵,内部管理有严重障碍,已陷入僵局状态,可以认定为公司经营管理发生严重困难。对于符合《公司法》及相关司法解释规定的其他条件的,人民法院可以依法判决公司解散。

基本案情

原告林方清诉称:凯莱公司经营管理发生严重困难,陷入公司僵局且无法通过其他方法解决,其权益遭受重大损害,请求解散凯莱公司。

被告凯莱公司及戴小明辩称:凯莱公司及其下属分公司运营状态良好,不符合公司解散的条件,戴小明与林方清的矛盾有其他解决途径,不应通过司法程序强制解散公司。

法院经审理查明:凯莱公司成立于2002年1月,林方清与戴小明系该公司股东,各占50%的股份,戴小明任公司法定代表人及执行董事,林方清任公司总经理兼公司监事。凯莱公司章程明确规定:股东会的决议须经代表1/2以上表决权的股东通过,但对公司增加或减少注册资本、合并、解散、变更公司形式、修改公司章程作出决议时,必须经代表2/3以上表决权的股东通过。股东会会议由股东按照出资比例行使表决权。2006年起,林方清与戴小明两人之间的矛盾逐渐显现。同年5月9日,林方清提议并通知召开股东会,由于戴小明认为林方清没有召集会议的权利,会议未能召开。同年6月6日、8月8日、9月16日、10月10日、10月17日,林方清委托律师向凯莱公司和戴小明发函称,因股东权益受到严重侵害,林方清作为享有公司股东会1/2表决权的股东,已按公司章程规定的程序表决并通过了解散凯莱公司的决议,要求戴小明提供凯莱公司的财务账册等资料,并对凯莱公司进行清算。同年6月17日、9月7日、10月13日,戴小明回函称,林方清作出的股东会决议没有合法依据,戴小明不同意解散公司,并要求林方清交出公司财务资料。同年11月15日、25日,林方清再次向凯莱公司和戴小明发函,要求凯莱公司和戴小明提供公司财务账册等供其查阅、分配公司收入、解散公司。

江苏常熟服装城管理委员会(以下简称服装城管委会)证明凯莱公司目前经营尚正常,且愿意组织林方清和戴小明进行调解。

另查明,凯莱公司章程载明监事行使下列权利:(1)检查公司财务;(2)对执行董事、经理执行公司职务时违反法律、法规或者公司章程的行为进行监督;(3)当董事和经理的行为损害公司的利益时,要求董事和经理予以纠正;(4)提议召开临时股东会。从2006年6月1日开始,凯莱公司未召开过股东会。服装城管委会调解委员会于2009年12月15日、16日两次组织双方进行调解，但均未成功。

裁判结果

江苏省苏州市中级人民法院作出(2006)苏中民二初字第0277号民事判决：驳回林方清的诉讼请求。宣判后，林方清提起上诉。江苏省高级人民法院作出(2010)苏商终字第0043号民事判决：撤销一审判决，依法改判解散凯莱公司。

裁判理由

法院生效裁判认为：首先，凯莱公司的经营管理已发生严重困难。根据2005年《公司法》第一百八十三条和《公司法解释(二)》第一条的规定，判断公司的经营管理是否出现严重困难，应当从公司的股东会、董事会或执行董事及监事会或监事的运行现状进行综合分析。“公司经营管理发生严重困难”的侧重点在于公司管理方面存有严重内部障碍，如股东会机制失灵、无法就公司的经营管理进行决策等，不应片面理解为公司资金缺乏、严重亏损等经营性困难。本案中，凯莱公司仅有戴小明与林方清两名股东，两人各占50%的股份，凯莱公司章程规定“股东会的决议须经代表二分之一以上表决权的股东通过”，且各方当事人一致认可该“二分之一以上”不包括本数。因此，只要两名股东的意见存有分歧、互不配合，就无法形成有效表决，显然影响公司的运营。凯莱公司已持续4年未召开股东会，无法形成有效股东会决议，也就无法通过股东会决议的方式管理公司，股东会机制已经失灵。执行董事戴小明作为互有矛盾的两名股东之一，其管理公司的行为，已无法贯彻股东会的决议。林方清作为公司监事不能正常行使监事职权，无法发挥监督作用。由于凯莱公司的内部机制已无法正常运行、无法对公司的经营作出决策，即使尚未处于亏损状况，也不能改变该公司的经营管理已发生严重困难的事实。

其次，由于凯莱公司的内部运营机制早已失灵，林方清的股东权、监事权长期处于无法行使的状态，其投资凯莱公司的目的无法实现，利益受到重大损失，且凯莱公司的僵局通过其他途径长期无法解决。《公司法解释（二）》第五条明确规定了“当事人不能协商一致使公司存续的，人民法院应当及时判决”。本案中，林方清在提起公司解散诉讼之前，已通过其他途径试图化解与戴小明之间的矛盾，服装城管委会也曾组织双方当事人调解，但双方仍不能达成一致意见。两审法院也基于慎用司法手段强制解散公司的考虑，积极进行调解，但均未成功。

此外，林方清持有凯莱公司50%的股份，也符合《公司法》关于提起公司解散诉讼的股东须持有公司10%以上股份的条件。

综上所述，凯莱公司已符合《公司法》及《公司法解释（二）》所规定的股东提起解散公司之诉的条件。二审法院从充分保护股东合法权益、合理规范公司治理结构、促进市场经济健康有序发展的角度出发，依法作出了解散凯莱公司的判决。

第二百三十二条

【清算义务人及其责任】公司因本法第二百二十九条第一款第一项、第二项、第四项、第五项规定而解散的，应当清算。董事为公司清算义务人，应当在解散事由出现之日起十五日内组成清算组进行清算。

清算组由董事组成,但是公司章程另有规定或者股东会决议另选他人的除外。

清算义务人未及时履行清算义务,给公司或者债权人造成损失的,应当承担赔偿责任。

条文解读

本条是关于公司解散时清算组的规定。

公司作出解散决议后,应当进行清算。公司清算的重要内容是清理公司资产、清结各项债务、终结现存的各种法律关系。清算的目的在于保护公司债权人的利益、公司股东的利益、公司的利益、职工的利益以及社会公共利益。公司解散时,除合并或者分立的情形外,清算义务人应当及时组成清算组进行清算。[①] 具体来说,公司因下列原因解散时需要依法进行清算:(1)公司章程规定的营业期限届满或者公司章程规定的其他解散事由出现;(2)股东会决议解散;(3)依法被吊销营业执照、责令关闭或者被撤销;(4)司法强制解散。因公司合并或者分立而进行的解散之所以无须清算,是由于在合并或者分立中发生债权债务概括转移的效果。而公司被宣告破产时需要适用专门的破产清算程序,也不需要适用《公司法》规定的一般清算程序。

公司进入清算程序后,需要由公司清算义务人选任清算组,

① 参见《企业注销指引》(2023 年修订)。

由清算组接替公司内部机关执行清算事务。2018 年《公司法》并未明确规定具体的公司清算义务人,而是区分公司类型分别规定了清算组的组成人员,即有限责任公司的清算组由股东组成,股份有限公司的清算组由董事或者股东大会确定的人员组成。本条对该问题予以明确,不再区分公司类型确定清算组成员,而是统一规定董事为公司清算义务人,清算组由董事组成,除非公司章程另有规定或者股东会决议另选他人。

清算义务人应当及时履行清算义务,因怠于履行清算义务给公司或者债权人造成损失的,应当承担赔偿责任。怠于履行清算义务,是指公司董事在法定清算事由出现后,在能够履行清算义务的情况下,故意拖延、拒绝履行清算义务,或者因过失导致无法进行清算的消极行为。董事能够举证证明其已经采取积极措施履行清算义务的,可以不承担赔偿责任。司法实践中,清算义务人未及时履行清算义务,给公司或者债权人造成损失的情况主要包括以下四种:(1)未在法定期限内成立清算组开始清算,导致公司财产贬值、流失、毁损或者灭失;(2)怠于履行清算义务,导致公司主要财产、账册、重要文件等灭失,无法进行清算;(3)在公司解散后,恶意处置公司财产给债权人造成损失;(4)未经依法清算,以虚假的清算报告骗取公司登记机关办理法人注销登记,或者公司未经清算即办理注销登记,导致公司无法进行清算。

典型案例 怠于履行清算义务的认定

城建公司、地大龙祥公司等股东损害公司债权人利益责任纠纷案

案例来源 最高人民法院(2021)最高法民申2097号民事裁定书

关 键 词 怠于履行清算义务;强制清算;公司解散

裁判要点

直至2015年5月5日被德信公司的债权人以拒不履行清算义务为由提起股东损害公司债权人利益责任之诉,城建公司才于2015年8月向人民法院提出强制清算德信公司的申请,此时德信公司早已停止经营,无财产、无账册,公司相关人员下落不明,城建公司亦无法向法院提交德信公司在经营期间的会计账簿、交易文件、资产现状等相关重要文件。以上事实均可证明,城建公司已经构成怠于履行清算义务。

基本案情

城建公司申请再审称:由于公司管理分工等客观原因,城建公司确实无法独立进行清算工作,并非怠于履行清算义务。

地大龙祥公司提交意见称:城建公司作为德信公司股东,参与公司管理,负有清算义务。如果城建公司不出面,清算无法进行。清算义务为全体股东的共同义务,不保管账册的股东也具有这一义务。城建公司已构成怠于履行清算义务。

法院经审理查明:德信公司被吊销营业执照的原因在于,2008年4月22日德信公司经营期限届满,属于《公司法》第180

条第1项规定的公司解散事由，而分别持股德信公司49%、51%的股东城建公司、华厦公司既未按照《公司法》第181条的规定通过修改公司章程使德信公司存续，亦未按照《公司法》第183条的规定在营业期限届满的解散事由出现之日起15日内成立清算组开始清算，导致德信公司未在规定期限内接受年检，北京市工商行政管理局于2008年10月29日吊销德信公司的营业执照，该处罚决定于2009年1月20日生效。

裁判结果

最高人民法院于2022年12月9日作出(2021)最高法民申2097号民事裁定：驳回城建公司的再审申请。

裁判理由

法院生效裁判认为：城建公司、华厦公司未按照《公司法》第183条的规定在依法被吊销营业执照的解散事由出现之日起15日内成立清算组开始清算。直至2015年5月5日被德信公司的债权人以拒不履行清算义务为由提起股东损害公司债权人利益责任之诉，城建公司才于2015年8月向人民法院提出强制清算德信公司的申请，此时德信公司早已停止经营，无财产、无账册，公司相关人员下落不明，城建公司亦无法向法院提交德信公司在经营期间的会计账簿、交易文件、资产现状等相关重要文件。以上事实均可证明，城建公司已经构成怠于履行清算义务。至于城建公司在再审申请中提出城建公司负责德信公司施工生产的管理、财务账册等资料一直由华厦公司派人管理，系公司内部管理性事务，不能以此为由对抗公司以外的第三人。城建公司关于城建公司无法独立进行清算、不构成怠于履行清算义务的再审申请理由不能成立。

相关规定

《民法典》

第七十条 法人解散的,除合并或者分立的情形外,清算义务人应当及时组成清算组进行清算。

法人的董事、理事等执行机构或者决策机构的成员为清算义务人。法律、行政法规另有规定的,依照其规定。

清算义务人未及时履行清算义务,造成损害的,应当承担民事责任;主管机关或者利害关系人可以申请人民法院指定有关人员组成清算组进行清算。

第二百三十三条

【向法院申请指定清算组】公司依照前条第一款的规定应当清算,逾期不成立清算组进行清算或者成立清算组后不清算的,利害关系人可以申请人民法院指定有关人员组成清算组进行清算。人民法院应当受理该申请,并及时组织清算组进行清算。

公司因本法第二百二十九条第一款第四项的规定而解散的,作出吊销营业执照、责令关闭或者撤销决定的部门或者公司登记机关,可以申请人民法院指定有关人员组成清算组进行清算。

条文解读

本条是关于公司解散时强制清算的规定。

公司解散时应当依法组织清算，公司清算义务人怠于履行清算义务，不及时成立清算组进行清算或者成立清算组后不清算的，法院基于利害关系人的申请，应当及时指定有关人员组成清算组进行清算。本条并未将有权申请强制清算的主体限定为公司债权人，而是采用“利害关系人”的表述，扩大了有权申请强制清算的主体范围。利害关系人包括债权人、股东、董事和其他利害关系人，利害关系人有权申请法院指定清算组进行强制清算的情形包括：(1)公司解散逾期不成立清算组进行清算的；(2)虽然成立清算组但故意拖延清算的；(3)违法清算可能严重损害债权人或者股东利益的。

本条针对行政解散时的强制清算申请主体增设规定，作出吊销营业执照、责令关闭或者撤销决定的部门或者公司登记机关，也可以申请法院指定有关人员组成清算组进行清算。前述部门和公司登记机关虽然无权参与公司财产的分配，不属于利害关系人的范畴，但《公司法》为了确保公司清算程序的顺利启动和进行，进一步扩大了强制清算申请主体的范畴。

第二百三十四条

【清算组的职权】清算组在清算期间行使下列职权：

(一)清理公司财产，分别编制资产负债表和财产清单；

(二)通知、公告债权人；

(三)处理与清算有关的公司未了结的业务;

(四)清缴所欠税款以及清算过程中产生的税款;

(五)清理债权、债务;

(六)分配公司清偿债务后的剩余财产;

(七)代表公司参与民事诉讼活动。

条文解读

本条是关于清算组职权的规定。

清算期间公司存续,但只能从事与清算有关的活动。公司解散后随即进入清算程序,由清算义务人组成的清算组将接替股东会、董事会等内部机关负责执行清算事务。清算组是法律规定的在公司清算期间具体负责执行清算事务的组织。由于清算组全面取代了公司正常经营状态下内部机关的职能,法律有必要赋予清算组必要的职权,以确保公司在清算期间能够顺利开展清算相关事务。清算组在清算期间享有下列职权:(1)清理公司财产,分别编制资产负债表和财产清单;(2)通知、公告债权人;(3)处理与清算有关的公司未了结的业务;(4)清缴所欠税款以及清算过程中产生的税款;(5)清理债权、债务;(6)分配公司清偿债务后的剩余财产;(7)代表公司参与民事诉讼活动。清算组在清理公司财产、编制资产负债表和财产清单时,发现公司财产不足以清偿债务的,可以与债权人协商制作有关债务清偿方案。债权人对债务清偿方案不予确认或者人民法院不予认可的,清算组应当依法向人民法院申请宣告破产。

典型案例 股东有权对清算组确认的债权提出异议

宏通公司、枫叶渡假村与公司有关的纠纷案

案例来源 最高人民法院(2018)最高法民再363号民事裁定书

关 键 词 强制清算;清算组;债权人

裁判要点

在清算程序分配公司剩余财产的顺序中,公司股东处于末位,清算组对公司债权人申报债权的确认结果直接影响公司股东尚能分配的剩余财产余额,故可以认定公司股东对于清算组作出的有关公司债权、债务审查结果具有直接利害关系。虽然《公司法解释(二)》第十二条只赋予债权人对清算组核定的债权提出异议并以公司为被告向人民法院提起诉讼请求确认债权的权利,但并未否认公司股东、债务人对清算组作出的债权、债务核定结果提出异议并提起诉讼的权利。由于债权人、债务人和公司股东与清算组作出的债权、债务核定结果均存在直接的利益关联,法律上应平等地赋予利益关联方相同的救济权利,才能公平地保护各方的合法权益。

基本案情

宏通公司再审请求:宏通公司是千叶酒店的小股东,其与本案具有直接的利害关系,本案属于《民事诉讼法》规定的人民法院受理民事诉讼案件的范围。

枫叶渡假村辩称:宏通公司与本案没有直接的利害关系,并非适格的原告。

法院经审理查明：2011年6月21日，广东省佛山市中级人民法院受理宏通公司关于强制清算千叶酒店的申请，并指定清算组。枫叶渡假村向千叶酒店清算组申报了债权。千叶酒店清算组最终审查结果为确认千叶房地产公司及枫叶渡假村的债权数额。

裁判结果

一审法院对枫叶渡假村申报的债权依法不予确认。二审法院认为，宏通公司作为千叶酒店的股东，对千叶酒店清算组确认的本案债权，依法没有提起诉讼的民事权利，对其起诉予以驳回，裁定撤销一审判决，驳回宏通公司的起诉。最高人民法院认为二审适用法律不当，裁定结果错误，依法应予纠正，裁定撤销二审裁定，指令广东省高级人民法院对本案进行审理。

裁判理由

法院生效裁判认为：公司强制清算程序应当以维护公司各方主体利益平衡为原则，实现公司退出环节中的公平公正。人民法院在审理公司强制清算案件时，既要充分保护债权人利益，也要兼顾公司股东等其他各方的利益。本案千叶酒店的清算程序系佛山中院受理宏通公司的强制清算申请而启动，并由佛山中院指定清算组。宏通公司作为千叶酒店的中小股东，其合法利益在清算程序中应得到充分保障。根据2018年《公司法》第一百八十四条的规定，清算组在清算期间行使清理债权、债务以及处理公司清偿债务后的剩余财产等职权。2018年《公司法》第一百八十六条第一款规定，清算组应当制定清算方案。2018年《公司法》第一百八十六条第二款规定，公司财产在分别支付清算费用、职工的工资、社会保险费用和法定补偿金，缴纳所欠税款，清偿公司债务后的剩余财产,有限责任公司按照股东的出资比例分配,股份有限公司按照股东持有的股份比例分配。由此可见,在清算程序分配公司剩余财产的顺序中,公司股东处于末位,清算组对公司债权人申报债权的确认结果直接影响公司股东尚能分配的剩余财产余额,故可以认定公司股东对于清算组作出的有关公司债权、债务审查结果具有直接利害关系。虽然《公司法解释(二)》第十二条只赋予债权人对清算组核定的债权提出异议并以公司为被告向人民法院提起诉讼请求确认债权的权利,但并未否认公司股东、债务人对清算组作出的债权、债务核定结果提出异议并提起诉讼的权利。由于债权人、债务人和公司股东与清算组作出的债权、债务核定结果均存在直接的利益关联,法律上应平等地赋予利益关联方相同的救济权利,才能公平地保护各方的合法权益。宏通公司作为千叶酒店的中小股东,其对清算组确认的债权人申报的债权有异议,并以申报债权的主体枫叶渡假村和被清算的千叶酒店为被告提起诉讼,符合《民事诉讼法》第一百一十九条规定的起诉条件,应认定其具有一审原告的诉讼主体资格。二审以宏通公司没有提起诉讼的民事权利为由,裁定驳回宏通公司的起诉,适用法律不当,本院予以纠正。

此外,虽然2018年《公司法》第一百八十九条第三款规定了清算组成员因故意或者重大过失给公司或者债权人造成损失时应当承担赔偿责任,但该赔偿责任属于事后的救济措施。法律上不能因为利益关联方对清算组成员享有事后的索赔权利,就否定其事前的监督权利,否则不符合市场经济的效率原则。关于枫叶渡假村提出的宏通公司在再审期间已通过另案得到救济的主张,由于另案与本案属于不同的诉讼，且另案审理结果均是驳回了宏通公司的诉讼请求，故宏通公司的权益仍未获得相应的法律救济，不能以此为由否定宏通公司在本案中的诉权。

相关规定

《民法典》

第七十一条 法人的清算程序和清算组职权，依照有关法律的规定；没有规定的，参照适用公司法律的有关规定。

第二百三十五条

【清算期间的债权申报】清算组应当自成立之日起十日内通知债权人，并于六十日内在报纸上或者国家企业信用信息公示系统公告。债权人应当自接到通知之日起三十日内，未接到通知的自公告之日起四十五日内，向清算组申报其债权。

债权人申报债权，应当说明债权的有关事项，并提供证明材料。清算组应当对债权进行登记。

在申报债权期间，清算组不得对债权人进行清偿。

条文解读

本条是关于清算期间债权申报的规定。

清算组在清算期间负有通知、公告债权人和清理债权、债务的法定职责，应当自成立之日起10日内通知债权人，并于60日内在报纸上或者国家企业信用信息公示系统公告。通知和公告的目的是确保债权人知悉公司解散、清算的事实后及时主张债权，债权人在接到通知或者知悉公告后应当在法定期限内向清算组申报债权，以便清算事务的正常开展。债权人申报债权，应当说明债权的有关事项，并提供证明材料。清算组应当对债权进行登记，在申报债权期间结束后，根据债权申报情况进行统一清偿。在申报债权期间，清算组不得对债权人进行清偿，以免申报期间结束后出现公司财产不足以清偿剩余债务的情况，损害其他债权人的合法权益。

清算组未依法履行通知和公告义务，导致债权人未及时申报债权而未获清偿的，债权人可以主张清算组成员对因此造成的损失承担赔偿责任。另外，债权人在规定的期限内即便没有申报债权，也可以在公司清算程序终结前补充申报，清算组应予登记。债权人补充申报的债权，可以在公司尚未分配的财产中依法清偿。公司尚未分配的财产不能全额清偿的，债权人可以主张股东以其在剩余财产分配中已经取得的财产进行清偿；但债权人因重大过错未在规定期限内申报债权的除外。

典型案例 清算组成员对公司债权人的赔偿责任

蓝鲸大厦与董某等股东损害公司债权人利益责任纠纷案

案例来源 河北省高级人民法院(2021)冀民再52号民事判决书

关 键 词 公司解散；公司清算；清算义务人

裁判要点

董某、易某的行为损害了债权人蓝鲸大厦的利益，导致蓝鲸大厦因债务清偿主体消灭而无法向天富公司主张债权。董某、易某关于其清算无任何瑕疵的理由不能成立,董某、易某的清算报告对蓝鲸大厦没有约束力,蓝鲸大厦有权要求清算人承担全部责任。

基本案情

原告蓝鲸大厦向法院提出诉讼请求:请求人民法院判令两被告对天富公司承担的连带保证责任承担赔偿责任。

被告董某、易某辩称:天富公司依法清算并注销,原告作为债权人未及时申报债权,我们不应承担责任。

法院经审理查明:2012 年 9 月 27 日,田丰公司、天富公司与蓝鲸大厦签订《保证担保借款合同》。合同主要约定,田丰公司向蓝鲸大厦借款 415 万元,借款期限自 2012 年 9 月 27 日至 2012 年 10 月 26 日,天富公司对上述借款提供连带责任保证,保证期间两年;保证人发生足以影响贷款安全的重大不利事件的,应立即书面通知贷款人;保证人变更名称、住所、法定代表人等事项的,应于事项发生后 5 日内书面通知贷款人。借款到期后,田丰公司仅偿还 200 万元,剩余款项未能按约定偿还,蓝鲸大厦将田丰公司及天富公司诉至张家口市桥东区人民法院。该院于 2015 年 4 月 17 日作出(2014)东民初字第 1199 号民事判决,判令田丰公司于该判决生效后 10 日内一次性给付蓝鲸大厦借款本金 215 万元,天富公司承担连带责任。判决生效后,田丰公司和天富公司未能履行还款义务。蓝鲸大厦向张家口市经济开发区人民法院申请强制执行。2017 年 8 月 8 日,该院作出(2017)冀 0791 执 180 号之二执行裁定书,由于天富公司已于 2013 年 5 月 24 日注销,裁定对该公司终结执行。田丰公司无可供执行财产,裁定终结本次执行。

裁判结果

河北省张家口市桥东区人民法院作出(2019)冀0702民初257号民事判决:被告董某、易某于本判决生效之日起15日内在227,200元的范围内向原告蓝鲸大厦承担赔偿责任。河北省张家口市中级人民法院作出(2019)冀07民终2437号民事判决:(1)撤销河北省张家口市桥东区人民法院(2019)冀0702民初257号民事判决;(2)董某、易某于本判决生效之日起十五日内赔偿蓝鲸大厦215万元。河北省高级人民法院作出(2021)冀民再52号民事判决:维持河北省张家口市中级人民法院(2019)冀07民终2437号民事判决。

裁判理由

再审申请人董某、易某夫妻作为天富公司仅有的两名股东、公司解散清算义务人,在自行清算过程中,明知公司的资产不足以清偿案涉蓝鲸大厦债权的情况下,既未通知蓝鲸大厦申报债权,也未依法向人民法院申报破产清算,而是以自行清算的结果向公司登记机关办理了公司注销登记。其清算报告说明公司债务为零与事实不符,清算程序违反法律规定。综上,董某、易某的行为具有明显主观过错或重大过失。

根据上述2018年《公司法》第一百八十九条第三款的规定:"清算组成员因故意或者重大过失给公司或者债权人造成损失的,应当承担赔偿责任。"董某、易某的行为损害了债权人蓝鲸大厦的利益,导致蓝鲸大厦因债务清偿主体消灭而无法向天富公司主张债权。董某、易某关于其清算无任何瑕疵的理由不能成立,董某、易某的清算报告对蓝鲸大厦没有约束力，蓝鲸大厦有权要求清算人承担全部责任。同时，董某、易某作为天富公司股东的有限责任亦无法定程序的确认。根据2018年《公司法》第二十条第三款的规定："公司股东滥用公司法人独立地位和股东有限责任，逃避债务，严重损害公司债权人利益的，应当对公司债务承担连带责任。"本案中再审申请人自行实行的违法清算行为，系对法人独立地位和股东有限责任的滥用，再审申请人也应对蓝鲸大厦的全部债务承担赔偿责任。所以，二审判决再审申请人在蓝鲸大厦的全部债权范围内承担赔偿责任并无不当，本院予以维持。

第二百三十六条

【制订清算方案及处分公司财产】清算组在清理公司财产、编制资产负债表和财产清单后，应当制订清算方案，并报股东会或者人民法院确认。

公司财产在分别支付清算费用、职工的工资、社会保险费用和法定补偿金，缴纳所欠税款，清偿公司债务后的剩余财产，有限责任公司按照股东的出资比例分配，股份有限公司按照股东持有的股份比例分配。

清算期间，公司存续，但不得开展与清算无关的经营活动。公司财产在未依照前款规定清偿前，不得分配给股东。

条文解读

本条是关于清算组制订清算方案、分配公司财产的规定。

清算组在清理公司财产、编制资产负债表和财产清单后,应当制订清算方案。在公司自行组织清算的情况下,清算组应当将清算方案报请公司股东会确认;在法院指定清算组强制清算的情况下,清算组应当将清算方案报请法院确认。清算组应当按照清算方案分别清偿各项公司债务,股东作为剩余索取权人仅能主张行使剩余财产分配请求权,就清偿公司债务后的剩余财产进行分配,有限责任公司按照股东的出资比例分配剩余财产,股份有限公司按照股东持有的股份比例分配剩余财产。公司财产在未清偿各项债务之前,不得向股东进行分配。

公司在清算期间仍然享有法人资格,但由于公司已经停止经营,所以清算期间的公司在内部治理和经营业务开展等事项上明显不同于正常存续的公司。公司解散、进入清算程序后,即成为特殊的清算法人,其行为能力范围仅限于开展清算事务,不得从事任何与清算无关的经营活动。

相关规定

《民法典》

第七十二条 清算期间法人存续,但是不得从事与清算无关的活动。

法人清算后的剩余财产,按照法人章程的规定或者法人权力机构的决议处理。法律另有规定的,依照其规定。

清算结束并完成法人注销登记时,法人终止;依法不需要办理法人登记的,清算结束时,法人终止。

第二百三十七条

【解散清算转化为破产清算的情形】清算组在清理公司财产、编制资产负债表和财产清单后,发现公司财产不足清偿债务的,应当依法向人民法院申请破产清算。

人民法院受理破产申请后,清算组应当将清算事务移交给人民法院指定的破产管理人。

条文解读

本条是关于公司解散清算程序与破产清算程序衔接的规定。

公司解散清算与破产清算具有不同的功能和适用条件,二者的主要区别如下:(1)解散清算以公司财产足以清偿债务为前提,破产清算的适用前提则是公司财产不足以清偿债务。(2)公司解散清算适用《公司法》规定的解散和清算程序,而公司破产清算则需要按照《企业破产法》规定的破产清算程序进行。(3)解散清算由公司自行或法院指定组成清算组处理清算事务,但是破产清算只能由法院指定的破产管理人处理。在适用解散清算程序的过程中,清算组发现公司财产不足清偿债务的,应当依法向人民法院申请破产清算。人民法院受理破产申请后,清算组应当将清算事务移交给人民法院指定的破产管理人。

相关规定

《企业破产法》

第二条　企业法人不能清偿到期债务,并且资产不足以清偿全部债务或者明显缺乏清偿能力的,依照本法规定清理债务。

企业法人有前款规定情形,或者有明显丧失清偿能力可能的,可以依照本法规定进行重整。

第七条 债务人有本法第二条规定的情形,可以向人民法院提出重整、和解或者破产清算申请。

债务人不能清偿到期债务,债权人可以向人民法院提出对债务人进行重整或者破产清算的申请。

企业法人已解散但未清算或者未清算完毕,资产不足以清偿债务的,依法负有清算责任的人应当向人民法院申请破产清算。

第二百三十八条

【清算组成员的义务和责任】清算组成员履行清算职责,负有忠实义务和勤勉义务。

清算组成员怠于履行清算职责,给公司造成损失的,应当承担赔偿责任;因故意或者重大过失给债权人造成损失的,应当承担赔偿责任。

条文解读

本条是关于清算组成员义务与责任的规定。

清算义务人必须为了公司、股东、债权人以及其他利害关系人的利益履行清算职责。忠实义务要求清算义务人为利害关系人利益履行清算职责,不得实施利益冲突行为;注意义务则要求清算义务人谨慎勤勉地履行清算职责,不得疏忽怠责。法律对清算义务人施加忠实义务以防止其滥用被授予的权利;施加谨慎、勤勉的注意义务以保证利害关系人能够获得合格的服务。《公司法》通过设置清算义务人的忠实义务与注意义务规定了清算义务人履行清算职责的具体标准。

清算义务人怠于履行清算义务给公司造成损失的,无论是故意还是过失,都应当承担赔偿责任。怠于履行清算义务,是指清算义务人在法定清算事由出现后,在能够履行清算义务的情况下,故意拖延、拒绝履行清算义务,或者因过失导致无法进行清算的消极行为。但是,清算义务人只有在因故意或者重大过失给债权人造成损失时,才需要对债权人承担赔偿责任。

典型案例 清算组成员的法定义务

众达德盛经贸公司与张某等借款合同纠纷案

案例来源 北京市高级人民法院(2022)京民终274号民事判决书

关 键 词 清算义务人;债权申报;通知义务

裁判要点

股东等清算义务人仅以公告方式通知债权人,不构成对已知债权人的有效通知的,应当对债权人的损失承担赔偿责任。股东等清算义务人应当对债权人的实际损失承担的赔偿责任,是一种侵权责任,股东的赔偿责任既不受股东有限责任制度的保护,也不应以股东在公司清算中获得的剩余财产为限。

基本案情

原告耀莱影视公司诉称：吉某、张某、众达德盛经贸公司支付借款本金7500万元及借款利息、违约金；綦某对前述借款本金、利息及违约金承担连带保证责任。

被告吉某、张某辩称：吉某、张某作为股东依照法律规定应当承担有限责任。

被告众达德盛经贸公司辩称：众达德盛经贸公司并非本案适格被告。

法院经审理查明：2018年1月9日，甲方北京耀莱腾龙公司与乙方霍尔果斯公司、丙方綦某签订借款协议。2018年1月9日，北京耀莱腾龙公司、耀莱影视公司分别将出借款本金3000万元、5500万元支付给霍尔果斯公司。2018年4月6日，耀莱影视公司、北京耀莱腾龙公司分别与霍尔果斯公司、綦某签订补充协议，各协议均约定将原借款期限延长到18个月。2018年8月9日，各方当事人签订还款协议书。霍尔果斯公司注册资本100万元，其股东为众达德盛经贸公司、鼎巨全公司。2020年12月3日，霍尔果斯公司发出注销清算公告。2021年7月23日，霍尔果斯公司经核准办理了注销登记。

裁判结果

北京市第三中级人民法院于2022年1月25日作出(2021)京03民初310号民事判决：吉某、张某、众达德盛经贸公司共同支付耀莱影视公司本金7500万元及利息；綦某承担连带责任。北京市高级人民法院于2022年9月20日作出(2022)京民终274号民事判决：驳回上诉，维持原判。

裁判理由

在一审法院开庭审理后，霍尔果斯公司注销，经查其股东为鼎巨全公司和众达德盛经贸公司，而鼎巨全公司亦随后注销。经查，鼎巨全公司的股东为吉某、张某。二审诉讼中，除众达德盛经贸公司外，其他各方对一审法院认定耀莱影视公司在霍尔果斯公司注销前，受让了案涉的8500万元债权均未提出异议。除众达德盛经贸公司外，其他各方对一审判决应支付耀莱影视公司本金7500万元及相应利息均未提出异议。众达德盛经贸公司认为案涉争议债权实际上是綦某职务侵占的赃款，綦某、耀莱影视公司、霍尔果斯公司三方恶意串通，以借款的形式掩盖非法的目的，主张耀莱影视公司要求偿还本金、利息的法律基础不存在，未提供充分依据。

清算组未依法履行通知和公告义务，导致债权人未及时申报债权而未获清偿，债权人主张清算组成员对因此造成的损失承担赔偿责任的，人民法院应依法予以支持。股东等清算义务人仅以公告方式通知债权人，不构成对已知债权人的有效通知的，应当对债权人的损失承担赔偿责任。股东等清算义务人应当对债权人的实际损失承担的赔偿责任，是一种侵权责任，股东的赔偿责任既不受股东有限责任制度的保护，也不应以股东在公司清算中获得的剩余财产为限。

众达德盛经贸公司系霍尔果斯公司的股东，参加了霍尔果斯公司的清算，未按照《公司法解释(二)》第十一条的规定向耀莱影视公司履行"点对点"的书面通知义务，属于未经依法清算的情形。耀莱影视公司依据《最高人民法院关于适用〈中华人民共和国民事诉讼法〉的解释》第六十四条的规定，主张霍尔果斯公司未依法清算即被注销,申请将霍尔果斯公司变更为吉某、张某及众达德盛经贸公司,予以准许。众达德盛经贸公司以其已经公告通知债权人为由主张不承担责任,本院不予支持。

本案中,霍尔果斯公司注销前已经清算,但属于未经依法清算的情形,不属于《九民纪要》第14条规定的怠于履行清算义务的情形,众达德盛经贸公司以其系霍尔果斯公司小股东为由主张不承担责任,本院不予支持。

第二百三十九条

【清算报告和注销公司登记】公司清算结束后,清算组应当制作清算报告,报股东会或者人民法院确认,并报送公司登记机关,申请注销公司登记。

条文解读

本条是关于公司清算结束后申请注销登记的规定。

公司在退出市场正式终止前,须依法宣告解散、成立清算组进行清算,清理公司财产、清缴税款、清理债权债务,支付职工工资、社会保险费用等,待公司清算结束后,应制作清算报告并办理注销公司登记,公告公司终止。[①] 公司清算结束,意味着公司财产和债权债务关系清理完毕,清算组应当制作清算报告。公司自行组织清算的,报请股东会进行确认;法院指定清算组进行清算的,报请

① 参见《企业注销指引》(2023年修订)。

法院进行确认。清算报告经过股东会或法院确认后,清算程序彻底完毕,此时需要依法报送公司登记机关,申请注销公司登记。清算组应当自清算结束之日起30日内向公司登记机关申请注销登记。

申请办理注销登记,应当提交下列材料:(1)申请书;(2)依法作出解散、注销的决议或者决定,或者被行政机关吊销营业执照、责令关闭、撤销的文件;(3)清算报告、负责清理债权债务的文件或者清理债务完结的证明;(4)税务部门出具的清税证明。登记机关和税务机关已共享企业清税信息的,公司无须提交纸质清税证明文书;领取了纸质营业执照正副本的,缴回营业执照正副本。国有独资公司申请注销登记,还应当提交国有资产监督管理机构的决定,其中,国务院确定的重要的国有独资公司,还应当提交本级人民政府的批准文件。人民法院指定清算人、破产管理人进行清算的,应当提交人民法院的指定证明。因合并、分立而申请注销登记的,无须提交第三项材料。公司申请注销登记前,应当依法办理分支机构注销登记。

公司登记注销后,公司终止,法人资格消灭,注销登记之日为法人资格消灭之日。公司未经依法清算即办理注销登记的,清算义务人需要对公司债务承担清偿责任。

典型案例　强制清算程序的终结需由法院确认

恒尚公司解散清算案

案例来源　上海市第三中级人民法院(2022)沪03强清382号之一裁定书

关 键 词 清算组;清算报告;申报债权

裁判要点

清算组就恒尚公司资产的分配制作了《清算方案》,经全体股东审议无人提出异议,后清算组根据《清算方案》进行分配,恒尚公司清算工作均已完成。对清算组所作反映清算情况的《清算报告》,法院予以确认。清算组以清算完毕为由申请终结强制清算程序,法院予以准许。

基本案情

2022 年 9 月 27 日,法院裁定受理恒尚公司清算一案,并指定上海中元信清算事务有限公司担任恒尚公司清算组。2023 年 12 月 8 日,恒尚公司清算组向法院提交《清算报告》称,经清算组履职,共归集到恒尚公司资产人民币 1,636,031.88 元,清偿恒尚公司对外债务 235,694.47 元。清算组就此制作《清算方案》送达恒尚公司股东,未收到异议。后清算组根据《清算方案》进行分配。清算组就此申请法院确认《清算报告》并终结恒尚公司强制清算案。

裁判结果

上海市第三中级人民法院作出(2022)沪 03 强清 382 号之一终结强制清算程序民事裁定:(1)确认恒尚公司清算组制作的《清算报告》;(2)终结恒尚公司强制清算程序。

裁判理由

法院生效裁定认为:恒尚公司清算组依法接管恒尚公司资产,开展财产调查、债权申报审查、清算财产分配等工作,并制作《清算报告》。根据《清算报告》,清算组共归集到恒尚公司资产人民币163万余元，清偿恒尚公司对外债务23万余元。清算组就公司资产的分配制作了《清算方案》，经全体股东审议无人提出异议，后清算组根据《清算方案》进行分配，恒尚公司清算工作均已完成。对清算组所作反映清算情况的《清算报告》，本院予以确认。清算组以清算完毕为由申请终结强制清算程序，本院予以准许。

相关规定

《市场主体登记管理条例》

第三十一条 市场主体因解散、被宣告破产或者其他法定事由需要终止的，应当依法向登记机关申请注销登记。经登记机关注销登记，市场主体终止。

市场主体注销依法须经批准的，应当经批准后向登记机关申请注销登记。

第三十二条 市场主体注销登记前依法应当清算的，清算组应当自成立之日起10日内将清算组成员、清算组负责人名单通过国家企业信用信息公示系统公告。清算组可以通过国家企业信用信息公示系统发布债权人公告。

清算组应当自清算结束之日起30日内向登记机关申请注销登记。市场主体申请注销登记前，应当依法办理分支机构注销登记。

第三十四条 人民法院裁定强制清算或者裁定宣告破产的，有关清算组、破产管理人可以持人民法院终结强制清算程序的裁定或者终结破产程序的裁定，直接向登记机关申请办理注销登记。

第二百四十条

【公司简易注销】公司在存续期间未产生债务，或者已清偿全部债务的，经全体股东承诺，可以按照规定通过简易程序注销公司登记。

通过简易程序注销公司登记，应当通过国家企业信用信息公示系统予以公告，公告期限不少于二十日。公告期限届满后，未有异议的，公司可以在二十日内向公司登记机关申请注销公司登记。

公司通过简易程序注销公司登记，股东对本条第一款规定的内容承诺不实的，应当对注销登记前的债务承担连带责任。

条文解读

本条是关于通过简易程序注销公司登记的规定。

公司通过简易程序办理注销登记必须满足以下三项条件：(1)公司在存续期间未产生债务或者已清偿全部债务，包括未发生或者已结清清偿费用、职工工资、社会保险费用、法定补偿金、应缴纳税款(滞纳金、罚款)；(2)经全体股东书面承诺对前述情况的真实性承担法律责任；(3)通过国家企业信用信息公示系统予以公告，公告期限不少于20日。申请办理简易注销登记，应当提交申请书和全体投资人承诺书。股东承诺不实的，应当对注销登记前的债务承担连带责任。

有下列情形之一的，公司不得申请办理简易注销登记：(1)在经营异常名录或者市场监督管理严重违法失信名单中的；(2)存在股权(财产份额)被冻结、出质或者动产抵押，或者对其他市场主体存在投资的；(3)正在被立案调查或者采取行政强制措施，正在诉讼或者仲裁程序中的；(4)被吊销营业执照、责令关闭、撤销的；(5)受到罚款等行政处罚尚未执行完毕的；(6)不符合规定的其他情形。申请办理简易注销登记，公司应当将承诺书及注销登记申请通过国家企业信用信息公示系统公示，公示期为 20 日。

相关规定

《市场主体登记管理条例》

第三十三条 市场主体未发生债权债务或者已将债权债务清偿完结，未发生或者已结清清偿费用、职工工资、社会保险费用、法定补偿金、应缴纳税款(滞纳金、罚款)，并由全体投资人书面承诺对上述情况的真实性承担法律责任的，可以按照简易程序办理注销登记。

市场主体应当将承诺书及注销登记申请通过国家企业信用信息公示系统公示，公示期为 20 日。在公示期内无相关部门、债权人及其他利害关系人提出异议的，市场主体可以于公示期届满之日起 20 日内向登记机关申请注销登记。

个体工商户按照简易程序办理注销登记的，无须公示，由登记机关将个体工商户的注销登记申请推送至税务等有关部门，有关部门在10日内没有提出异议的,可以直接办理注销登记。

市场主体注销依法须经批准的,或者市场主体被吊销营业执照、责令关闭、撤销,或者被列入经营异常名录的,不适用简易注销程序。

第二百四十一条

【因被吊销营业执照、责令关闭或者被撤销、注销登记】公司被吊销营业执照、责令关闭或者被撤销,满三年未向公司登记机关申请注销公司登记的,公司登记机关可以通过国家企业信用信息公示系统予以公告,公告期限不少于六十日。公告期限届满后,未有异议的,公司登记机关可以注销公司登记。

依照前款规定注销公司登记的,原公司股东、清算义务人的责任不受影响。

条文解读

本条是关于公司强制注销的规定。

为解决实践中公司注销难、“僵尸公司”大量存在的问题,本次《公司法》修订根据地方实践经验,增设强制注销的内容。市场监督管理机关对公司作出吊销营业执照、责令关闭或者撤销的行政处罚之后,公司应当依法组织清算,清算完毕后办理注销登记手续。公司被吊销营业执照、责令关闭或者撤销后符合法定条件的,公司登记机关可以依法予以强制注销。公司登记机关强制注销公司应当满足以下条件:(1)行政处罚作出后满3年未清算完毕;(2)公司登记机关通过国家企业信用信息公示系统予以公告,公告期限不少于60日;(3)公告期限届满后,未有异议。公司被强制注销后,法人资格归于消灭,但是原公司股东、清算义务人的责任不受影响。

第二百四十二条

【破产清算的法律依据】公司被依法宣告破产的,依照有关企业破产的法律实施破产清算。

条文解读

本条是关于公司破产法律适用的规定。

公司不能清偿到期债务,并且资产不足以清偿全部债务或者明显缺乏清偿能力的,可以向人民法院提出重整、和解或者破产清算申请。公司不能清偿到期债务,债权人可以向人民法院提出对公司进行重整或者破产清算的申请。公司已解散但未清算或者未清算完毕,资产不足以清偿债务的,依法负有清算责任的人应当向人民法院申请破产清算。破产案件由公司住所地人民法院管辖,管辖法院负责指定破产管理人,由破产管理人履行破产清算职责。

相关规定

《企业破产法》

第二条 企业法人不能清偿到期债务,并且资产不足以清偿全部债务或者明显缺乏清偿能力的，依照本法规定清理债务。

企业法人有前款规定情形，或者有明显丧失清偿能力可能的，可以依照本法规定进行重整。

第七条　债务人有本法第二条规定的情形，可以向人民法院提出重整、和解或者破产清算申请。

债务人不能清偿到期债务，债权人可以向人民法院提出对债务人进行重整或者破产清算的申请。

企业法人已解散但未清算或者未清算完毕，资产不足以清偿债务的，依法负有清算责任的人应当向人民法院申请破产清算。

CHAPTER 13
第十三章

外国公司的分支机构

第二百四十三条

【外国公司】本法所称外国公司，是指依照外国法律在中华人民共和国境外设立的公司。

条文解读

本条是关于外国公司定义的规定。

外国公司是相对于本国公司的称谓。根据本条规定，外国公司具有以下特征：(1)设立的准据法为外国法律而非中国法律；(2)在中国境外设立，即设立登记地为中国境外。由于不同国家规定的公司类型并不一致，我国《公司法》规定的本国公司只能设立为有限责任公司或股份有限公司，若外国公司所采用的公司类型在我国《公司法》上并不存在，也属于本条规定的“外国公司”。

第二百四十四条

【外国公司在中国境内设立分支机构的程序】外国公司在中华人民共和国境内设立分支机构，应当向中国主管机关提出申请，并提交其公司章程、所属国的公司登记证书等有关文件，经批准后，向公司登记机关依法办理登记，领取营业执照。

外国公司分支机构的审批办法由国务院另行规定。

条文解读

本条是关于外国公司在中国境内设立分支机构的程序的规定。

外国公司在我国境内设立分支机构必须依法提出申请并经过审批核准，具体的审批办法由国务院另行规定。外国公司应当向审批机关提交公司章程、所属国的公司登记证书等有关文件，经过批准后，向我国的公司登记机关办理登记，领取营业执照。外国公司的分支机构并不具有法人资格。

第二百四十五条

【外国公司在中国境内设立分支机构的条件】外国公司在中华人民共和国境内设立分支机构，应当在中华人民共和国境内指定负责该分支机构的代表人或者代理人，并向该分支机构拨付与其所从事的经营活动相适应的资金。

对外国公司分支机构的经营资金需要规定最低限额的，由国务院另行规定。

条文解读

本条是关于外国公司分支机构设立条件的规定。

外国公司在中国境内设立分支机构，必须满足以下条件：

(1)在中国境内指定负责该分支机构的代表人或者代理人；

(2)向该分支机构拨付与其所从事的经营活动相适应的资金，国务院可以对外国公司分支机构的经营资金另行规定最低限额。

第二百四十六条

【**外国公司分支机构的名称和章程置备**】外国公司的分支机构应当在其名称中标明该外国公司的国籍及责任形式。

外国公司的分支机构应当在本机构中置备该外国公司章程。

条文解读

本条是关于外国公司分支机构名称及置备外国公司章程的规定。

外国公司分支机构的名称必须符合以下条件：(1)标明该外国公司的国籍，分支机构名称既要标明外国公司的国籍，也要标明外国公司的具体名称；(2)标明该外国公司的责任形式，以保护与分支机构进行交易的相对人的权益；(3)标明分支机构的相关字样，如“分公司”“代表处”等，以明示其不具有法人地位而只是外国公司的分支机构。此外，外国公司的分支机构应当在本机构中置备该外国公司章程，以便交易相对人了解外国公司的资金实力、治理架构、责任形式等信息。

第二百四十七条

【外国公司分支机构的法律地位】外国公司在中华人民共和国境内设立的分支机构不具有中国法人资格。

外国公司对其分支机构在中华人民共和国境内进行经营活动承担民事责任。

条文解读

本条是关于外国公司分支机构法律地位的规定。

外国公司分支机构不具有法人资格,不能独立享有民事权利、履行民事义务并承担民事责任。外国公司应当对其分支机构在中国境内实施的法律行为承担相应的民事责任。但是,外国公司分支机构具有民事诉讼主体资格,可以作为当事人参加诉讼。因分支机构不能独立承担民事责任,其作为被告时,人民法院可以根据原告的申请追加设立该分支机构的外国公司为共同被告。

典型案例 外国公司对其分支机构实施的行为承担责任

恒盛公司与码头监理公司代表处、码头监理公司买卖合同纠纷案

案例来源 江苏省无锡市中级人民法院(2018)苏02民初281号民事判决书

关 键 词 外国企业;代表机构

裁判要点

外国企业派驻我国的代表处,是该外国企业的代表机构,对

外代表该外国企业，代表处在我国境内的一切业务活动，由其所代表的外国企业承担法律责任。

基本案情

原告恒盛公司诉称：请求判令码头监理公司代表处、码头监理公司向恒盛公司支付货款及利息。

被告码头监理公司代表处、码头监理公司均未到庭，也未发表答辩意见。

法院经审理查明：2015年至2017年，码头监理公司代表处多次向恒盛公司订购橡胶护舷产品。订单均加盖有码头监理公司代表处及恒盛公司印章。恒盛公司提交的双方《对账函》载明：致码头监理公司代表处，下列数据出自本公司与贵公司订单，如与贵公司数据相符，请在本函下端“数据证明无误”处签章证明；若有不符，请在“数据不符”处列明不符金额，回函请电话联系至我公司。码头监理公司代表处在“信息证明无误”处加盖了码头监理公司代表处的印章。

裁判结果

江苏省无锡市中级人民法院于2019年4月9日作出(2018)苏02民初281号民事判决：(1)码头监理公司向恒盛公司支付货款及逾期利息；(2)驳回恒盛公司的其他诉讼请求。

裁判理由

法院生效裁判认为：本案被告码头监理公司系英国公司，本案属于涉外商事案件，故存在法律适用问题。《涉外民事关系法律适用法》第四十一条规定，当事人可以协议选择合同适用的法律。当事人没有选择的，适用履行义务最能体现该合同特征的一方当事人经常居所地法律或者其他与该合同有最密切联系的法律。本案中,双方未选择合同适用的法律,根据恒盛公司的陈述及现有证据,案涉订单的签订地及履行地均在中华人民共和国境内,即与案涉订单有最密切联系的法律应为中华人民共和国法律,故涉及上述法律关系的审理,应当适用中华人民共和国法律。同时,码头监理公司代表处在中华人民共和国境内设立,其责任承担问题应当按照《涉外民事关系法律适用法》第十四条的规定,适用中华人民共和国法律。2018 年《公司法》第一百九十五条规定,外国公司在中国境内设立的分支机构不具有中国法人资格。外国公司对其分支机构在中国境内进行经营活动承担民事责任。也即,外国企业派驻我国的代表处,是该外国企业的代表机构,对外代表该外国企业,代表处在我国境内的一切业务活动,由其所代表的外国企业承担法律责任。本案中,码头监理公司代表处向恒盛公司订货并在《对账函》上加盖码头监理公司代表处印章的行为均代表码头监理公司本身,应由码头监理公司直接承担民事责任。

第二百四十八条

【外国公司分支机构在中国境内的活动原则】经批准设立的外国公司分支机构,在中华人民共和国境内从事业务活动,应当遵守中国的法律,不得损害中国的社会公共利益,其合法权益受中国法律保护。

条文解读

本条是关于外国公司分支机构活动原则的规定。

外国公司分支机构在我国境内开展经营活动，必须遵守中国的法律、法规，不得在中国境内开展非法业务，不得扰乱中国正常的社会经济秩序，对于违反中国法律、损害社会公共利益的行为必须承担相应的法律责任。同时，外国公司分支机构的合法权益受中国法律保护，侵害外国公司分支机构合法权益的行为，同样会受到我国法律的制裁。

第二百四十九条

【在中国境内的外国公司分支机构撤销清算】外国公司撤销其在中华人民共和国境内的分支机构时，应当依法清偿债务，依照本法有关公司清算程序的规定进行清算。未清偿债务之前，不得将其分支机构的财产转移至中华人民共和国境外。

条文解读

本条是关于外国公司撤销分支机构的程序的规定。

外国公司分支机构系依据中国法律设立，其经营活动适用中国法律规范。外国公司撤销其分支机构时，必须依法清理其债权债务关系，按照法定程序进行清算、办理注销登记。在未清偿债务之前，外国公司不得将其分支机构的财产转移至中国境外。

CHAPTER 14

第十四章

法律责任

第二百五十条

【欺诈取得公司登记违法行为的法律责任】违反本法规定，虚报注册资本、提交虚假材料或者采取其他欺诈手段隐瞒重要事实取得公司登记的，由公司登记机关责令改正，对虚报注册资本的公司，处以虚报注册资本金额百分之五以上百分之十五以下的罚款；对提交虚假材料或者采取其他欺诈手段隐瞒重要事实的公司，处以五万元以上二百万元以下的罚款；情节严重的，吊销营业执照；对直接负责的主管人员和其他直接责任人员处以三万元以上三十万元以下的罚款。

条文解读

本条是关于以违法手段取得公司登记的法律责任的规定。

对涉嫌虚报注册资本、提交虚假材料或者采取其他欺诈手段隐瞒重要事实取得公司登记的行为，登记机关可以根据当事人申请或者依职权进行调查。公司登记机关查证属实的，应当责令改正，并对公司和直接责任人员处以相应罚款。情节严重的，登记机关还可以吊销公司营业执照。此外，受虚假公司登记影响的自然人、法人和其他组织可以向公司登记机关提出撤销公司登记的申请。经调查认定存在虚假登记情形的，登记机关应当撤销市场主体登记。但是，撤销市场主体登记可能对社会公共利益造成重大损害，或者撤销市场主体登记后无法恢复到登记前的状态，以及存在法律、行政法规规定的其他情形的，登记机关可以不予撤销市场主体登记。

典型案例 提交虚假材料取得公司登记的法律责任

旺兴源公司与北京市市场监督管理局等行政复议案

案例来源 北京市第二中级人民法院(2021)京02行终1674号行政判决书

关 键 词 提交虚假材料；吊销营业执照

裁判要点

旺兴源公司作为申请人，应当对其提交的申请文件及材料的真实性负责。房山区市监局通过调查获取的证据可以形成有效的证据链，证明旺兴源公司存在向登记机关提供虚假住所证明材料的行为。据此，房山区市监局根据旺兴源公司违法行为的性质、情节及后果，依据2018年《公司法》第一百九十八条的规定作出被诉处罚决定，认定事实清楚，量罚适当，程序合法。

基本案情

原告旺兴源公司诉称：(1)撤销被告房山区市监局作出的被诉处罚决定及被告北京市市监局作出的被诉复议决定；(2)改判原告2019年12月17日办理的营业执照合法有效；(3)诉讼费由

被告承担。

被告房山区市监局辩称：房山区市监局作出的行政处罚决定事实清楚，适用法律正确，原告诉讼请求于法无据，应予驳回。

法院经审理查明：2019 年 12 月 16 日，原告向市场监管部门申请设立旺兴源公司，即本案原告。同时，原告提交了一份《住所证明》，该《住所证明》的公司名称为原告名称，产权人证明处载明“同意将上述地址提供给该公司使用”，北京市房山区良乡镇鲁村村民委员会予以盖章确认。需要证明情况一栏中载明“上述住所产权人为鲁村村民委员会，房屋用途为商业”。落款处盖有良乡镇政府的印章，并有证明单位负责人签字。2019 年 12 月 17 日，市场监管部门对原告的上述登记申请准予设立登记。2020 年 5 月 20 日，针对原告涉嫌提交虚假材料或者采取其他欺诈手段隐瞒重要事实取得公司登记一案，被告房山区市监局进行了立案处理。2020 年 7 月 30 日，良乡镇政府出具《关于北京旺兴源餐饮有限公司住所证明情况的说明》，该说明载明“经查，我镇从未为该公司办理公司登记的住所证明材料进行过审批和加盖公章”。同时，良乡镇政府党政办公室、良乡镇招商办亦出具情况说明，载明从未就原告等五家公司设立注册登记相关材料加盖良乡镇政府公章。2020 年 11 月 23 日，被告房山区市监局作出被诉处罚决定，决定给予原告吊销营业执照的行政处罚。2020 年 12 月 5 日，原告的法定代表人张某向被告北京市市监局申请行政复议。2021 年 2 月 7 日，被告北京市市监局作出被诉复议决定，决定维持被告房山区市监局作出的被诉处罚决定。

裁判结果

北京市房山区人民法院作出（2021）京 0111 行初 238 号行政

判决：驳回原告旺兴源公司的诉讼请求。北京市第二中级人民法院作出（2021）京02行终1674号行政判决：驳回上诉，维持一审判决。

裁判理由

法院生效裁判认为：根据《公司登记管理条例》的规定，房山区市监局作为本市房山区行政区域内的公司登记机关，具有对辖区内违反公司登记法律、法规进行公司登记的违法行为人进行行政处罚的行政职权。本案中，房山区市监局在收到良乡镇政府来函反映旺兴源公司提交的公司住所证明涉嫌虚假的线索后，即向公司的法定代表人张某下发了询问通知书，要求其提交公司住所证明的原件。但张某未到场接受询问，至本案诉讼时亦未能提供公司住所证明的原件。房山区市监局向相关部门及人员进行调查核实，经良乡镇政府确认从未为旺兴源公司办理公司登记的住所证明材料进行过审批和加盖过公章。在此情况下，旺兴源公司作为申请人，应当对其提交的申请文件及材料的真实性负责。房山区市监局通过调查获取的证据可以形成有效的证据链，证明旺兴源公司存在向登记机关提供虚假住所证明材料的行为。据此，房山区市监局根据旺兴源公司违法行为的性质、情节及后果，依据《公司法》第一百九十八条的规定作出被诉处罚决定，认定事实清楚，量罚适当，程序合法，并无不当。

相关规定

《市场主体登记管理条例》

第四十条　提交虚假材料或者采取其他欺诈手段隐瞒重要

事实取得市场主体登记的,受虚假市场主体登记影响的自然人、法人和其他组织可以向登记机关提出撤销市场主体登记的申请。

登记机关受理申请后,应当及时开展调查。经调查认定存在虚假市场主体登记情形的,登记机关应当撤销市场主体登记。相关市场主体和人员无法联系或者拒不配合的,登记机关可以将相关市场主体的登记时间、登记事项等通过国家企业信用信息公示系统向社会公示,公示期为 45 日。相关市场主体及其利害关系人在公示期内没有提出异议的,登记机关可以撤销市场主体登记。

因虚假市场主体登记被撤销的市场主体,其直接责任人自市场主体登记被撤销之日起 3 年内不得再次申请市场主体登记。登记机关应当通过国家企业信用信息公示系统予以公示。

第二百五十一条

【未按规定公示信息或不如实公示信息的法律责任】公司未依照本法第四十条规定公示有关信息或者不如实公示有关信息的,由公司登记机关责令改正,可以处以一万元以上五万元以下的罚款。情节严重的,处以五万元以上二十万元以下的罚款;对直接负责的主管人员和其他直接责任人员处以一万元以上十万元以下的罚款。

条文解读

本条是关于公司未依法如实公示信息的法律责任的规定。

公司应当依法通过国家企业信用信息公示系统公示下列事项：一是有限责任公司股东认缴和实缴的出资额、出资方式和出资日期，股份有限公司发起人认购的股份数；二是有限责任公司股东、股份有限公司发起人的股权、股份变更信息；三是行政许可取得、变更、注销等信息；四是法律、行政法规规定的其他信息。公司应当确保公示的相关信息真实、准确、完整。公司未依法如实公示信息，应当先由公司登记机关责令改正，可以处以1万元以上5万元以下的罚款；情节严重的，除了需要对公司处以5万元以上20万元以下的罚款外，还应对直接负责的主管人员和其他直接责任人员处以1万元以上10万元以下的罚款。

第二百五十二条

【虚假出资的行政处罚】公司的发起人、股东虚假出资，未交付或者未按期交付作为出资的货币或者非货币财产的，由公司登记机关责令改正，可以处以五万元以上二十万元以下的罚款；情节严重的，处以虚假出资或者未出资金额百分之五以上百分之十五以下的罚款；对直接负责的主管人员和其他直接责任人员处以一万元以上十万元以下的罚款。

条文解读

本条是关于虚假出资法律责任的规定。

公司的发起人、股东应当按照法律规定和合同约定按期足额缴纳出资。以货币出资的，应当将货币出资足额存入公司在银行开设的账户;以非货币财产出资的,应当依法办理其财产权的转移手续。公司的发起人、股东未将货币出资足额存入公司账户,或者未依法办理非货币出资的财产权转移手续的,由公司登记机关责令改正,可以处以5万元以上20万元以下的罚款;情节严重的,处以虚假出资或者未出资金额5%以上15%以下的罚款;对直接负责的主管人员和其他直接责任人员处以1万元以上10万元以下的罚款。对于虚假出资的发起人、股东,《公司法》并未对其施加相应的行政法律责任,而是通过追究其民事责任的方式对其进行制裁。未按期足额缴纳出资的股东不仅应当向公司补足出资,还应当赔偿公司因此遭受的损失,并向其他已经按期足额缴纳出资的股东承担违约责任。

第二百五十三条

【公司发起人、股东抽逃出资的行政处罚】公司的发起人、股东在公司成立后,抽逃其出资的,由公司登记机关责令改正,处以所抽逃出资金额百分之五以上百分之十五以下的罚款;对直接负责的主管人员和其他直接责任人员处以三万元以上三十万元以下的罚款。

条文解读

本条是关于抽逃出资法律责任的规定。

股东将货币财产或非货币财产交付给公司后,出资财产就变成公司法人财产的一部分,股东对出资财产不再享有所有权,而只能基于出资向公司主张相应的股东权利。股东按照法律规定和公司章程的规定履行出资义务后,不得将出资抽回。抽逃出资本质上是侵害公司财产权利的行为,严重危及公司资本充实,因而受到法律的禁止。抽逃出资的股东除了应当向公司返还抽逃的出资外,还应当赔偿因此给公司造成的损失。同时,股东抽逃出资的行为构成对公司债权人和公司登记机关的欺骗,公司登记机关有权对其予以惩处。按照本条规定,公司登记机关应当责令抽逃出资的股东改正并处以所抽逃出资金额5%以上15%以下的罚款;对直接负责的主管人员和其他直接责任人员处以3万元以上30万元以下的罚款。

典型案例 抽逃出资的法律责任

西部公司、中南公司案外人执行异议之诉

案例来源 最高人民法院(2020)最高法民申1411号民事裁定书

关 键 词 抽逃出资;出资不实;行政处罚

裁判要点

2018年《公司法》第二百条关于公司登记机关对抽逃出资行政处罚责任的规定,与股东对外部债权人应承担的民事责任并无冲突,西部公司据此主张其不应承担抽逃出资责任于法无据。

基本案情

原告西部公司诉称:原告不具有被执行人梁山某城市开发有限公司的股东资格,不应当被追加为被执行人。

被告中南公司辩称:原告应当在抽逃出资范围内承担赔偿责任,其承担责任后,可以向实际出资人追偿因此遭受的损失。

法院经审理查明:2013年7月21日,中南公司与圣鼎鸿公司签订《建设工程施工合同》,后双方因故产生纠纷,一审法院判决圣鼎鸿公司向中南公司支付工程款及利息,但圣鼎鸿公司未履行该判决确定的债务。后中南公司发现圣鼎鸿公司的股东西部公司在圣鼎鸿公司设立时存在抽逃出资的行为,遂向一审法院申请追加西部公司为被执行人。

裁判结果

山东省济宁市中级人民法院作出(2019)鲁08民初8号民事判决:驳回西部公司的诉讼请求。山东省高级人民法院作出(2019)鲁民终1838号民事判决:驳回上诉,维持原判。最高人民法院作出(2020)最高法民申1411号民事裁定:驳回西部公司的再审申请。

裁判理由

法院生效裁判认为:法院认定西部公司作为圣鼎鸿公司开办单位构成了1700万元注册资金出资不实,并裁定追加西部公司为被执行人并在1700万元范围内对中南公司承担责任,有相应的事实依据。在本案中西部公司以其不具有圣鼎鸿公司股东资格为由主张不应承担前述责任,二审法院认定西部公司应在出资不实及抽逃出资范围内承担赔偿责任并判决驳回西部公司的诉请,适用法律并无不当。西部公司以其不具有圣鼎鸿公司股东资格为由主张不应承担出资不实及抽逃出资的责任,缺乏事实和法律依据,本院不予支持。

一审法院基于西部公司抽逃出资的事实已于2108年12月11日裁定追加其在抽逃出资的范围承担责任，西部公司在2019年5月27日与他人再行签订协议并将其工商登记的股东身份变更为他人。只要圣鼎鸿公司的注册资金没有补足，不管基于何种缘由的变更均不影响其在此之前应承担的抽逃出资责任。

2018年《公司法》第二百条关于公司登记机关对抽逃出资行政处罚责任的规定，与股东对外部债权人应承担的民事责任并无冲突，西部公司据此主张其不应承担抽逃出资责任于法无据。即便如西部公司所述案涉抽逃出资系彭某与余某所为，亦系其另行向出资实际义务人或抽逃出资行为人主张权利的问题，并不影响其对外部债权人承担责任。

第二百五十四条

【公司财务违法行为的法律责任】有下列行为之一的，由县级以上人民政府财政部门依照《中华人民共和国会计法》等法律、行政法规的规定处罚：

（一）在法定的会计账簿以外另立会计账簿；

（二）提供存在虚假记载或者隐瞒重要事实的财务会计报告。

条文解读

本条是关于公司违法另立会计账簿或者提供虚假财务会计报告的法律责任的规定。

2018 年《公司法》分别规定了另立会计账簿和提供虚假财务会计报告的法律责任，本条将原有规定进行整合，统一规定在一个条文。公司的会计凭证、会计账簿、财务会计报告和其他会计资料必须符合国家统一的会计制度。公司必须依法设置会计账簿，并保证其真实、完整。公司应当根据实际发生的经济业务事项进行会计核算，填制会计凭证，登记会计账簿，编制财务会计报告，不得以虚假的经济业务事项或者资料进行会计核算。财政部门对各单位的下列情况实施监督：(1)是否依法设置会计账簿；(2)会计凭证、会计账簿、财务会计报告和其他会计资料是否真实、完整；(3)会计核算是否符合国家统一的会计制度的规定；(4)从事会计工作的人员是否具备专业能力、遵守职业道德。公司在法定的会计账簿以外另立会计账簿，或者提供存在虚假记载或者隐瞒重要事实的财务会计报告，由县级以上人民政府财政部门按照《会计法》等法律、行政法规的规定进行处罚。

第二百五十五条

【公司合并、分立、减少注册资本或清算时违反通知、公告义务的法律责任】公司在合并、分立、减少注册资本或者进行清算时，不依照本法规定通知或者公告债权人的，由公司登记机关责令改正，对公司处以一万元以上十万元以下的罚款。

条文解读

本条是关于公司不依法通知或公告债权人的法律责任的

规定。

根据本法规定,公司对债权人负有通知或公告义务的情形包括以下几种:(1)公司合并;(2)公司分立;(3)减少注册资本;(4)公司清算。其中,公司合并、分立、减少注册资本时的通知或公告要求相同,公司应当自股东会作出合并、分立或者减少注册资本的决议之日起10日内通知债权人,并于30日内在报纸上或者国家企业信用信息公示系统公告;在公司进行清算时,清算组应当自成立之日起10日内通知债权人,并于60日内在报纸上或者国家企业信用信息公示系统公告。公司违反法定的通知或公告义务,由公司登记机关责令改正,并处以1万元以上10万元以下的罚款。

第二百五十六条

【公司进行清算时的违法行为及法律责任】公司在进行清算时,隐匿财产,对资产负债表或者财产清单作虚假记载,或者在未清偿债务前分配公司财产的,由公司登记机关责令改正,对公司处以隐匿财产或者未清偿债务前分配公司财产金额百分之五以上百分之十以下的罚款;对直接负责的主管人员和其他直接责任人员处以一万元以上十万元以下的罚款。

条文解读

本条是关于公司违法清算的法律责任的规定。

公司解散后应当依法进行清算,董事是公司的清算义务人,应当在解散事由出现之日起15日内组成清算组,及时进行清算。清算组负责清理公司财产、编制资产负债表和财产清单,公司在分别支付清算费用、职工的工资、社会保险费用和法定补偿金,缴纳所欠税款后,才能将清偿公司债务后的剩余财产分配给公司股东。公司财产在未依法清偿债务前,不得分配给股东。公司隐匿财产,对资产负债表或者财产清单作虚假记载,或者在未清偿债务前分配公司财产的,公司登记机关应当责令公司改正,对公司处以隐匿财产或者未清偿债务前分配公司财产金额5%以上10%以下的罚款;对直接负责的主管人员和其他直接责任人员处以1万元以上10万元以下的罚款。

第二百五十七条

【承担资产评估、验资或者验证的机构违法行为的法律责任】承担资产评估、验资或者验证的机构提供虚假材料或者提供有重大遗漏的报告的,由有关部门依照《中华人民共和国资产评估法》、《中华人民共和国注册会计师法》等法律、行政法规的规定处罚。

承担资产评估、验资或者验证的机构因其出具的评估结果、验资或者验证证明不实,给公司债权人造成损失的,除能够证明自己没有过错的外,在其评估或者证明不实的金额范围内承担赔偿责任。

条文解读

本条是关于承担资产评估、验资或者验证的机构违法履职的法律责任的规定。

本法对于公司需要进行资产评估、验资或者验证的规定主要包括：(1)对作为出资的非货币财产评估作价；(2)向社会公开募集股份的股款缴足后，应当经依法设立的验资机构验资并出具证明。其他需要由中介机构评估或者验证的事项则规定于其他法律规范中。承担资产评估、验资或者验证的机构需要受到有关机关处罚的情形，包括提供虚假材料或者提供有重大遗漏的报告。本条取消了对于行政处罚具体形式的规定，而是要求有权机关按照其他法律、行政法规的规定进行处罚。承担资产评估、验资或者验证的机构出具虚假报告给公司债权人造成损失的，需要在其过错范围内承担赔偿责任。本法对于资产评估、验资或者验证机构的民事责任认定采用过错推定原则，相关机构可以通过证明自己没有过错予以免责。

第二百五十八条

【公司登记机关未履职或履职不当的法律责任】公司登记机关违反法律、行政法规规定未履行职责或者履行职责不当的，对负有责任的领导人员和直接责任人员依法给予政务处分。

条文解读

本条是关于公司登记机关不依法履职的法律责任的规定。

公司依照法律规定的条件设立后即可依法向公司登记机关申请设立登记。如果公司登记机关对不符合本法规定条件的登记申请予以登记,或者对符合本法规定条件的登记申请不予登记,则违反了法律规定,应当对公司登记机关中负有责任的领导人员和直接责任人员依法给予政务处分。此外,现实中存在上级部门对于公司登记机关的正常履职行为进行不当干预的情形,包括上级部门强令公司登记机关对不符合规定条件的登记申请予以登记,或者对符合规定条件的登记申请不予登记,或者对违法登记进行包庇,这种情况下对上级部门中直接负责的主管人员和其他直接责任人员也应依法给予处分。

第二百五十九条

【假冒公司的违法行为及其法律责任】未依法登记为有限责任公司或者股份有限公司,而冒用有限责任公司或者股份有限公司名义的,或者未依法登记为有限责任公司或者股份有限公司的分公司,而冒用有限责任公司或者股份有限公司的分公司名义的,由公司登记机关责令改正或者予以取缔,可以并处十万元以下的罚款。

条文解读

本条是关于违法冒用公司或者分公司名义的法律责任的

规定。

根据本条规定,冒名行为分为两类:(1)未依法登记为有限责任公司或者股份有限公司,而冒用有限责任公司或者股份有限公司名义;(2)未依法登记为有限责任公司或者股份有限公司的分公司,而冒用有限责任公司或者股份有限公司的分公司名义。冒名行为人冒用公司或分公司名义通常是为了非法谋取经济利益,往往与违法犯罪行为联系在一起,扰乱了正常的社会经济秩序。对于违法冒用公司或者分公司名义的行为,由公司登记机关责令改正或者予以取缔,可以并处10万元以下的罚款。

典型案例 违法冒用公司名义的法律责任

同仁堂公司与原丰台工商分局行政处罚案

案例来源 北京市第二中级人民法院(2019)京02行终757号行政判决书

关 键 词 行政处罚;冒用公司名义

裁判要点

同仁堂公司于2015年4月至2017年10月,在未办理工商登记注册的情况下,在本市朝阳区雅宝路12号华声国际大厦112~113设立从事经营的机构,对外从事销售北京同仁堂牙膏及丽颜坊化妆品的经营活动,其行为符合《公司法》“未依法登记为有限责任公司,而冒用有限责任公司名义的行为”的规定。

基本案情

原告同仁堂公司诉称:公司的行为不构成未注册商标冒充注

册商标使用,被诉处罚决定书没有事实根据和法律依据,故请求撤销被诉处罚决定书。

被告原丰台工商分局辩称:同仁堂公司主张其行为不构成未注册商标冒充注册商标使用没有依据。

法院经审理查明:2017年10月19日,原丰台工商分局对同仁堂公司实际经营地址进行现场检查,在现场发现同仁堂公司销售的丽颜坊化妆品和北京同仁堂牙膏,该公司现场未能提供上述商品商标注册证。2017年10月20日,原丰台工商分局对该案立案。在原丰台工商分局对同仁堂公司的调查中,同仁堂公司称2015年4月15日至2017年10月19日,同仁堂公司在未办理工商登记注册的情况下,在朝阳区雅宝路12号华声国际大厦112~113设立从事经营活动的机构,对外从事销售北京同仁堂牙膏及丽颜坊化妆品的经营活动。2018年5月14日,原丰台工商分局作出被诉处罚决定书。同仁堂公司对被诉处罚决定书不服,提起本诉讼。

裁判结果

北京市丰台区人民法院作出(2019)京0106行初94号行政判决:驳回同仁堂公司的诉讼请求。北京市第二中级人民法院作出(2019)京02行终757号行政判决:驳回上诉,维持一审判决。

裁判理由

法院生效裁判认为:同仁堂公司于2005年12月成立,工商登记住所地在北京市丰台区。同仁堂公司于2015年4月至2017年10月,在未办理工商登记注册的情况下,在本市朝阳区雅宝路12号华声国际大厦112~113设立从事经营的机构,对外从事销售北京同仁堂牙膏及丽颜坊化妆品的经营活动，其行为符合《公司法》“未依法登记为有限责任公司，而冒用有限责任公司名义的行为”的规定。原丰台工商分局在接到举报并立案后，进行了询问调查并开展现场检查，根据查明的事实及同仁堂公司违法行为的性质、情节等，在依法履行相关程序后作出了被诉处罚决定书，认定事实清楚，证据充分，适用法律法规正确，处罚幅度适当，执法程序合法。

第二百六十条

【公司逾期开业、不当停业及不依法办理变更登记的法律责任】公司成立后无正当理由超过六个月未开业的，或者开业后自行停业连续六个月以上的，公司登记机关可以吊销营业执照，但公司依法办理歇业的除外。

公司登记事项发生变更时，未依照本法规定办理有关变更登记的，由公司登记机关责令限期登记；逾期不登记的，处以一万元以上十万元以下的罚款。

条文解读

本条是关于公司成立后未正常营业和未及时办理变更登记的法律责任的规定。

公司作为营利法人，系以取得利润并分配给其成员为目的，而公司要获取利润必须开展营业活动。因此，公司经过设立活动取得公司登记机关发放的营业执照后，应当尽快开业并持续营业。公司成立后无正当理由长期不开业或者开业后长期不营业的，不仅有损于公司成员获取经营利润的目的，而且无助于推动社会经济的发展。因此，本条规定公司成立后无正当理由超过6个月未开业的，或者开业后自行停业连续6个月以上的，可以由公司登记机关吊销营业执照。但是，本次《公司法》修订对此增设了除外条款，即公司依法办理歇业的，公司登记机关不得吊销其营业执照。歇业制度允许市场主体适度"休眠"，目的是给经营困难的企业提供一个缓冲性的制度选择，降低公司维持成本。公司应当在歇业前向登记机关办理备案，登记机关向社会公示歇业期限、法律文书送达地址等信息，通过公示加强对歇业公司的监督和监管。公司歇业的期限最长不得超过3年。

公司变更登记事项，应当自作出变更决议、决定或者法定变更事项发生之日起30日内向登记机关申请变更登记。公司变更登记事项属于依法须经批准的事项时，申请人应当在批准文件有效期内向登记机关申请变更登记。公司应当办理变更登记手续的事项主要包括变更法定代表人、变更经营范围、变更住所等。公司登记事项发生变更时，未依照本法规定办理有关变更登记的，由公司登记机关责令限期登记；逾期不登记的，处以1万元以上10万元以下的罚款。公司变更登记涉及营业执照记载事项的，登记机关应当及时为公司换发营业执照。登记机关依法作出变更登记决定的，公司应当缴回营业执照。拒不缴回或者无法缴回营业执照的，由登记机关通过国家企业信用信息公示系统公告营业执照作废。

相关规定

《市场主体登记管理条例》

第三十条 因自然灾害、事故灾难、公共卫生事件、社会安全事件等原因造成经营困难的,市场主体可以自主决定在一定时期内歇业。法律、行政法规另有规定的除外。

市场主体应当在歇业前与职工依法协商劳动关系处理等有关事项。

市场主体应当在歇业前向登记机关办理备案。登记机关通过国家企业信用信息公示系统向社会公示歇业期限、法律文书送达地址等信息。

市场主体歇业的期限最长不得超过3年。市场主体在歇业期间开展经营活动的,视为恢复营业,市场主体应当通过国家企业信用信息公示系统向社会公示。

市场主体歇业期间,可以以法律文书送达地址代替住所或者主要经营场所。

第二百六十一条

【外国公司擅自在中国境内设立分支机构的法律责任】外国公司违反本法规定,擅自在中华人民共和国境内设立分支机构的,由公司登记机关责令改正或者关闭,可以并处五万元以上二十万元以下的罚款。

条文解读

本条是关于外国公司擅自设立分支机构的法律责任的规定。

外国公司分支机构必须按照法律规定的条件和程序设立。根据本法规定,外国公司在中国境内设立分支机构,应当向主管机关提出申请,并提交其公司章程、所属国的公司登记证书等有关文件,经批准后,向公司登记机关依法办理登记,领取营业执照。外国公司违反法律规定的条件和程序擅自设立分支机构的行为,扰乱了正常的市场秩序,必须依法予以规范。外国公司违反本法规定,擅自在中国境内设立分支机构的,由公司登记机关责令改正或者关闭,可以并处5万元以上20万元以下的罚款。

第二百六十二条

【危害国家安全、社会公共利益的法律责任】利用公司名义从事危害国家安全、社会公共利益的严重违法行为的,吊销营业执照。

条文解读

本条是关于公司从事严重违法行为的法律责任的规定。

公司设立的目的是通过从事经营行为取得利润,向公司成员进行分配。如果利用公司名义实施违法犯罪行为,必须予以惩处。特别是对于危害国家安全、社会公共利益的严重违法行为,有关机关应当吊销公司的营业执照,以剥夺其经营资格。吊销营业执照既能制裁公司的违法行为，也有助于防止不法行为人继续利用公司名义实施违法犯罪行为。

第二百六十三条

【民事赔偿优先原则】公司违反本法规定，应当承担民事赔偿责任和缴纳罚款、罚金的，其财产不足以支付时，先承担民事赔偿责任。

条文解读

本条是关于公司优先承担民事赔偿责任的规定。

公司的违法行为可能既需要承担民事责任，又需要承担行政责任，情节严重时还可能因违反刑法而承担刑事责任，出现民事责任、行政责任和刑事责任竞合的情形。通常情况下，民事责任、行政责任和刑事责任可以独立存在，并行不悖。但是，在公司财产不足以同时承担民事赔偿责任和缴纳罚款、罚金时，就会产生责任适用顺位的问题。实践中，行政处罚决定往往先于民事判决作出，一些行政处罚案件特别是大额行政罚没款案件中，违法行为人缴纳罚没款后，剩余财产往往难以支付民事赔偿款，导致民事赔偿责任优先原则无法落实。为此，本条规定了公司优先承担民事赔偿责任的原则，以明确多种责任竞合时的法律适用顺序。

例如，证监会为了落实民事赔偿责任优先原则，明确要求包括上市公司在内的证券违法行为人的财产优先用于承担民事赔偿责任，以切实保护投资者合法权益。在具体操作上，是将违法行为人已缴纳的行政罚没款作退库处理，用于承担民事赔偿责任。罚没款用于承担民事赔偿责任的，违法行为人应当继续履行相关罚没款缴纳义务。证监会退库之后又发现违法行为人财产的，应当继续履行收缴职责，将违法行为人财产收缴入库。

相关规定

《民法典》

第一百八十七条 民事主体因同一行为应当承担民事责任、行政责任和刑事责任的，承担行政责任或者刑事责任不影响承担民事责任；民事主体的财产不足以支付的，优先用于承担民事责任。

《证券法》

第二百二十条 违反本法规定，应当承担民事赔偿责任和缴纳罚款、罚金、违法所得，违法行为人的财产不足以支付的，优先用于承担民事赔偿责任。

第二百六十四条

【刑事责任】违反本法规定，构成犯罪的，依法追究刑事责任。

条文解读

本条是关于违反《公司法》有关规定的刑事责任的规定。

行为人违反《公司法》规定实施的行为，可能同时违反《刑法》规定,这种情况下既要适用《公司法》追究行为人的民事责任或行政责任,也要适用《刑法》追究行为人的刑事责任。刑事处罚是所有法律责任形式中最严厉的制裁手段,在判断行为人违反本法的行为是否构成刑事犯罪时,需要严格按照该种犯罪的构成要件进行判断,以确保责任认定的准确性。

CHAPTER 15

第十五章

附　则

第二百六十五条

【用语含义】本法下列用语的含义：

（一）高级管理人员，是指公司的经理、副经理、财务负责人，上市公司董事会秘书和公司章程规定的其他人员。

（二）控股股东，是指其出资额占有限责任公司资本总额超过百分之五十或者其持有的股份占股份有限公司股本总额超过百分之五十的股东；出资额或者持有股份的比例虽然低于百分之五十，但依其出资额或者持有的股份所享有的表决权已足以对股东会的决议产生重大影响的股东。

（三）实际控制人，是指通过投资关系、协议或者其他安排，能够实际支配公司行为的人。

（四）关联关系，是指公司控股股东、实际控制人、董事、监事、高级管理人员与其直接或者间接控制的企业之间的关系，以及可能导致公司利益转移的其他关系。但是，国家控股的企业之间不仅因为同受国家控股而具有关联关系。

条文解读

本条是关于《公司法》一些用语含义的规定，本次修订的变化主要有二：一是修改控股股东的界定标准，持股比例（出资额占有限责任公司资本总额或持有的股份占股份有限公司股本总额）由“百分之五十以上”改为“超过百分之五十”，“不足百分之五十”改为“低于百分之五十”，后者仍要求享有的表决权已足以对股东会的决议产生重大影响，更为合理、严谨；二是删除实际控制人“虽不是公司的股东”的界定条件，与其他法律法规保持一致，契合公司实践情况。关于高级管理人员和关联关系的界定，本次修订无变化。

第二百六十六条

【施行日期、出资期限及出资额的调整】本法自2024年7月1日起施行。

本法施行前已登记设立的公司，出资期限超过本法规定的期限的，除法律、行政法规或者国务院另有规定外，应当逐步调整至本法规定的期限以内；对于出资期限、出资额明显异常的，公司登记机关可以依法要求其及时调整。具体实施办法由国务院规定。

条文解读

本条是关于《公司法》施行日期及存量公司出资期限、出资额调整的规定。本条第一款规定，本法自 2024 年 7 月 1 日起施行，法律施行日期是法律生效的日期，即 2024 年 7 月 1 日起《公司法》生效。本条第二款系新增条款，是《公司法》第四十七条的配套条款。按照本款规定，首先，存量公司即本法施行前已登记设立的公司，出资期限超过本法规定的期限的，除法律、行政法规或者国务院另有规定外，应当逐步调整至本法规定的期限以内。除法律、行政法规或者国务院另有规定外，出资期限超过《公司法》规定期限的存量公司，应通过公司减资、缩短出资期限等方式，逐步调整至《公司法》规定的期限以内。其次，对于出资期限、出资额明显异常的，公司登记机关可以依法要求其及时调整，此为对公司登记机关的授权性规定，适用中需注意“明显异常”“依法”等具体要求，应准确理解依法适用。最后，本条规定具体实施办法由国务院规定，鉴于《公司法》修订中关于出资期限争议较大，建议国务院根据实际情况及早出台具体实施办法。